以文化城

探索抚州经济发展路径

王林生　刘毅　金元浦　著

华文出版社
SINO-CULTURE PRESS

图书在版编目（CIP）数据

以文化城：探索抚州经济发展路径 / 王林生，刘毅，金元浦著. -- 北京：华文出版社，2024.6
ISBN 978-7-5075-5823-4

Ⅰ.①以… Ⅱ.①王… ②刘… ③金… Ⅲ.①区域经济发展－研究－抚州 Ⅳ.①F127.563

中国国家版本馆CIP数据核字(2023)第253014号

以文化城：探索抚州经济发展路径

作　　者：	王林生　刘　毅　金元浦
策划编辑：	杨艳丽
责任编辑：	周海璐
出版发行：	华文出版社
地　　址：	北京市西城区广安门外大街 305 号 8 区 2 号楼
邮政编码：	100055
网　　址：	http://www.hwcbs.cn
电　　话：	总 编 室 010-58336239　发 行 部 010-58336212　58336230
	责任编辑 010-58336191
经　　销：	新华书店
印　　刷：	三河市龙大印装有限公司
开　　本：	710mm×1000mm　1/16
印　　张：	17.75
字　　数：	274 千字
版　　次：	2024 年 6 月第 1 版
印　　次：	2024 年 6 月第 1 次印刷
标准书号：	ISBN 978-7-5075-5823-4
定　　价：	75.00 元

版权所有，侵权必究

目 录

思路篇

第一章　城市文化的竞争力 …… 2
　第一节　创意都市：原创力时代的核心竞争力 …… 2
　第二节　网络都市：数字化时代内容产业的高端展开 …… 7
　第三节　华彩都市：注意力经济时代的城市形象再塑 …… 10
　第四节　舒适都市：体验经济时代的生存格调 …… 13

第二章　抚州文化品牌建设的整体语境 …… 17
　第一节　从"千城一面"到品牌城市 …… 17
　第二节　城市品牌的定义 …… 25
　第三节　创新驱动精准定位地方文化产业发展模式 …… 29

第三章　抚州建设"文化品牌引领"的总体现状分析 …… 45
　第一节　抚州具有丰富的文化和旅游资源 …… 45
　第二节　抚州提升文化品牌、促进文化与旅游融合发展面临的主要问题 …… 49
　第三节　抚州提升文化品牌、促进文化与旅游融合发展的主要措施 …… 54

第四章　IP 是抚州"文化品牌引领"的必然选择 …… 57
　第一节　超级 IP 是城市文化建设的国际潮流 …… 57
　第二节　IP 战略为城市文化建设提供了方法体系 …… 58

第三节　促进文化与旅游融合发展有利于抚州经济社会快速升级	62

第五章　"一心一轴四区"：优化抚州文化旅游开发空间布局　68
　第一节　"一心""一轴""一廊""两翼""四区""六集群"概述　68
　第二节　思路：以戏为媒，以文化城，走"泛戏剧"产业路径　70

对策篇

第六章　提升文化品牌、促进文化旅游融合发展的政策建议　76
　第一节　加强对地域文化资源梳理，展示中华优秀传统文化　76
　第二节　促进"文化+旅游"与其他产业深度融合　78
　第三节　开展文化旅游人才培育，提高文化旅游业服务水平　80
　第四节　推行"一景一策"，提升文化旅游目的地质量　84
　第五节　构建立体化的文旅营销网络　86
　第六节　错位推动地方文化产业发展　88
　第七节　做好普惠性公共政策服务　89

第七章　打造"音乐之都"（"中国戏曲之都"），构建世界知名创意城市网络　92
　第一节　创意城市网络的宗旨及中国城市入选该网络的整体状况　92
　第二节　抚州申报加入创意城市网络和打造"音乐之都"的
　　　　　基础、优势、意义　95
　第三节　申报加入创意城市网络和打造"音乐之都"的建议措施　96

案例篇

第八章　抚州文化 IP 资源梳理　100
　第一节　经典文艺作品　100
　第二节　优秀故事和题材　121

第九章 "文化+科技"赋能抚州文化品牌建设 ... 264
  第一节 抓住主要资源优势，开发系列文化产品 ... 265
  第二节 技术赋能抚州文化产业新场景 ... 267

第十章 保障措施 ... 273
  第一节 顶层设计层面，加强 IP 战略实施的组织协调 ... 273
  第二节 价值建构层面，深化文化 IP 的认知共识 ... 274
  第三节 创新发展层面，用好国家政策强力支撑 IP 战略 ... 275
  第四节 提升影响层面，用足优势资源促进带动 IP 战略 ... 276

思路篇

抚州古称"临川",人文丰沛,自然丰富,具有悠久的书院文化、红色文化、生态文化、戏曲文化,孕育出了北宋著名词人晏殊、伟大改革家王安石、文章大家曾巩、南宋心学大师陆九渊、明代剧坛伟人汤显祖等一代代历史名流,为中华民族文化发展做出了卓越贡献。抚州有保存完好的古村落、古民居等文化古迹,为县域经济的文化转型提供了优越条件。抚州的现代特色产业和区域经济迅猛发展,香料产业独具特色,茶产业别具一格,大数据产业蔚然兴起。得天独厚的历史文化、自然生态和现代科技资源,为文化创新发展提供了坚实的转化条件和应用支撑。

第一章 城市文化的竞争力

第一节 创意都市：原创力时代的核心竞争力

21世纪，世界进入大竞争时代。这种竞争的一个重要方面是文化的竞争和文化生产力的竞争。

21世纪又是世界城市大竞争的时代。城市大竞争是指当今世界范围内国际化大都市之间的竞争和较量。这种竞争将在经济、社会各方面展开，随着城市硬件不断完善，最终"文化活力"或"软实力"将成为竞争的重要"筹码"。成功的城市将是具有独特文化和文化原创力的城市。

那么，在当代城市经营中，什么是一个城市的核心竞争力呢？追根溯源，城市之间的博弈最终是一种文化原创力的较量，是创意或创造力的较量。创意是一个城市的核心竞争力。

什么是创意产业呢？创意产业（Creative Industry，或译为"创造性产业"），也被称为创意经济（Creative Economy），是一种在全球化的消费社会背景下发展起来的，推崇创新、个人创造力、强调文化艺术对经济的支持与推动的新兴的经济实践。创意或创造力是创意产业的核心词，对它的解释纷繁多样。英国学者查尔斯·兰德利（Charles Landry）给出这样一个解说："创造力是一个被过度使用的概念，这一概念难以定义和把握，并且经常与艺术联系在一起。简单地说，真正的创造力包括：再思考或从最基本的原理出发思考问题的方式，从似乎杂乱无章或截然不同的事物中发现共同线索的能力、实验的能力、敢为人先的能力、修改规则的能力、想象未来方案的能力，以及或许是最为重要的，一个人在边缘状态下而不是在完全状态下胜任工作的能力。"① 这个关于创意产业的解说强调了个人能力的开创性、开拓力、想象力和行动力。从产业来看，早在1986年，著名经济学家罗默（Romer）就曾撰文指出，新创意会衍生出无穷的新产品、新市场和财富创造的新机会，所以新创意才是推动一国经济成长的源动力。无疑，创意也是推动城市发展的源动力。

"创意产业"这一新术语的出现，具有其自身的背景和语境。新术语、新行业的出现往往是针对旧术语、旧行业的反思与批评，是对旧行业的理论范式、现有机制、政策趋向和实际运作的调整或反拨。创意产业的兴起一方面是对现有产业的机制、政策和运作模式的总结，另一方面也是对其缺乏创造性的批评。

创意产业之所以具有竞争力，就是因为它强调通过"越界"促成不同行业、不同领域的重组与合作，寻找和培育新的增长点，推动文化与经济发展，在全社会推动创造性发展，不断促进社会机制的改革创新。

近年来，欧洲、美国、澳大利亚和其他国家发布的报告和研究成果大大丰富和发展了关于创意部门和创意产业的新观点。这些报告中创意产业包括：广告、表演艺术、广播媒体、博物馆、软件开发和交响乐等。一些经济学家对创意产业进行了详细研究和调查，力图建立一门新的创意产业文化经济学。文化经济理论家凯夫斯（Caves）对创意产业给出了定义："创意产业所提供的商品和服务具有文化价值、艺术价值或是单纯的娱乐价值。这里所指的创意产业包括书籍、杂志，视觉艺术（油画与雕刻），表演艺术（戏剧、歌剧、演唱会、舞蹈），有声唱片，电影电视节目，以及时装、玩具和游戏等。"②

凯夫斯力图描述和总结当代创意产业的特征。在他看来，创意产业的经济活动会全面影响当代文化商品的供求关系及产品价格。创意产业建立了一条在新的全球经济、技术与文化背景下，适应新的发展理念，把握新的核心要素，建构新的产业格局的通道。

---

① 查尔斯·兰德利.伦敦：文化创意城市［M］//林拓，李惠斌，薛晓源.世界文化产业发展前沿报告（2002～2004）.北京：社会科学文献出版社，2004：273.

② 理查德·E.凯夫斯.创意产业经济学 艺术的商业之道［M］.孙绯，等，译.北京：新华出版社，2004：3.

对于当代城市经营来说，一种更具实践意义的创意产业的考察方式将创意产业与雇佣人员数量的平均值和标准差联系起来。如美国密苏里州经济研究与信息中心发布的《创意与经济：密苏里州创意产业的经济影响的评估报告》就将创意产业定义为："创意产业是指雇用大量艺术、传媒、体育从业人员的产业。产业对艺术的依赖度是通过计算下列工作内容所占的比例确定的，这些工作属于'艺术、设计、体育和传媒行业'类。分类是根据联邦政府所制定的'职业分类标准'进行的。任何产业只要其艺术相关的职业比行业艺术雇员平均值高至少一个标准差，即可被界定为创意产业。在本研究里，任何产业的创意工作雇员超过10%（等于比平均值高一个标准差）即被定义为创意产业。"

在这里，创意产业有三个基点，一是它与文化——艺术、设计、体育和传媒行业相关；二是它的主体是新创业的有新的文化创意和运作方式的企业；三是从事创意工作的雇员超过10%。第三条甚至成了划分是否成为创意产业的实操标准。

创意产业对于美国和英国许多城市的发展至关重要。纽约艺术联盟的相关报告《文化资本：纽约经济与社会保健的投资》显示：2000年，纽约艺术与文化非营利组织所创造出来的经济效益超过57亿美元；商业营利的艺术与文化组织（包括百老汇、画廊、拍卖会、影视产业等）的经济效益则高达88亿美元；营利与非营利的纽约艺术与文化组织总共创造了145亿美元的经济效益。文化产业为整个纽约市提供了总计达13万个工作机会。该报告还将文化产业看作纽约经济的"核心财富"（corea sset），它对纽约发展所产生的影响不仅仅局限于经济、就业方面，而是形成某种整体效应（见图1）。[①] 从该图可以看出，文化产业作为一种"核心财富"对地区和城市发展的影响，并不仅仅局限于直接的文化产业领域的单一影响，而是对相关产业、就业、社会生活等方面的综合的整体性影响。文化经济在整个国家、地区和城市发展中引发的这种"综合效应"已经非常明显，这也是文化经济与传统产业经济形式的重要区别之一。

---

① Alliance for the Arts. Cultural Capital : Investingin New York's Economic and Social Health, p2.

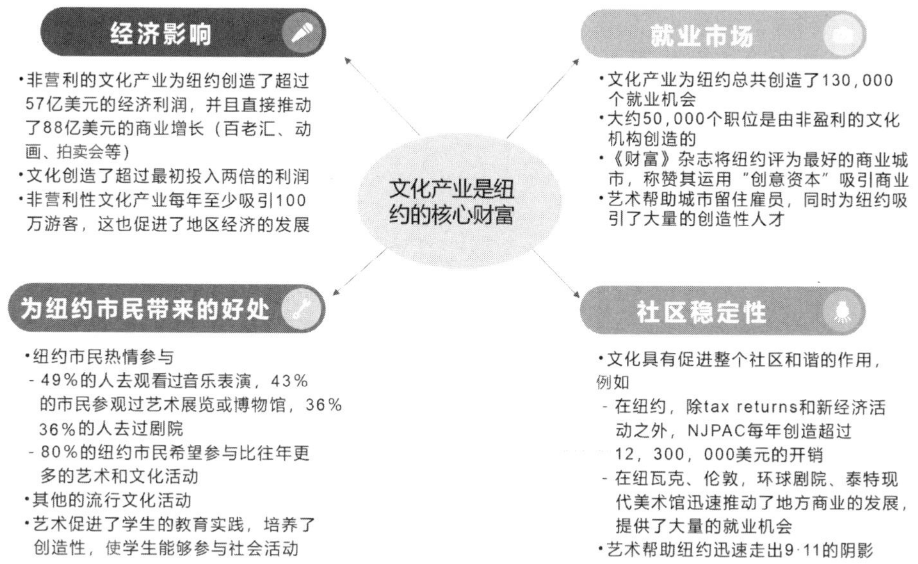

>> 第一章 城市文化的竞争力 <<

经济影响
- 非营利的文化产业为纽约创造了超过57亿美元的经济利润，并且直接推动了88亿美元的商业增长（百老汇、动画、拍卖会等）
- 文化创造了超过最初投入两倍的利润
- 非营利性文化产业每年至少吸引100万游客，这也促进了地区经济的发展

就业市场
- 文化产业为纽约总共创造了130,000个就业机会
- 大约50,000个职位是由非盈利的文化机构创造的
- 《财富》杂志将纽约评为最好的商业城市，称赞其运用"创意资本"吸引商业
- 艺术帮助城市留住雇员，同时为纽约吸引了大量的创造性人才

文化产业是纽约的核心财富

为纽约市民带来的好处
- 纽约市民热情参与
  - 49%的人去观看过音乐表演，43%的市民参观过艺术展览或博物馆，36%36%的人去过剧院
  - 80%的纽约市民希望参与比往年更多的艺术和文化活动
- 其他的流行文化活动
- 艺术促进了学生的教育实践，培养了创造性，使学生能够参与社会活动

社区稳定性
- 文化具有促进整个社区和谐的作用，例如
  - 在纽约，除tax returns和新经济活动之外，NJPAC每年创造超过12,300,000美元的开销
  - 在纽瓦克，伦敦，环球剧院、泰特现代美术馆迅速推动了地方商业的发展，提供了大量的就业机会
- 艺术帮助纽约迅速走出9·11的阴影

图1 文化产业是纽约的核心财富

（资料来源：纽约艺术联盟的相关报告《文化资本：纽约经济与社会保健的投资》）

如果说在当代世界国际化大都市的竞争中，纽约已在文化经济领域拔得头筹，那么伦敦则紧随其后。伦敦是一座文化产业高度发达的国际化大都市。几个世纪以来，它延续了英国悠久的文化传统，一直是欧洲的创意中心。

在最近几十年里，伦敦完成了由一个制造业城市向消费型国际大都市的转型。伦敦是一个国际时尚都市，因其流行文化和亚文化而蜚声全球。国际著名杂志《新闻周刊》曾称伦敦为"世界上最酷的首都"。作为"酷的因素"，它的流行音乐、戏剧、另类戏剧、设计和时尚是其创意产业的重要构成部分。它的特有实力展现在表演艺术、音乐和现在日益强大的视觉艺术等领域。在街头时尚和流行文化方面，伦敦理所当然地被视为"世界领袖"。伦敦约有68万人从事创意产业的工作，创意产业产值占伦敦经济的15%，其劳动力人数占伦敦就业人口的20%，总交易额在25万亿～29万亿英镑之间。从事创意产业的人只占整个英国人口的12%，但创意产业的艺术基础设施却占40%，音乐唱片工作室占70%，音乐商业活动占90%。同时它还拥有英国电影和电视生产的70%、广告的46%、时尚设计的85%和建筑实践的27%。在最近十几年时间里,伦敦人数增长最快的职业是"服装设计",服装设计者的数量在这一阶段增长了88%,艺术家、商业艺术家、平面设计家增长了71%,演员、艺人、舞台监督、制片人和导演增长了47%,撰稿人、作家、记者增长了43%。伦敦创意产业的海外收入约在38.52亿英镑,出口则是25.22亿英镑。除了大约25 700人属于个体工作者,伦敦还有大约11 700家文化产业公司和集团。

伦敦创意产业的快速发展在于它有一个积极的、良好的、有效的政策环境和主导战略。1999年,伦敦重新划分行政区域,调整政府机构,发生了一系列变化。依据当时《大伦敦市政管理机构法令》,伦敦设立了一个文化战略委员会,负责规划、协调和发展各类文化机构,制定、补充和执行伦敦的文化发展战略,并建立和完善伦敦的文化合作组织和地区文化联盟。文化战略委员会成立后制定了各类文化发展战略和文化政策,2003年参与了《伦敦市长文化战略草案》的制定。在这一草案中,提出了一系列促进文化发展的政策,如政府将更多地投资世界级文化设施的建设和维护,吸引和创办更多的世界级文化盛会,建立英国和伦敦的特色文化品牌,推动创意产业的投资和发展,通过文化加强社会的联系,发展文化合作组织,充分发挥公共场所的文化潜力等。总体的战略规划和一系列的实施举措,给伦敦的创意产业发展提供了良好的环境保证和政策支持。

伦敦在文化上具有世界性的重大影响,源于它有一个多样化的、复杂的,并且面向国际文化创意产业的体制。伦敦有将近50个超过万人的社区,使用超过300种的语言。这一多元体制能培育和支持大量当地的和国际的艺术活动。这些活动种类繁多,既包括商业的,也包括得到资助的,还有自发的艺术产业运作。这些活动和实践造成的巨大吸引力催生出源源不断的信息流、人才流,使伦敦呈现出令人惊异的繁华,保持持续不断的活力,并产生吸引青年和不同族群的亚文化。

伦敦的创意产业布局很有启示意义。其创意产业不仅集中在伦敦市中心,而且分布在哈克尼、伊斯灵顿、卡姆登城、布里斯顿或哈默史密斯等近郊区,以及泰晤士河南岸到绍斯沃克和德普特福德,集中形成了具有特色的创意园区。这是由于城市中心到边缘的地价级差而逐步形成的。青年创意者慕名来到伦敦，创业初期只能到价格比较便宜的边缘郊区去发展。这种不断的开发和中心外移形成了伦敦现在的创意产业格局。

有人才有创意，有人的创意才有创意产业。伦敦的持续发展根本上源于它源源不断的创意人才储备。伦敦的创意人才来自四面八方，主要通过国外的移民得到持续补充，创意人才建构和推动了这架创意机器的成功运转。在伦敦，从犹太人到印度人，从新知识工人到寻求庇护者，都找到了栖身和发展的空间。这是伦敦作为一个创新型国际化都市的原动力。伦敦的多媒体、音乐、电影等领域的人才既有伦敦培育出来的，也有不少是从伦敦之外引进的。

21世纪，对于世界来说，创意经济在寻找最好的高地。对于中国的城市来说，创意经济在寻找最好的大脑。一个城市创意的成功，取决于这个城市拥有的创意者数量和质量。创意人才是城市博弈中关键的关键。

第二节　网络都市：数字化时代内容产业的高端展开

在IT革命的背景下，数字内容产业已逐渐成为21世纪经济舞台上的重要角色。近年来，现代传播媒介高速发展，宽带技术、多媒体传播、数字化与互联网的兴起，对传统的经济与文化方式产生了巨大的冲击。飞速发展的电子、数字通信、信息技术给当代社会产业结构带来了革命性影响。

在信息化全球竞争中，中国举国启动，闻"G"起舞。中国5G建设在超前预判、顶层设计与实践操作上实现了快道超车。

习近平总书记高度关注我国5G技术的发展，并高瞻远瞩地为5G时代我国高科技长远、全面的发展做出顶层设计。2019年5月16日，习近平总书记在致第三届世界智能大会的贺信中指出：在移动互联网、大数据、超级计算、传感网、脑科学等新理论新技术驱动下，人工智能呈现深度学习、跨界融合、人机协同、群智开放、自主操控等新特征，正在对经济发展、社会进步、全球治理等方面产生重大而深远的影响。中国高度重视创新发展，把新一代人工智能作为推动科技跨越发展、产业优化升级、生产力整体跃升的驱动力量，努力实现高质量发展。①

习近平总书记还指出，中国高度重视发展数字经济，在创新、协调、绿色、开放、共享的新发展理念指引下，正积极推进数字产业化、产业数字化，引导数字经济和实体经济深度融合，推动经济高质量发展。

习近平总书记提出了更为细化的要求："要发展数字经济，加快推动数字产业化，依靠信息技术创新驱动，不断催生新产业新业态新模式，用新动能推动新发展。要推动产业数字化，利用互联网新技术新应用对传统产业进行全方位、全角度、全链条的改造，提高全要素生产率，释放数字对经济发展的放大、叠加、倍增作用。要推动互联网、大数据、人工智能和实体经济深度融合，加快制造业、农业、服务业数字化、网络化、智能化。"在这里，习近平总书记提出了"五新理念"：新产业、新业态、新模式、新动能、新发展，提出了创新发展的总体思路；"四全措施"：全方位、全角度、全链条、全要素生产率，提出了利用新技术的路径与举措；"三大作用"：放大、叠加、倍增，提出了未来发展的严格而又很高的目标要求。②

在习近平总书记的顶层设计及细致谋划下，我国 5G 技术取得了快速发展。

工信部发布的数据显示，2018 年中国工业互联网市场规模达到 5318 亿元左右。2019 年中国工业互联网市场规模突破 6000 亿元，达到了 6110 亿元。未来五年（2020—2025）年均复合增长率约为 13%。随着产业政策逐渐落点，在新基建的推动下，市场空间将有望加速，并预测在 2025 年中国工业互联网市场规模将突破 1.2 万亿元。根据预测，2030 年，我国 5G 间接拉动的 GDP 将增长到 3.6 万亿元。

2019 年 6 月 6 日，我国正式发放 5G 商用牌照，基于领先技术的支持，加上全球最大的用户规模、巨大的 4G 网络基础、丰富的移动互联网应用等明显优势，可谓水到渠成。业内人士认为，政府高度重视、企业积极抢滩，"中国

---

① 习近平. 推动新一代人工智能健康发展 更好造福世界各国人民［N］. 人民日报，2019-5-17.
② 习近平. 敏锐抓住信息化发展历史机遇 自主创新推进网络强国建设［N］. 人民日报，2018-4-22.

5G发展引领全球"成为基本事实。

2019年3月20日，工信部发布《关于推动工业互联网加快发展的通知》（工信厅信管〔2020〕8号），明确提出了加快新型基础设施建设、加快拓展融合创新应用、加快健全安全保障体系、加快壮大创新发展动能、加快完善产业生态布局、加大政策支持力度等6个方面20项具体举措。

从5G技术发展来看，工业领域是5G的主要应用场景。5G商用发展的重点是促进实体经济数字化、网络化、智能化转型升级，为各垂直行业和领域赋能赋智。

当前，我国新型工业化发展步伐加快，工业领域已成为实体经济转型升级的关键领域。5G在工业领域的成功应用将为5G发展开辟更为广阔的市场空间，有力拉动5G技术和产业进一步发展成熟，促进我国5G商用发展向更高水平迈进。

2019年，我国已在50个城市建设5万个5G基站；2020年作为5G爆发之年，我国将进一步完成30万个5G基站建设目标，将提供所有地级以上城市的5G商用服务。另据赛迪预计，未来5年，我国将至少建设1140万个5G基站。同时，2020年无论是运营商、电信设备厂商，还是手机终端厂商，都已经全面展开了5G网络布局，尤其是各大手机厂商之间，5G手机市场竞争已经全面开启。

根据3GPP（3rd Generation Partnership Project，第三代合作伙伴计划）此前公布的5G网络标准制定过程，还需制定第二阶段的5G标准，以满足国际电信联盟（ITU）的要求。到2020年，将最终形成完整标准。我国目前已有几十家企业或机构成了3GPP的伙伴。以华为为例，由其主导力推的极化码（Polar码）已经成为5G控制信道编码标准，是中国在信道编码领域的首次突破。华为近日还在德国柏林消费电子展（IFA）上率先推出了全球首款旗舰5G SoC——麒麟9905G。业内认为，在5G商用元年，我国不但拥有自己的通信标准、全面领先的5G SoC芯片（系统级芯片），而且还能在第一时间获得出色的5G终端体验和丰富的互联网应用。

越来越完善的5G网络，也将尽快融入各行各业中去，为我们普通消费者提供服务，尤其是对于未来的AI（Artificial Intelligence，人工智能）、物联网、

AR（Augmented Reality，增强现实）、VR（Virtual Reality，虚拟现实）等众多技术都有极大的推动作用。我们消费者也能够享受到更加丰富多彩的5G网络服务。

5G时代的话语权还体现在设备厂商拥有的专利数量上。数据显示，截至2019年年底，中国5G专利申请数量位居全球第一。其中，华为的5G专利排名全球第一，中兴通信则位列全球第三。根据德国专利数据公司IPlytics分析统计，截至2019年3月，中国厂商已申请的全球主要5G标准专利数量占比为34%，远远高于韩国的25%以及美国和芬兰的各14%。①

总之，凭借超前的战略布局和人才储备，我国5G在全球范围内的专利积累、标准影响力、智能硬件设备的制造以及应用场景开发等方面都具备了明显的先发优势，为我国的5G发展夯实了基础。同时，我国将坚持共商共建共享的中国原则，愿同世界各国分享包括5G技术在内的最新科研成果。

从某种意义上来讲，未来城市的竞争是数字信息的竞争，而数字信息的竞争主要是数字内容的竞争。因此发展数字内容产业是提高城市竞争力的关键一环，网络都市必定成为城市的发展方向。

第三节 华彩都市：注意力经济时代的城市形象再塑

21世纪，成功的城市将是文化的城市。与创意产业与内容产业相对应，当代世界进入了一个眼球经济与注意力经济的时代。从城市形象和传播影响方式来看，城市竞争是一种争夺注意力的竞争，是一种争夺眼球的竞争方式。

"注意力经济"这一概念源于美国学者迈克尔·戈德海伯（Michael H. Goldhaber）于1997年发表的《注意力购买者》。戈德海伯指出，目前有关信息经济的提法是不妥当的，因为按照经济学的理论，其研究的主要课题应该是如何利用稀缺资源。当今社会是一个信息极大丰富甚至泛滥的社会，而互联网的出现，更加快了这一进程，信息非但不是稀缺资源，相反是过剩的。相对于过剩的信息，只有一种资源是稀缺的，那就是人们的注意力。他进而指出，正

---

① 3Tim Pohlmann, Knut Blind, Philipp Hess. Fact Finding Study on Patents Declared to the 5G Standard. IPlytics, January 2020, iplytics.com.

在崛起的以网络为基础的"新经济"的本质是"注意力经济",在这种经济形态中,最重要的资源既不是传统意义上的货币,也不是信息本身,而是注意力。人的注意力是有限的,相对于无限的信息来说是稀缺的,因此,在互联网上人们的注意力是"虚拟经济的硬通货"。

注意力本身就是财富。戈德海伯说:"获得注意力就是获得一种持久的财富。在新经济下,这种形式的财富使你在获取任何东西时都能处于优先的位置。财富能够延续,有时还能累加,这就是我们所谓的财产。因此,在新经济下,注意力本身就是财富。"注意力作为一种资源,有它自己的独特之处。与信息相比较,信息是可以准确计量的,而注意力的计算是模糊的;信息是由信息的产生者不断创造的,而注意力对于信息的浏览者却是有限的。简言之,信息产生后能创造多少价值是不确定的,相反,注意力却能直接产生价值。

另外两位发轫者,《注意力经济》一书的作者达文波特(Davenport)和贝克(Beck)也表达了同样的观点:"对于今天的商界巨子来说,稀缺资源不再是土地、资本、劳动力,而且也不是信息,注意力才是供应不足的稀缺资源。"所以争夺稀缺资源的新的经济形式应为"注意力经济"。他们认为,在当前时代,理解和掌控注意力已经成为商业成功的至关重要的因素:"假如你想在目前的经济大潮中有所作为,你必须擅长吸引别人的注意力。你若是想留住你的员工,就需要抓住并保持他们的注意力。你若是想出售产品或服务,有时候,顾客将不得不把注意力投向你。如果你开了一家上市公司,想要让你的股票升值,你必须吸引投资者和分析家的注意力。换句话说,公司想要稳定,只有竞争力是不够的,你必须激活你预期中的顾客的脑细胞和心灵。"[1]

"注意力经济"理论认为公众的注意力是城市竞争的最大资源,谁能吸引更多的关注,谁就能拥有更大的价值,吸引更多的投资。英特尔公司前总裁格罗夫(Grove)在一次引人入胜的演讲中提出过"争夺眼球"的观点,于是有人直白地称之为"眼球经济":谁吸引到的目光最多,谁就可以成为市场中的翘楚。注意力已成为当代城市竞争的稀缺资源。

诺贝尔经济学奖获得者赫伯特·西蒙(Herbert Simor)也曾说过,随着

---

[1] 托马斯·达文波特,约翰·贝克.注意力经济[M].谢波峰,等,译.北京:中信出版社,2004.

互联网的发展,有价值的不再是信息,而是你的注意力。在信息社会里,硬通货不再是美元,而是信息被关注的程度。相对于浩如烟海的信息(据说全球每4分钟便有一个新的网站诞生),个人的注意力将是极为稀缺的资源。这种情形有点像一个听众面对一万个,甚至更多的讲话者,每个讲话者都试图让听众听到自己的声音,于是,如何在巨大的"噪声"干扰中脱颖而出,赢得听众的青睐,就变得至关重要。因此,研究人的注意力的规律,吸引别人的更多注意力,将成为新一轮城市竞争的着重点。

几十年前,一个城市只要有一个标志性建筑,人们就会过目不忘,一个事件只要有一家报纸报道,就会家喻户晓。现在是无数的楼盘如过眼烟云,无数的新创造叫人目不暇接。新形象新创造要想引起国人注意绝非易事,更何况全球。开了许多新闻发布会,做了许多广告,都可能收效甚微。在今天信息爆炸的时代,网络已创造无限量的流通信息,而注意力则是稀缺的和有限的。一个城市如何在无限的信息量中生存呢?必须争夺注意力。于是注意力与眼球成了卖方市场,它待价而沽。几十年前,英国媒体专家斯梅塞就曾告诉我们,每天看电视的观众实际上是在为媒体打工,媒体把观众的观看(收视率)打包卖给了广告商。今天,注意力作为稀缺商品更是奇货可居。

有人曾对张朝阳说:"你们真是活雷锋,每天给我们这么多免费的大量信息,你们怎么赚钱呢?"张朝阳的回答是:"只要你们看搜狐网,就给了我最宝贵的注意力,有了你的注意力,我就能赚大钱。"

由此,我们再来思考当代城市的形象经营。在各种经济要素顺畅流动的今天,哪个城市最受关注,哪个城市就拥有吸引最大资源的可能。形象能转化为生产力。当代城市形象是全球社会公众、市民和游客对某一城市的整体印象和评价。富于魅力的城市形象无疑将提升一个城市的国际竞争力。

当代城市经营,就是要通过塑造和展示城市形象,使公众对其产生良好的心理认同,并产生巨大的马太效应。受到这种传播的扩展效应影响,公众或团体在面临与该城市有关的活动时,就会做出有利于该城市的倾向性选择,无形之中提高城市的竞争能力。

城市形象是城市理念、城市环境、城市行为和城市视觉标志的综合构成体。策划、实施与树立城市形象是一项促进城市发展的注意力产业。这一产业将产生巨大的效益和难以估量的经济推动力，创造出城市的增殖价值。

香港国际化大都市战略就是从城市形象设计开始的。1997年，香港遭受了亚洲金融风暴的冲击，经济活力大受影响，社会层面存在比较严重的危机和悲观意识，迫切需要重新拾回信心，向全球展现积极进取的形象。从2000年起，香港政府新闻处就开始负责统筹策划香港的新品牌形象，组建了一支跨国顶尖的专业品牌顾问团。该顾问团成员包括：全球最大的品牌策略顾问与设计公司——美国朗涛设计顾问公司，世界多个著名品牌如可口可乐、耐克、IBM等的形象都出自该公司；全球顶尖的公共关系和管理专业顾问公司——博雅公关公司；以及品牌策划市场调查公司——Wirthlin Worldwide公司。这几家专业公司组合在一起，在全球范围内进行了广泛性的专业调查和研究，为香港城市品牌的定位和视觉形象的表现提供了充分的依据和富有创意的设计。2001年5月10日，时任香港特区行政长官董建华隆重向大众推出了香港品牌——"飞龙标志"，一个百年城市的新品牌形象从此诞生，新标志显示了香港积极进取的精神和创新思维。

总之，一个城市形象的总体战略和设计应该是由政府有关部门来主导和管理的，保证其战略性和系统性；代表城市形象的宣传品应是多方面的专家设计的，在创意和制作上要有高度的专业性。

城市形象设计的国际经验表明，成功的城市形象不仅在于设计的过程，更为重要的是维持和不断推广，从而保证一个城市的品牌工程从开始建立一直到全社会的贯彻落实始终在一个健康的体系中运转。香港设计了新的城市形象后，邀请了香港著名影星如刘德华、成龙出任城市品牌形象代言人，大张旗鼓地在全世界推广，而且不断更新城市的品牌形象广告，在本港台、翡翠台等电视频道大规模推广，保证了城市形象的持续更新。

第四节　舒适都市：体验经济时代的生存格调

在当代，体验经济已经逐渐成为继农业经济、工业经济和服务经济之后的一种经济形态。随着经济的发展，消费水平的提高，越来越多的消费者渴望得到体验。在城市的竞争中，一个国际化大都市，不仅要有生动丰富的创意和创意者阶层，还要将自身创建为一个消费和体验创意的城市。

1999年4月，由约瑟夫·派恩二世（B. Joseph Pine II）和詹姆斯·吉尔摩（James H. Gilmore）合著的《体验经济》初版时，受到了广泛关注。该书提出了"工作是剧场、生意是舞台"的理念，体验经济从此走红。

当前，一些发达国家已把体验业作为一个重要产业来开发，美国的休闲业已成为第一产业，2019年仅户外产业就为美国创造了2.1%的GDP。日本的电子游戏/动漫产业是仅次于汽车产业的第二大支柱产业，2020年，日本电子游戏市场规模突破2兆日元（约合人民币980亿元）大关，云游戏市场规模继续扩大，达到15.3亿日元（约合人民币7500万元）。韩国的游戏产业也成为最有利润的行业之一，2020年韩国游戏产业的市场规模达到18.9万亿韩元（约合人民币1011亿元），同比增长21.3%，同时这也意味着韩国游戏产业自2011年来连续10年实现平均9.8%的稳定增长。

近年来，体验经济为中国经济学界、新闻界所熟知。体验经济作为一种新的经济形态，它以全新的文化理念对服务经济进行深化和发展而形成的精神体验作为内涵。什么是体验？体验就是以服务为舞台，以商品为道具，围绕消费者创造出值得消费者回忆的活动。按照体验经济的观点，商品是有形的，服务是无形的，而创造出的体验是令人难忘的。也就是说，如果你为物品和有形的东西收费，你所从事的是制造业；如果你为自己开展的活动收费，你所从事的是服务业；而当你为消费者和你在一起的时间而收费，才算进入体验经济。

在体验经济下，消费者不再仅限于购买产品所获得的心理满足，而是更加侧重于在消费过程中甚至企业生产过程中所获取的"美好体验"。当消费过程结束后，消费者记忆里将长久保存对过程的"体验"。消费者乐意为这类体验付费的原因在于体验是美好的、不可替代的，对某一个消费者来讲它是唯一的，有时是不可再生的。所以体验经济给城市经营者的启示就是：非物质产品比物质产品的价值更高，升值空间更大。一个国际化的都市，必须更多地关注文化、娱乐和格调等与客户体验相关的因素。

当今的世界是如此的丰富多彩，不同的城市拥有不同特色的人文景观和文化遗产，这就给我们体验文化差异提供了一个很好的契机。不同的城市，拥有不同的文化空间，构建了不同的文化和异质景观，自然在消费者中能产生巨大的吸引力和新鲜感。文化是彰显体验差异的最主要内容，或说是体验得以实现的主要载体。

在当代都市的国际化竞争中，温馨的都市氛围、独特的城市格调、较高的舒适指数、规范良好的心理体验，都是城市重要的制胜因素。美国学者佛罗里达（Florida）就曾提出创意阶层对生活环境的特定要求。一个社区的生活质量越好，在吸引和挽留高学历、创造性人才方面成功的可能性就越大。"体验营销"是使城市拥有独特魅力的一个法宝。

经营快乐是服务业的极致，是体验经济最佳的切入点。每一个到过迪士尼乐园的游客都会被快乐淹没，那种用心经营的快乐让人兴奋不已，难以忘怀。于是全世界记住了迪士尼，它的品牌价值被不断放大、延伸、辐射，最终成为世界娱乐产业的商业巨头。迪士尼的成功，缘于抓住了服务业最本质的特征：制造快乐，经营快乐。

由于体验式经济充分满足了消费者体验和消费的愿望并收效明显，这种设计模式很快在美国、日本、欧洲各地流传开来。在日本，著名的 Garden Walk 是一家专门销售高档女性流行服饰的商业中心，设计师以各种灿烂的花朵主题图案，设计和连接了三个不同情调的露天广场，用不同的花瓣和叶子图案镶嵌在路面上，引导购物者进入购物商场，为购物者提供片刻休憩的座椅采用了花刺形状，供朋友聚集与才艺表演的舞台被塑成橘红色的大向日葵。绚丽明亮的颜色和图案，营造出丰富变幻如庆典般的都市花园氛围。Garden Walk 年营业额约有 9000 万美元。这种以花为元素的主题体验式商业设计，彰显了体验式商业的一般特征，即整个商业中心借规划、设计、装修、材料等来体现统一的文化主题。设计师通过对主题事物的发掘，在建筑、装饰、商品组合等方面采用象征、隐喻等表现手法，创造出令人心旷神怡的商业环境和氛围。

在美国，拉斯维加斯的天空酒店也是成功展示体验经济的例子。它以古罗马集市为主题，从各个细节展现主题。购物中心铺着大理石地板，有白色罗马列柱、仿露天咖啡座、绿树、喷泉，天花板是个大银幕，其中蓝天白云的画面栩栩如生，偶尔还有打雷闪电，模拟暴风雨的情形。在集市大门和各入口处，甚至每小时有恺撒大帝与其他古罗马士兵行军通过，使人感觉仿佛重新回到古罗马的街市。古罗马主题甚至还扩展到各个商店，例如：珠宝店用卷曲的花纹、罗马数字装潢，挂上金色窗帘，营造出豪华的气氛。天空酒店1997年每平方米的营业额超过1000美元，远高于一般商业中心每平方米300美元的水平，这表明了体验的巨大价值。

美国电影《白鲸》中有一位酷嗜咖啡的大副名叫星巴克（Starbucks）。他的大名如今已成为世界知名的跨国经营的咖啡连锁企业的品牌，其总部设在美国西雅图。星巴克咖啡店是亚洲白领人士心目中"健康、成功和地位"的象征，是"精英聚会的场所"，并不是因为这里的"物美价廉"，最吸引人的是这里温馨舒适的气氛、动听的音乐、优雅的会客环境、浓郁的咖啡文化氛围。星巴克把喝咖啡变成了一种情感体验，7倍于同行业平均利润的骄人业绩，充分证明了体验对人们的无穷诱惑。当体验不仅仅是一种个体的心灵感受，也不停留于传统服务业的附属品，而可以单独作为一种经济价值出售的时候，体验经济时代就来临了。

如今星巴克咖啡公司除在北美、英国、欧洲大陆、中东和太平洋地区设有5800多个销售网点以外，还通过其专门机构销售咖啡和茶叶产品，包括其网上销售商Star-bucks.com。在星巴克，客人和咖啡师之间、客人和客人之间的互动是其特征之一。在都市闹中取静的幽雅环境中，有精选的轻音乐、有轻松闲适的聊天欲望。总之，以顾客体验为核心的咖啡文化，使星巴克拥有了相当的认同和忠实的客户队伍。根据星巴克2021财年年报，2020年9月—2021年10月，星巴克公司营业收入为290.61亿美元，尽管遭受新冠疫情冲击，但比上年增长了23.57%，彰显出巨大商业效益。这表明了体验营销的无尽潜力。

在体验经济时代，经营城市必须学会创造丰富的、令人动心的城市体验。目前，人类社会（特别是西方国家）正在迅速跨越服务经济，进入体验经济时代，这对尚处于工业经济时代的中国来说既充满挑战，也充满机遇。

第二章 抚州文化品牌建设的整体语境

第一节 从"千城一面"到品牌城市

随着现代化和城市化的深入推进,城市建设出现了"千城一面"的现象:高楼大厦,水泥丛林,车水马龙,光鲜亮丽。"千城一面"是高速现代化的光荣与梦想,还是陷阱与败笔?这是当前城市建设,必须予以认真思考的问题。

"千城一面"是中国城市的危机与困境,它正在抹掉城市的历史——文化的历史、城市人心中的历史。

城镇化的高速推进,是经济、人口增长和高速工业化对城镇发展的要求。工业化的本质是标准化,以标准化换取大规模生产的效率。工业化背景下的城镇化,自然也脱离不了工业化的影响。工业化遵循的是标准化,以机器大生产为基础,按照一定标准进行批量性的生产与复制。在标准化的主导下,批量性生产和复制的文化充斥了各个城市,各种文化以一种程式化、齐一化的模式展现,特色与个性成为一种幻影。在工业城市的发展过程中,工厂企业成为工业文化的重要载体。有学者对工业化的北京做过这样一个描述:"东南四环到东南五环,焦化厂、化工二厂、北京有机化工厂连成一片,管道密布烟囱林立;东四环外朝阳路往东,是北京轻工业基地,棉纺一厂、二厂、三厂扎堆;酒仙桥一带,无线电厂等老电子工业企业聚集……"[①] 标准化的车间、密集的管网、高耸的烟囱成为城市形态的重要表征,风格纯粹与单一,代表了钢铁的胜利,使得城市成为机械文明的体现者,而这也导致了中国城市化进程的最大败

---

① 涂露芳.北京工业转型的进与退[N].北京日报,2012-10-9.

笔——千城一面。

经过40年的标准化城镇建设，"千城一面"的问题变得越来越突出。大广场、大高楼，不仅外形相似，布局也如出一辙：城市中心设广场，广场中心有花坛、喷泉，中央商务区高楼林立，主干道宽阔整齐、贯穿新城。雷同的规划，雷同的建筑，雷同的景观，甚至连写字楼、住宅区的名称也相似甚至相同。多数城市新区，除了地名，几无相异之处。

科技进步使得城市建设已经能够尽力克服自然条件的约束，城市的自然特色因而越来越淡化。但城市的形态不仅仅是人们对自然改造的成就，同时也应该是凝结长期积淀的历史文化的物理形态。源于文化的城市独特性，不仅仅是自然地理的反映，更是独特地域文化的反映。"千城一面"是对城市历史、城市文化的背叛。长此以往，"千城一面"难免造成区域历史和文化有形延续的中断，造成有形文化传承。失去了有形文化教化的场景，就会造成无形文化人心教化的缺失。

如果说"千城一面"是一种影响文化魅力和地方特色的"城市病"，那么"如数家珍"式的罗列就是病急乱投医的发展困境。最近的二十多年里，大多数城市的领导者都对城市拥有过的历史文化资源"如数家珍"。对城市文化特色不辨别，不挑选，认知不清晰，是制约城市文化建设的最大问题。某种意义上，对拥有的文化资源进行一一陈述并全部纳入宣传，实则不能找到城市最独特的历史文化主线，不能求得内外认同，不能形成广泛共识，不能在人们的内心深处真正确立城市的独特性。"如数家珍"更为可怕的是对文化创意产业发展的阻碍。如果没有对传统文化的深入洞察，仅仅停留在事件、现象表面，就会陷入困境，陷入"资源魔咒"。

在中国300多个地级行政区、近3000个县级行政区的官方网站中，历史文化板块中都逃不开罗列的少则十个八个、多则几十个的"某某之乡""某某之都"的特色文化。河北沧州推出"六大特色文化脉系"，囊括了诗经文化、运河文化、渤海文化、医药文化、武术文化和杂技文化等诸多内容。邯郸提出十大历史文化：以胡服骑射为代表的赵文化、中国新石器时期的磁山考古文化、女娲文化、曹魏建安文化、北齐石窟文化、以"一枕黄粱"名梦和黄粱梦吕仙祠古建筑群为代表的梦文化、磁州窑文化、广府太极文化、成语典故文化和边区革命文化。四川自贡自诩"千年盐都""恐龙之乡""南国灯城""美食之府"。云南玉溪从生命起源说起,到聂耳故乡、云烟之乡、花灯之乡、高原水乡,等等。各地文化林林总总,洋洋大观。

中国有几千年的文化积淀,几乎每个城市都不缺故事、不缺历史、不缺文化。即使过去被称为文化沙漠的抚州,其实也有十分悠久丰厚的历史文化。夏商时代,抚州就是百越部族远征海洋的一个驻脚点。秦始皇统一中国后,于公元前214年在岭南设置了南海、桂林、象郡三郡,迁徙50万人进行开发。时属南海郡的抚州,便融入了中原文化。抚州市最早的前身为宝安县,作为县建制始于公元331年,即东晋咸和六年。我们只要随意翻检历史档案,便能在抚州的历史中找出天后宫、大炮台、文天祥与伶仃洋、宋少帝赵昺与大臣陆秀夫蹈海处等典故,更不要说抚州现在拥有"世界之窗""红树林湿地"等上百个文化"打卡地"。

再如北方某县,曾经举办一个文化节,取名卫夫人文化节。卫夫人是东晋时代的女书法家,师承钟繇,高徒有王羲之。但是卫夫人知名度不高,如果依此作为城市品牌或城市形象,很难发挥该城市应有的文化效应。实际上,城市文化资源是有知晓等级的,是一级资源,还是五级资源,需要从传播和共识的层面考量,这对于一个城市的品牌营销意义重大。大家熟知的桂林,除了历史上的传播外,全中国每个上过小学的人都背诵过贺敬之的《桂林山水歌》:"桂林的山啊桂林的水……"这就是非常重要的文化基础资源。

几多历史遗迹,漫长文化卷帙,是有着五千年文化传承的中国国情和中国现实。伴随着城镇化而兴起的,各地大力推进历史文化名城建设。民俗节庆、地方戏申请"非物质文化遗产"的热潮,铺天盖地的"市歌""市徽""市树""市花""城市精神"评选和宣传,各地电视台连篇累牍播出的城市宣传片,等等,凡跟城市文化相关的名人、名事、名物,只要"曾经拥有",就绝不会被落下。

当代城市建设需要注入文化的力量,其实每个城市都不缺乏历史文化的"珍珠"。因为"有珠可数",所以才有了"如数家珍"式的罗列城市文化,这自然而然地成为城市文化建设最便捷、最直接的路径。于是,城市文化建设或城市形象塑造,陷入了一个个"如数家珍"式的困境。

"如数家珍"让众多决策者形成了"千篇一律"的固化思维，跌入了文化资源的魔咒之中。那么，从"千城一面"的败笔到"如数家珍"的困境，该如何破解呢？

每一个城市的领导者都对自己城市的文化古迹、文化遗产"如数家珍"，无法舍弃每一个文化资源，因为他们认为每个资源都是最好的。但是你是否跳出"魔咒"做过全国全球各城市之间的比较分析？你是否认真做过旅游者消费者的调研？有多少人认同你选择的城市形象代言者？哪一个资源是唯一的，是一等一级的，最能彰显本城市区别于其他城市的特质？如何在万千之城中脱颖而出，找到自己那座城市最独特、最鲜明、最具影响力、最具发展前景的城市之魂？这一切，都是每一个城市决策者面临的紧迫选择。

让我们来解析一下"千城一面"的原因。

第一，在现代化模式下，我们对城市的认识不足，只认为城市是居住地，于是仅仅按照功能化要求建设城市，比如城市中竞相建造的现代化高楼大厦、大广场，满足各种功能的各种设施。这种模式带来了城市的发展与繁荣，但后现代也对这种模式提出了批评和质疑。

第二，地方政府追求"高速政绩观"。有关城市规划者认为，出政绩的最快手段是按照现代化的方式迅速改变城市破旧的面貌，以便在短短的任期内、在眼前就能看到成果。于是，城市的面貌改变了，原来破烂的地方变得整齐划一。与此同时，问题也出现了：到处争相建高楼、大广场、大马路，一个城市和另一个城市没有了差别。事实上，争高求大不一定是好事，这是一种赶超型的现代化模式，说明地方政府对城市现代化缺乏深入思考。很多城市规划理论认为一百年前的城市设计、城市面貌已经很好了，一定要好好保护。有些地方在快速推进城市化的进程中，在大拆大建的过程中却有意无意地把文化忽略了，而文化恰恰是一个城市最宝贵的资源。

第三，土地财政是政府最大的推动力。房地产商最乐意做的就是迅速地复制高楼，满足实用价值，获取经济利益，忽略了一个城市建筑的文化和审美价值。与欧洲将建筑放在所有艺术的首位、作为第一类最重要的公共艺术相比，我们的认识还有很大差距。

在观念上，我们要把每一个城市当作一件艺术品来看待。每一座城市都是一件富于魅力的艺术品，承载了文化和历史，有自身深厚的物质和非物质传承的资源。城市的历史、城市的传统都积淀在城市的建筑中。正如鸟巢是一件巨型的人类雕塑，每一个城市都是一件人类的雕塑品，我们要怀着审美的、热爱的情感去雕琢它。

城市是现实与历史的合体。我们今天所看到的一些城市的改造，出现了很多贪大图洋、贪新图快的弊病。在此我呼吁：不要那么心急忙慌地"拆除"城市，应好好地从文化的、历史的、艺术的、美学的视角，从人们习惯的生活方式、城市民俗民情的视角等，研究自己城市的资源，认真思考它，用跨越现实的未来视角去关注它，以最佳的方案来设计和建造它。

"三年一变样、五年一大样"很多时候是政绩的需要，不一定是对历史负责的做法，不值得我们高喊。城市建设需要遵循变革中基本的规律，按照发展的步骤、阶段、格局、美的艺术，来建设适宜人类栖居的城市。要从城市规划、城市设计、城市建筑、城市街区、城市楼宇、城市家庭、城市人等多方面入手，总体把握，综合融汇，做好顶层设计。

从历史上看，一个城市的格局形成之后，往往要因循几百年。比如，我国大多数历史文化名城的基本格局，几百年来大致不变。中国这一轮的城镇化城市化建设是中国历史上，乃至世界历史上前所未有甚至后无来者的城市大变革。今天奠定的城市基本格局，可能延续未来数百年。今天这一代或这几代的城市管理者、决策者们，要有对城市的历史负责的使命感，对城市的未来负责。今天回首古老北京的设计者、建筑者和保卫者的时候，我们不禁感慨万端，他们是创造、保护北京城市历史的伟人。

城市如何找到自己的个性？

从美学的角度进行思考：在当前中国新型城镇化进程中，大量的旧城改造（尤其是县级城市改造）一定要增加"生态城市""公园城市""艺术城市""美的城市"理念，要切记，建筑是人类的第一艺术。未来的市民期待着更加"诗意"的栖居。公共艺术在未来城市建设中将有更为重要的地位。

建设"艺术城市"要结合生态旅游、文化旅游，挖掘当地未挖掘的历史和传统文化，建成具有强烈地域性特色或创新特色的城市。要站在全球旅游、特色旅游角度进行城市规划。要从"影响力、标志性、艺术性、公共性"等多个方面评价城市的公共艺术建设。要将"艺术城市""美的城市"与建设区域经济、文化产业发展相结合。

我们看几个案例。

案例1：巴塞罗那是因奥运会而规划建设的城市，在规划中把历史文化、奥运文化串联在一起，显得很和谐。巴塞罗那不是欧洲繁华的城市，与欧洲城市有相似的地方，也有自身的特点，有代表城市的标志和特色。巴塞罗那有8栋建筑物被列为世界遗产：

安东尼·高迪（Antoni Gaudí i Cornet）设计的建筑物于1984年被列为世界遗产：

1. 文森之家（Casa Vcens，1883—1888）

2. 桂尔宫（Palau Güell，1886—1889）

3. 桂尔公园（Park Güell，1900—1914）

4. 巴特罗之家（Casa Batllo，1904—1906）

5. 米拉之家（Case Mila，1906—1912）

6. 圣家堂（Sagrada Familia，1883—1926）

多明尼克（Lluís Domènechi Montaner）设计的建筑物于1997年被列为世界遗产：

7. 加泰罗尼亚音乐宫（Palau de la Música Catalana，1905—1908）

8. 圣保罗医院（Hospital de Sant Pau，1901—1930）

有开创性的艺术家高迪等的创意，创造了巴塞罗那的生命力。它是一个走向艺术的城市，与欧洲人将建筑作为艺术的第一要义的理念相契合。

案例2：台湾地区的生活美学对大陆城市建设有很重要的启示意义。它让人体会到"美在生活中，城市在美中，你在城市中，就在美中"。

案例3：广西灌阳县是我国第一个创建艺术城市的县级城市，确定了用艺术特色来打造城市品牌理念。灌阳县以瑶族风情打造艺术城市，包括历史文化、民族精神的培育，通过城市的公共艺术，来增加城市的经济效益、达到社会和谐，最终凝结成一个优秀的城市形象。

所有成功的案例，有一点是相同的，那就是它们找到了自己城市的魂。

每一个城市都有自己的文脉，千流一源，万法归宗，理一分殊，一以贯之。

"理一分殊"的道理，是朱熹借用了佛教"月印万川"的比喻来阐述的。他说："释氏云：'一月普现一切水，一切水月一月摄'。这是那释氏也窥见得这些道理。"（《朱子语类》卷十八）把"一理"比作天上的月亮，而把存在于万物之中的"万理"比作一切水中千千万万个月影，以此形象地说明"理"与万物的关系。理是唯一的，这唯一的理又体现在万物之中，是万物的本质。而万物并不是分割"此一个理"，却是分别地体现完整的一个理。"月印万川"本是佛教中的命题，"一月普现一切水，一切水月一月摄"具体说是唯一的月映现在一切水中，一切水中映现的月都包括在唯一真正的月中。

但是这还不够，除了文化地的历史主线，我们还要看到与时俱进的当代创为。

一座城市的文化独特性如果不与今天联系，最终会失去发展的内驱力。即使经过了20多年的发展，一些区域的文化产业仍旧没有找到属于自己的道路。文化产业的发展逻辑，脱胎于文化本体。在中国这样一个不缺乏历史文化的国家，复兴中华传统文化亟待一套新的方法论作指导。文脉是文化地的历史主线和与时俱进的当代创为。基于这一定义，结合新的时代条件、新的社会主要矛盾和新的经济、文化、科技等产业发展条件，我们提出了一套新的发展理论。鉴于其他领域已经或多或少有了围绕文脉进行理论的尝试和阐述，为区别起见，笔者将其命名为"新文脉理论"。

新文脉，新文创，新文明。

城市是一个巨系统，是建筑之形、文化之魂、规划之格、功能之用的系统综合。任何一个一维的文脉解释，都不能准确说明文脉在城市建设和发展中的功能和作用。因此，文脉需要按照城市建设和产业发展的需求，重新被发现，被解释。

为此，从城市和地域文化建设与产业发展的角度，我们将新文脉定义为"在新的当代城市变革与竞争中一个城市有历史承续而来的新的文化主线"。一个兼具主体性和统摄性、历史性和当代性、无形性和有形性、静态性和动态性的概念。

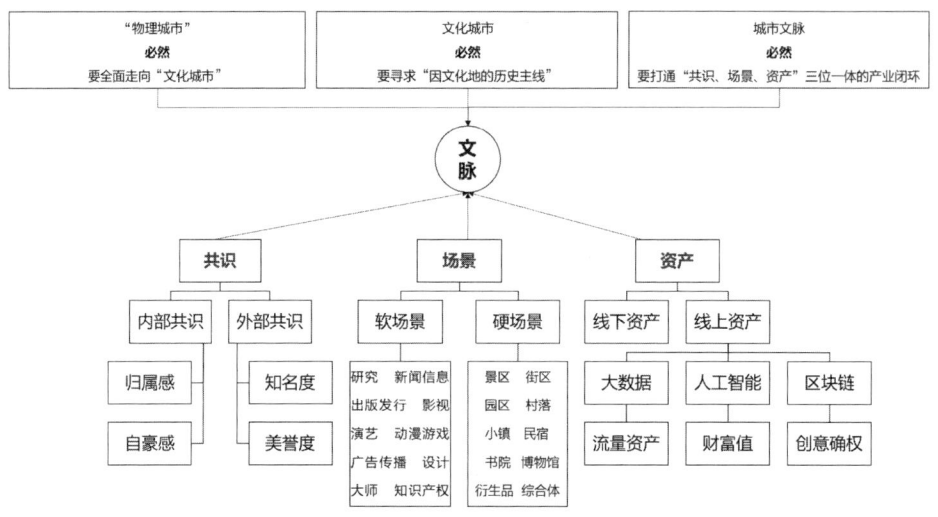

图 2-1 新文脉理论逻辑图

什么是新文脉之新？发掘、激活、变革、创新。

新文脉之新首先是发掘城市独特的文明基因，激活城市逝去的集体记忆，承续以通古今，将过去断续的、单一化、片段化的文脉一一连缀成线、交织成体、赋之以魂。

新文脉之新是在最为深广的中华人文精神的积淀之上进行创新、创意、变革、改造，以变促通，以通制变，以新变成就新统，以新变实现文脉的贯通。

新文脉以当代哲学阐释学为基础，新文脉之新是城市历史要素的重新选择、重新集中、重新阐释。

新文脉之新是在当下新时代、新思想、新制度构架之下建构的新创造。

新文脉之新是在现代科技基础上构建的城市文化新构架。

谈到塑造城市个性的现实与历史意义。笔者认为，目前是人类历史上最大规模的一次造城运动，是关乎子孙后代的一件大事。我们今天所做的一切将确定着未来二三百年中国城市的格局。为此，所有的造城者，包括城市管理者、企业家、研究人员，都要对子孙后代负责，对历史负责，做好城市建设。

第二节 城市品牌的定义

世界著名营销大师菲利普·科特勒（Philip Kotler）在以"多元文化与城市未来"为主题的"曲江论坛"上演讲时，指出品牌是城市营销之魂。随着城市化进程和城市竞争的日益激烈，彰显城市个性、突出竞争优势变得日益重要。因其具有明显的区别性功能，城市品牌成为近几年来城市营销研究的重要内容。广告、促销等手段已无法应对当今全球城市竞争。要实现城市营销的多元目标，包括树立积极、正面的形象以吸引企业、投资、游客、高素质的居民、公共机构、重要活动以及开拓出口市场等，就必须采用战略营销规划工具，必须进行自觉的品牌建设和管理。①

品牌是市场营销学的重要概念，是品牌主体无形资产的浓缩，并以特定的形象及所拥有的个性化"符号"或"信息"来识别。美国市场营销学会定义："品牌是一种名称、术语、标记、符号或设计，或是它们的组合运用，其目的是借以辨认某个销售商或某群销售者的产品及服务，并使之与竞争对手的产品和服务区别开来。"首先，品牌的功能在于它的区别性。同一类商品借助品牌相互区分，从而突出各自的优势，细化市场，分流具有不同倾向的消费群体。其次，品牌的功能在于它的认同性。良好的品牌质量和较高的社会认可度，能在受众心中塑造独特、令人瞩目的形象。商品借此实现价值转化和价值增值。在当代，品牌不仅适用于企业的产品和服务，还可以用于城市、国家、地区、文化等。英国学者莱斯利·彻纳东尼（Lesliede Chernatony）曾经说过："在经济发展到相当程度时，城市已经从工业时代的大生产聚集地转变为人居的栖息地，成为人文、历史、景观的综合体。因此，城市和乡村也正在被开发成品牌。每一座城市和乡村都吸引着核心价值观与其相同的人们，确保他们有自己的生活方式的主张。"②

城市品牌化的提法出自凯勒（Keller，1998）。凯勒在其著作《战略品牌管理》一书中指出："像产品和人一样，地理位置或空间区域也可以成为品牌，

---

① 刘彦平.城市营销战略［M］.北京：中国人民大学出版社，2005：66.
② 莱斯利·彻纳东尼.品牌制胜——从品牌展望到品牌评估［M］.蔡晓煦，段瑶，徐蓉蓉，译.北京：中信出版社，2002：13.

城市品牌化的力量就是让人们了解和知晓某一城市并将某种形象和联想与这座城市的存在自然联系在一起，让其精神融入城市的每一座建筑之中，让竞争和生命与这座城市共存。"①

城市品牌化是区域/地区品牌化（place branding）的一个分支。西方理论文献中出现了 place branding（地域品牌）、country/nation branding（国际品牌）、city branding（城市品牌）、regional branding（区域品牌）、destination branding（目的地品牌）、geo-branding（地理品牌）、locationbranding（地域品牌）、cluster branding（集群品牌）、urban branding（城市品牌）、community branding（共有品牌）等多种表示"区域品牌化"的术语。目前，国外学者还未能给出区域品牌的确切定义，关于区域品牌应该包含哪些内容，亦存在多种观点。从国外区域品牌化相关研究文献来看，"区域品牌"一词应是对以地理区域命名的公共品牌的统称，涵盖国家品牌、城市品牌、地区品牌、目的地品牌、地理品牌、集群品牌等多种类型的属概念。②

在有关区域品牌的定义中，较有代表性的是瑞尼斯特（Rainisto）给出的。他认为"区域品牌是一个地区的附加吸引力，塑造区域品牌的核心是构建区域品牌识别"。区域品牌由许多要素组成，如名称、标志、术语、设计、包装、口号、声望等。这些要素当中首先要考虑的是名称。而区域产品是一个区域向消费者提供的全部产品的组合（Rainisto，2001）。卡瓦兹（Kavaratzis，2005）根据阿克（Aaker）的品牌定义来界定区域品牌的含义，认为"（区域）品牌是功能、情感、关系和战略要素共同作用于公众的大脑而形成的一系列独特联想的多维组合"。在西方学者的著作中，由于区域品牌与城市品牌的概念有时并无明确区分，这些用词上的差别只是因为研究者视角的不同，所以区域品牌的定义可以沿用到城市品牌之中。把瑞尼斯特观点中的区域品牌替换为城市品牌，我们可以把城市品牌看作一个城市的附加吸引力，其核心在于构建城市品牌识别。这里的首要问题是，如何定位城市品牌，突出城市品牌的差异和个性。

关于城市经营，国外学者主要集中在对传统城市形象和基于职能论的城

---

① 凯文·莱恩·凯勒. 战略品牌管理［M］. 北京：中国人民大学出版社，1998：20-25.
② 孙丽辉，毕楠，李阳，等. 国外区域品牌化理论研究进展探析［J］. 外国经济与管理，2009，31（2）.

市营销的研究范围内,对城市品牌问题的关注和研究很少涉及。其零星研究主要表现在对城市品牌思想的提出、企业如何开展城市品牌营销、城市管理中利益相关者的参与机制、城市品牌对定居者的吸引价值与塑造过程等方面。①

那么,什么是城市品牌?国内学者从各自的角度出发,对城市品牌的概念表述不一;西方学者立足品牌理论,强调品牌的效用与受众心理不同,都抓住了城市这一主体。从城市已有的历史文化、产业优势、城市定位等方面综合考虑,将城市品牌看作城市竞争力的集中体现。在城市品牌的区别效应的基础上,将突出竞争优势、增强城市居民的自豪感和凝聚力、增加城市的吸引力和感染力、吸引外部投资,作为城市品牌的显著效能。

表 2-1 中国学者对城市品牌的定义

作者	城市品牌的定义
倪鹏飞等	城市的功能性、情感性、自我表现性等战略识别要素在公众头脑中共同生成的一系列独特认知和联想
杜青龙等	城市管理者利用所属城市具有的独特的要素禀赋、历史文化沉淀、产业优势等差别化品牌要素,向目标受众提供持续的、值得信赖的、有关联的特别承诺,以提高受众对城市的反应效用,增强城市的聚集效益、规模效益和辐射效应
陈跃兵	城市标识、城市形象和城市关系的总称,是城市可转化的无形资产
吉福林	体现一个城市丰富的经济文化内涵和精神底蕴,与其他城市相区别的独特标志
张鸿雁	一个城市在推广自身城市形象的过程中,根据城市定位传递给社会的一种核心概念,并得到社会的认可,从而在消费者心目中占据一定的位置
张锐、张燚	"品牌"是城市核心竞争力的集中体现,也可以看作一种系统,即"城市品牌系统",它是一个由城市品牌与全体受众(城市品牌与城市内部品牌)、城市品牌与城市资源,以及城市品牌与城市环境等构成的关系系统②
范小军	城市品牌是城市的特有资产在城市发展进程中所生成的特殊的识别效应,是城市特有竞争优势的体现

① 张锐,张燚.城市品牌:理论、方法与实践[M].北京:中国经济出版社,2007:7.
② 张锐,张燚.城市品牌:理论、方法与实践[M].北京:中国经济出版社,2007:38.

本书认为：城市品牌是城市形象的集中体现，代表着城市的核心竞争力，它既整合了原有的各种资本优势，符合当地居民的心理期许，又规划了城市一段时间内的发展战略目标。它是城市生态环境、人文积淀、经济实力、精神品格、价值导向等综合功能的凝练和升华，集中了一个城市自然资源与人文创造两方面的精华，拥有深厚的历史积淀。所以，城市品牌具有不可替代的经济文化内涵和不可交易的专有功能，既是区别于竞争对手的标识，也是城市个性化的表现。城市品牌是城市在功能定位的基础上所确定的自己的核心价值，由城市的各种资源优势、人文标识、地域特色，以及城市的发展规划和战略目标等要素共同塑造而成，是可以感受得到的"神形合一"的城市标识、名称或口号。城市品牌是城市的性质、名称、历史、声誉以及承诺的总和，同时也使人对城市产生清晰、明确的印象和美好的联想。

城市品牌的作用有多方面，总体上可以分为内部和外部两个层次。城市的内部是一个相对完善的系统，但在运行中需要内部各方面的紧密配合。这种配合需要一种团队合作精神，不仅能使团队成员产生自豪感，使他们愿意留在该区域，而且能够提升区域的竞争力。[①]同时还能吸引其他区域的人才走进来，使城市利益的相关者选择在城市投资、旅游、居住、工作或学习。其地位一旦在人们心中确立，就能够保持相对的稳定性。人们对城市品牌的关注、信任与忠诚就是城市的"品牌效应"。

城市品牌的塑造是一个庞大而复杂的社会过程，一般要经历城市品牌定位、确定城市品牌的核心价值、建立城市形象识别系统（City Identity System）、城市品牌推广、推广信息反馈和城市品牌维护等阶段。这是一个全方位的循环互动过程。"罗马不是一天建成的"，一座城市整体努力才能打造出一个真正的城市品牌。不能仅仅停留在零散的媒体宣传、城市形象工程建设、基础设施改善等层面，它需要全体城市居民、所有城市利益相关者共同行动，先从城市内部品牌塑造做起，将城市品牌的核心价值贯彻到城市建设与发展的各个方面。可以说，城市品牌影响力和感召力的提升过程，实际上就是一座城市全面发展的过程。即城市的全面发展推动城市品牌度的提升，反过

---

① 齐文娥.区域经济一体化与区域营销［M］.广州：广东经济出版社，2006：176.

来，城市品牌度的提升又会促进和带动城市各项事业的全面发展，二者相辅相成。①

第三节 创新驱动精准定位地方文化产业发展模式

一、我国文化产业发展模式的总体特征

全球有能力有条件发展文化产业的国家和地区，根据各自的政治、经济和文化特点，寻求适合本地文化产业的发展模式。目前主要有三种模式②：一是以美国为代表的市场驱动型，主要通过市场主体充分参与文化市场竞争获得发展；二是以英、法为代表的文化资源依托型，充分挖掘深厚的历史文化资源和文化影响力优势获得发展；三是以日、韩为代表的政策引导型。政府产业政策引导产业方向选择和对外文化输出。我国自古有大政府传统，且积极实施"文化立国"策略，文化产业具有鲜明的政策驱动特色。同时又必须适应我国空间和政治、文化、经济实际，文化产业发展形成了具有中国特色的新模式。

一是我国文化产业正在贯彻创新驱动发展战略。党的十八大以来，我国文化产业管理部门贯彻创新驱动发展战略，坚持把科技创新"摆在国家发展全局的核心位置"，推动文化产业由要素和投资驱动向创新驱动转型③。尤其是"十三五"以来，按《国民经济和社会发展第十三个五年规划纲要》的要求进一步丰富创新发展的内涵，将创新贯彻到一切工作中。2017年，我国先后出台《国家"十三五"时期文化发展改革规划纲要》《文化部"十三五"时期文化产业发展规划》，引导文化产业"全面推进文化内容形式、方法手段、载体渠道、体制机制、政策法规等创新"。文化产业发展更充分的地区率先贯彻全

---

① 张锐，张焱. 城市品牌：理论、方法与实践[M]. 北京：中国经济出版社，2007：79.
② 向勇. 文化产业导论[M]. 北京：北京大学出版社，2015.
③ 参考经济学家波特（Port）1990年提出经济发展四阶段论：一是要素驱动阶段，主要靠廉价的人才、土地、矿产资源等经济要素驱动经济发展；二是投资驱动阶段，主要靠大规模投资生产驱动经济发展；三是创新驱动阶段，主要靠技术创新推动经济发展；四是财富驱动阶段，主要靠追求个人全面发展的享受性需求，例如艺术、体育、旅游等，驱动经济发展。

面创新战略，取得了突出成效。2017年以来，上海、北京、广东分别出台《关于加快上海文化创意产业创新发展的若干意见》《关于推进文化创意产业创新发展的意见》《广东省关于加快文化产业发展的若干政策意见》等专项政策引导地方文化产业。"文化+""科技+""创意+"融合创新发展，新兴数字技术得到广泛开发和应用。网络游戏、网络动漫、数字出版、数字音乐、语音视频、电竞等新兴业态迅速成长。起点、头条、优酷、抖音、快手等新兴平台和核心产品热销海内外市场。2019年全国游戏产业收入3102亿元[1]，占全球游戏收入的30.2%，其中仅广东一省游戏收入就达1899亿元[2]。

二是文化消费已成我国文化产业发展的重要驱动力。我国经济社会经过长达40年的持续长期高速发展，民众消费需求巨幅增长，文化消费已成为当前我国文化产业发展的重要驱动力。2018年，我国城镇居民教育娱乐文化人均年消费2974元，是1998年的5.96倍。互联网普及促进了新型文化消费增长。2022年6月，我国网民规模为10.51亿，互联网普及率达74.4%，全国游戏用户超6亿，二次元用户达3.7亿。年轻人作为创意科技类文化消费的主要力量，带动了文化消费升级。2022年，我国36岁以下的游戏用户占63.4%。2018年以来，国务院顺应文化消费需求升级趋势，先后出台了《完善促进消费体制机制实施方案（2018—2020年）》《关于进一步激发文化和旅游消费潜力的意见》等文件，引导全国各省（自治区、直辖市）出台文化消费政策，引领文化消费升级，产业结构不断优化。自2020年起，进一步刺激消费成为政策关注的热点，《关于进一步释放消费潜力促进消费持续恢复的意见》等发布，在深层次上要求加快培育形成消费新增长点。文化服务业的产业增加值占比从2013年的47.1%提高到2018年的60.3%，2020年又增长至64.2%（见表2-2）。新型消费成为国内消费的重要动力源，2021年实物商品网络零售额增长12%，占社会零售总额比重约四分之一，成为激发消费成长潜力动能的重要支撑。

文化产业为了满足文化消费升级需求、提高文化产品和服务供给效率，

---

[1] 数据来源：伽马数据。
[2] 数据来源：本文数据如无特别标注，都来自国家统计局相关统计年鉴、统计公报或国家统计局网站。

创新发展势在必行。文化创新发展又带动了文化需求增长升级。二者相互促进、相互统一，成为共同推动我国文化产业发展的两大新动能，推动了文化产业规模急剧扩大。目前，我国文化产业发展呈现出在政策引导的基础上，具有创新驱动和消费驱动的特点。

表2-2　2013—2020年我国文化及相关产业法人单位增加值及构成

年份	增加值（单位：亿元）				构成（单位：%）		
	总计	文化制造业	文化批发和零售业	文化服务业	文化制造业	文化批发和零售业	文化服务业
2013	21870	9418	2146	10307	43.1	9.8	47.1
2014	24538	10201	2386	11952	41.6	9.7	48.7
2015	27235	11053	2542	13640	40.6	9.3	50.1
2016	30785	11889	2872	16024	38.6	9.3	52.1
2017	34722	12094	3328	19300	34.8	9.6	55.6
2018	41171	11999	4340	24832	29.1	10.6	60.3
2019	44362	11899	4342	28121	26.8	9.8	63.4
2020	44945	11710	4361	28874	26.1	9.7	64.2

二、我国文化产业省际发展不平衡现象突出

我国东部省份文化产业发展程度远超过其他地区，其中广东、江苏文化产业增加值已经连续18年雄踞全国第一、第二。2021年，东部、中部、西部和东北部地区规模以上文化及相关产业企业实现营业收入分别为90429亿元、17036亿元、10557亿元和1042亿元，占全国比重分别为76%、14.3%、8.9%和0.9%。

北京、上海、广东、江苏、浙江、山东六省市的文化产业规模最大（见表2-3），处于全国领跑地位。以2017年为例，6个省市文化及相关产业增加值均超过2000亿，北京、上海、浙江、广东4个省市的文化产业GDP占比

超过5%（见表2-3）成为当地支柱产业。江苏省2016年文化产业GDP占比已超过5%，2017年下降到4.63%，因当年其体量巨大的高新技术产业增长了14.4%，旅游业收入增长了13.3%，文化产业增速较低，GDP占比下降，但整体规模仍排全国第二。

人均文化产业增加值可以体现地方文化产业供给的人均占有量和产业密度，是分析文化产业发展水平的一个重要指标。2017年，北京、上海文化产业增加值排全国第五和第六，但人均文化产业增加值高达12439元和8608元，排全国第一和第二，分别是同年全国人均文化产业增加值的4.98倍和3.45倍；北京、上海、浙江、江苏、广东5个省市的人均文化产业增加值均超过4000元，是全国人均文化产业增加值1.5倍以上。可见它们的文化产业发展水平远高于其他地区。

表2-3 2017年全国大陆地区文化及相关产业增加值等基本情况[①]

地区	增加值排行	增加值（亿元）	GDP占比（%）	GDP占比排行	人均文化产业增加值（元）	人均排行
全国		34722	4.2		2498	
广东	1	4817.2	5.37	4	4313	5
江苏	2	3979.3	4.63	5	4956	4
浙江	3	3202.3	6.19	3	5661	3
山东	4	3018	4.16	6	3016	8
北京	5	2700.4	9.64	1	12439	1
上海	6	2081.4	6.79	2	8608	2
四川	7	1537.5	4.16	6	1852	13
河南	8	1341.8	3.01	18	1404	19
福建	9	1307.5	4.06	9	3343	7
湖南	10	1280.5	3.78	11	1867	12

---

① 本文所有排行都根据国家统计局数据计算而得。

续表

地区	增加值排行	增加值（亿元）	GDP占比（%）	GDP占比排行	人均文化产业增加值（元）	人均排行
湖北	11	1164.1	3.28	14	1972	10
河北	12	1101.3	3.24	15	1464	18
安徽	13	1088.3	4.03	10	1740	14
陕西	14	911.1	4.16	6	2376	9
江西	15	708.1	3.54	12	1532	15
天津	16	619.8	3.34	13	3981	6
重庆	17	596.9	3.07	17	1941	11
辽宁	18	594.7	2.54	22	1361	20
云南	19	517.4	3.16	16	1078	23
广西	20	480	2.59	21	983	24
黑龙江	21	418.4	2.63	20	1104	22
内蒙古	22	378.1	2.35	25	1495	17
山西	23	329.8	2.12	27	891	26
贵州	24	324	2.39	23	905	25
吉林	25	184.2	1.23	30	678	28
甘肃	26	163.6	2.19	26	623	29
新疆	27	147.7	1.36	29	604	30
海南	28	141.8	3.18	15	1531	16
宁夏	29	81.5	2.37	24	1195	21
青海	30	44.6	1.7	28	746	27
西藏	31	38.1	2.91	19	156	31

四川、福建、湖南、河南、湖北、河北、安徽、陕西、江西、天津、重庆、辽宁、云南13个省市的文化产业规模处于全国中间位置。2017年，这13

个省区文化产业增加值为 500 亿元至 1500 亿元之间，排在全国的第七到十九位，文化产业增加值 GDP 占比除辽宁省为 2.54% 以外，都介于 3.01%—4.16%之间（见表 2-3），产业发展水平一般。

广西、黑龙江、内蒙古、山西、贵州、吉林、甘肃、新疆、海南、宁夏、青海、西藏 12 个省区文化产业发展水平较低，文化产业规模小，人均产业增加值和 GDP 占比偏低，2017 年文化产业增加值均在 500 亿以下，除海南文化产业 GDP 占比高于 3% 以外，其他各地均介于 2.63%—1.23% 之间（见表 2-3）。

三、我国地方文化产业发展的重要经验分析

产业数据和地方实践经验表明，文化产业发展水平不同地区通过因地制宜选择不同产业发展模式可以实现高质量发展。

1. 特色化产业运作能够推动文化产业低水平地区成功开发现象级 IP

产业发展水平低的省区市普遍难以高效开发文化、自然资源。中国历史悠久，空间辽阔，文化产业发展水平较低的 12 个省区的文化、自然资源也非常丰富，且特色鲜明。但文化产业发展是文化资本和文化资源有效对接后产业化运作的结果。这些省区文化企业培育滞后，规模以上文化企业数量少、资产规模小、盈利能力偏低（见表 2-4），缺乏优势企业，尽管拥有世界顶级的文化、自然资源，以现有文化产业运作能力大多也难以高效开发。

表 2-4　2017 年各地规模以上文化及相关产业企业基本情况

地区	企业数量（个）	企业数量全国排名	资产总额（亿元）	资产总额全国排名	利润总额（亿元）	利润总额全国排名
全国	60251		118888.1823		8187.2265	
北京	3994	5	13887.9426	3	802.9021	4
天津	911	17	2339.6723	13	150.4493	14
河北	1706	13	1623.3543	15	74.8649	16

续表

地区	企业数量（个）	企业数量全国排名	资产总额（亿元）	资产总额全国排名	利润总额（亿元）	利润总额全国排名
山西	364	23	507.5666	24	4.0414	27
内蒙古	256	26	451.2845	26	2.2963	29
辽宁	758	19	1130.7634	19	35.8183	23
吉林	573	22	708.7994	22	25.9116	24
黑龙江	284	25	314.5549	27	6.1114	25
上海	2649	9	11326.2902	4	740.4455	5
江苏	7884	2	15486.1206	2	934.1852	3
浙江	4718	4	9949.9671	5	1325.2903	2
安徽	2449	10	2899.7368	11	184.1736	12
福建	3286	8	2519.2554	12	239.1344	10
江西	1537	14	1603.5779	16	152.6235	13
山东	4790	3	8465.8137	6	593.4387	6
河南	3424	6	3330.0711	10	296.6091	7
湖北	2117	11	3523.9087	9	198.4482	11
湖南	3340	7	3580.1443	8	244.4889	9
广东	8060	1	22695.3574	1	1525.0951	1
广西	748	20	810.9272	21	53.6554	18
海南	141	28	585.8395	23	36.8201	22
重庆	1018	16	2070.1929	14	93.1993	15
四川	1782	12	4043.81	7	258.5313	8
贵州	799	18	926.8736	20	40.5403	20
云南	743	21	1517.4091	17	65.7344	17
西藏	25	31	55.0731	31	−0.2757	31

续表

地区	企业数量（个）	企业数量全国排名	资产总额（亿元）	资产总额全国排名	利润总额（亿元）	利润总额全国排名
陕西	1199	15	1462.8397	18	53.2376	19
甘肃	322	24	484.3863	25	5.2609	26
青海	48	30	131.7696	30	3.7143	28
宁夏	108	29	159.4101	29	2.0506	30
新疆	218	27	295.4701	28	38.4303	21

这些地区虽然无力在整条产业链上获得竞争优势，但是依托优越的文化、自然资源或特色鲜明的产品，通过特色化、品牌化产业运作，可以开发出爆款的文化产品或服务。例如甘肃敦煌，依托独特的古代石窟资源，推动"文化+考古+旅游+休闲娱乐+数字文化"等融合发展，可以将敦煌开发成享誉世界的特色文化IP。

2.产业投资聚集驱动了湖南、四川等产业基础一般的地区文化产业精细化发展

湖南和四川文化产业综合实力在中间位置的13个省区中处于头部位置（见表2-4）。其中湖南规模以上文化企业的数量、资产总额、资产收益率排全国第七、第八和第七。湖南广播电视产业和景区游览服务业是强势行业。马王堆、张家界、南岳山、洞庭湖等文化、自然景观闻名于世。尤其是湖南广电集团，通过市场竞争成为引领全国电视媒体发展的顶级传媒集团，供给了一大批蕴含深厚的文化精神或引领文化时尚的爆款电视节目，吸引大量文化资本集聚长沙，打通了广电传媒业的上下游产业链，使长沙成为我国广电传媒业高地，提升了湖南文化品牌的知名度、时尚度和竞争力。

2017年，四川文化产业制造业规模以上文化制造业资产规模排全国第五，规模以上文化服务企业利润总额排全国第六。一方面，四川的文化、自然资源丰富，峨眉、青城、都江堰、武侯祠等历史文化自然资源星罗棋布。另一方面，成都市政府精准选择音乐、创意设计、文化旅游等重点行业，利用政策工

具撬动文化资本集聚,以音乐、创意为核心贯通了文化休闲产业链,推动"文化+音乐+创意+旅游"等业态深度融合,使成都成为全国著名的文化休闲目的地和西南地区文化产业中心,带动了四川文化产业发展。

由此可见,在经济和文化产业总体发展水平一般的地区,集中开发优势资源、投资优势行业和龙头城市,形成行业优势后,能显著带动地区文化产业集聚化、精细化发展。

3. 产业全面创新推动了广东等高水平地区文化产业升级

北京、上海、广东、江苏、浙江、山东是全国规模以上文化企业集聚效应最好的地区。其中广东的规模以上文化企业数量、资产总额和盈利总额排全国第一。其文化资源并无优势,但产业综合实力最强(见表2-4),主要得益于其强劲的创新能力。广东通过业态、技术、产品、内容、渠道、金融等全面创新,培育出腾讯、网易、酷狗等龙头企业组成的产业集群,已形成跨古今、跨行业、跨地域、跨平台的新兴文化产业生态系统,全面提升了文化产业市场竞争力。2018年,广东文化产品和服务出口520亿美元,占全国总出口额的40%。

一是通过"文化+科技创新"推动科技和文化产业全面融合发展。广东将文化科技纳入了省科技发展规划,积极培育文化科技企业,加强5G网络、人工智能、新型显示、超高速超高清摄像等具有自主知识产权等文化领域核心技术研发,参与有关标准制定,大力推动重大文化科技成果产业化。连续五年,广东规模以上文化制造企业参与科研活动的企业数量、科研项目数量、申请专利数、发明专利数、新技术和新产品开发经费、新技术数量、新产品数量、新产品销售总额和出口收入全部居于全国第一,已成为我国文化产业技术创新中心。

二是通过"文化+业态创新",将传统文化融入现代生活。广东将传统文化元素深度嵌入数字出版、网络动漫、网络游戏、网络影视、网络音乐、网络语音视频等新兴行业中,通过跨产业链融合实现业态创新。例如把中国古典文学作品或元素编入网络游戏,把阅文集团的网络文学作品IP孵化为电影、电视剧、游戏、动漫产品,通过新兴业态将中国文化远播海内外。广东省虽不是我国文化资源大省,却是文化输出第一强省。

三是通过"文化+金融创新"帮助文化产业突破融资瓶颈。2016年以来，广东创新文化金融政策，成立3只100亿级文化产业基金和1只50亿级影视发展基金，创新文化产业投融资体制，支持文化企业在证券市场上市、增发，在债券市场发债，推动文化企业融资渠道多元化，为文化产业创新发展扫清资金路障。2016年、2017年，广东省文化投资连续两位数增长。

4.融合发展提升了浙江文化服务业的盈利能力

跨界融合是当代文化产业发展的典型特点，也是引爆全面创新的突破点。浙江省文化服务业盈利能力雄冠全国，2017年规模以上文化服务企业盈利总额1166亿元，平均资产收益率高达17.85%，均为全国第一（见表2-5），主要得益于三大融合效能。

表2-5　2017年6省市规模以上文化服务企业基本情况

地区	企业数量（个）	企业数量全国排名	资产总额（亿）	盈利总额（亿）	平均资产收益率（%）	平均资产收益率全国排名
江苏	4254	1	7489	334	4.46	14
北京	3464	2	11954	726	6.08	7
广东	3020	3	13569	903	6.65	6
上海	1939	4	8919	538	6.03	8
山东	1893	5	2414	119	4.9	10
浙江	1742	6	6531	1166	17.85	1

一是高能平台的线上线下融合发展效能。"互联网+"的突出优势是能打破行业边界，扩充发展空间，实现联动融合。浙江的互联网产业发展水平很高，平台构筑和利用能力很强。其影视、音乐、视频、电竞和休闲观光等文化行业依托互联网技术，突破了产业和地域局限，形成了多元化、立体化的高能数字平台集群。互联网平台与特色小镇、产业基地、文创园、产业园等线下平台高效融合，推动了浙江文化产业融合发展。

二是"文化+"业态和空间融合创新效能。浙江通过"文化+其他行业"互相影响、渗透、融合，推动产业融合升级，衍生出了数字文化、文化旅游、文化休闲、文化体育等新兴业态。浙江的特色小镇先发于全国，生产、生活、生态深度融合是其典型特点。文化业态在文化小镇、文化街区、创意街区等文化空间内与人民生活、自然环境和谐共存，形成了产、城、人、文有机融合的空间体系，推动文化产业融合升级。

三是龙头企业强劲的引领联合作用。2017年，浙江有4718家规模以上文化企业，41家文化上市企业，其中4家入选全国文化企业30强。这些企业具有强大的专业化、高端化、国际化运营能力，盈利能力很强。它们以自身为发展核心，广泛开展上下游产业乃至跨产业链合作，带动了浙江文化产业高质量发展。

5. 高效运营推动了北京文化服务业高质量发展

北京文化服务业的集聚程度和综合实力，稳居全国第一。2017年，其规模以上文化服务企业数量、资产总额排全国第二，盈利总额排全国第三（见表2-5）。北京内容创作类文化产业处于全国绝对领跑地位，出版机构数量、出版物、自愿登记的文化作品、登记版权都居全国第一。2017年自愿登记文化作品809586件、登记版权9596件，分别是第二名上海的3.5倍和7.2倍。

北京文化产业高质量发展主要得益于其高效运营。其一，拥有高效利用的产业要素。北京整体经济、文化、教育水平高，文化产业发展条件好，人才、资金、技术等产业要素高度集聚，利用效率很高。其二，形成高效联合的企业生态。北京将发展重点明确锁定在高端产业，通过"文化+"模式培育百亿级、千亿级文化龙头企业，同时帮助中小微企业向"专、精、特、新"方向发展，大小企业各发所长，形成了"大而强、小而精，大小企业联动"的企业生态系统。其三，构建高效互动的政策与市场体系。北京构建了"1+N+X"政策体系，形成"政策+市场化平台+服务+生态圈"的良好融资模式，政策与市场实现了良性互动。其四，打造高品质的空间形态。北京将城市更新与文化功能有机融合，提升城市空间文化品质。按一街一策打造13个文化精华区。利用中轴线文物腾退空间。补充文化公共空间；有效盘活老旧厂房资源，将产业功能空间和生活空间高效融合起来，构建高品质的文化空间语境。

6. 文化消费增长有利于提升文化产业盈利水平

2017年，上海线上文化批发和零售企业数量仅排全国第11位，但其盈利总额排全国第一，达 128 亿元，占全国线上文化批发和零售业利润总额的 22%。这主要得益于上海人均收入高，教育水平高，文化消费水平高，文化消费习惯更加现代化。上海人均文化消费额达 3008 元，居全国第一，是全国人均文化消费额的 3.54 倍。

从全国来看，居民收入与人均文化消费、文化消费总量及地方文化产业利润呈紧密正相关，总体呈现出东部高、中西部低，城镇高、乡村低的趋势。所以促进文化消费、推动文化产业增长，首先要解决有没有钱消费的问题，其次要解决文化消费习惯培育的问题。

四、创意决定成败：品牌城市与双塔模式

品牌城市的魅力来源于城市广泛的影响力、普遍的美誉度、巨大辐射力、强烈的吸引力，以及城市居民和外来人群高度的认同感。这一切构成一个主体，就是城市竞争力。

全球创意城市的经营成为文化创意产业创意经济发展的一个重要组成部分，而且越来越受到我国各个城市的关注。我国目前有将近 200 个城市提出文化强市、文化立市的主张，树立建设创意之都、文化之都，甚至世界城市、国际城市，或者国际化都市的目标。

1. 成功的城市将是文化的城市

21 世纪，成功的城市将是文化的城市。所谓文化，不仅仅是指文化产品。不管是高雅的还是通俗的，地方的还是全球的，文化意味着一种生活、行为、表达、思考和学习的方式。从历史上看，城市从来都离不开文化。但只有在当今全球化消费时代的背景下，文化才以城市发展核心战略的姿态出现。经济的、社会的、技术的和教育的战略，越来越紧密地与文化联系在一起。信息、知识和内容创造已经成为城市经济可持续发展的关键。当代都市只有成功应对文化的挑战，才能在竞争中插上腾飞的双翅。

"软实力"的重要核心是城市的"文化度"，它直接影响一个城市的吸引力。20 世纪 80 年代，日本遇见泡沫经济，鉴于东京的土地、物价昂贵，不少外资企业迁到新加坡和香港。正在此时，新加坡等作为传送信息的国际经济城

市,极力向世界倡导"软件活力论",获得了巨大的成功。

日本学者青木保文认为,作为大竞争时代城市的条件,可以考虑以下几点。首先,政治上稳定,行动上自由,秩序井然,社会安全。其次,实行开放的社会,外国人出入容易。再次,经济发展富有活力,有各种机会可寻,现代城市的基础设施完备。最后,"软件活力度"高。

21世纪,成功的城市将是具有文化品牌的城市,是具有独特的文化魅力和形象特征的城市,是具有较高声誉且被世人广泛称道,形成自身品牌价值的城市。品牌城市的魅力来源于城市的广泛的影响力、普遍的美誉度、巨大的辐射力、强烈的吸引力,以及高度的认同感和强大的竞争力。城市品牌是一个城市的象征,是一个城市的名片,体现着一个城市的实力;城市的品牌是城市风格的展示,是城市个性的表达,是城市文化的集中体现,是城市整体功能的抽象呈现。

我们必须思考当代城市品牌形象的经营。在各种经济要素顺畅流动的今天,哪个城市最受关注,哪个城市就拥有吸引最大资源的可能。城市形象力将转化为生产力。当代都市形象是全球社会公众、市民和游客对某一城市的整体印象和评价。富于魅力的城市形象无疑将提升一个城市参与国际竞争的实力。当代城市经营,就是要通过自我形象魅力的塑造和展示,使公众对其产生良好的心理认同,形成巨大的联动效应。受到传播的扩展效应影响,公众或团体在面临与该城市有关的活动时,就会产生有利于该城市的情感性选择倾向,无形之中提高该城市的综合竞争力。

2. 城市形象与"双塔"模式

城市形象是城市理念、城市环境、城市行为和城市视觉标志的综合构成体。策划、实施与树立城市形象是一项促进城市发展的注意力产业。这一产业将产生巨大的效益和难以估量的经济推动力,创造出城市的增殖价值。国际经验表明,成功的城市形象不仅在于设计的过程,更为重要的是形象的维持和不断推广,从而保证一个城市的品牌从开始建立一直到全社会的贯彻落实始终在一个健康的体系中运转。

实际上,文化创意产业品牌经营策略从上海世博会已经开始广泛地应用和传播。它启发了我国众多城市领导者、经营者、管理者推出更好的城市品牌形象。

21世纪，全球经济发展已经呈现新趋势，全球创意城市的争夺也越来越激烈。21世纪中国的城市化，以前所未有的速度和规模迅速发展，极大地影响着世界。城市形象和品牌是城市市民行为和城市视觉形象的综合构成体。策划实施树立城市形象，是促进城市发展的创意产业。比如，北京通过奥运会塑造了"人文北京"的城市形象，在全球获得了极大的影响力。在这个注意力经济与眼球经济的时代，谁具有了最强大的品牌优势，谁就能在世界上获得最大的影响力。这个影响力就是市场，就是经济。总的来讲，影响力会带来强大的信息流、人才流、创意流、物资流，尤其是资金流。

过去在城市的管理中，我们常常关注"短板效应"，就是德鲁克（Drucker）的所谓"木桶原理"。它是说城市的整体水平和容量取决于"木桶最短的那一块木板"，所以，补齐短板是最根本的方法。这是一种微观的、局部的、满足生产线式的操作性管理模式，是以单纯的专业化界域为限的城市运营方式，是传统的工业／制造业时代的城市管理和治理的方法。而当今时代城市品牌和形象的建立，应该遵循新的模式，即"双塔模式"。

"双塔模式"体现着一个城市的影响和品牌、管理和运营水平，是根据这个城市目前达到的最高水平来决定的。它包括两个部分，水塔和灯塔。第一个"塔"是水塔。一个是建筑物顶部水塔的高度，决定了水的循环所达到的高度。众所周知，顶层水箱如果注满了水，它就会源源不断地流到这栋大楼的每一个房间，包括卫生间、厨房和储藏室。我们不需要给某个家庭单独建一个水塔。这是管理城市的顶层设计，是从总体上为城市的未来进行统筹的设计。只有为城市的发展设立一个可以汇注涓涓细流的顶层"水塔"，才能够催生各类文化创意，推动文化资源的创造性转化。第二个"塔"是灯塔。在茫茫大海上，船只是依靠远方可见的灯塔来确定航向的。一个城市要树立城市品牌、城市形象，提升城市的影响力、美誉度和传播力，就要像海上的灯塔一样，发出耀眼的光芒。比如，北京举办最高水平的夏季、冬季奥运会，上海主办世界最高水平的进博会和世界人工智能大会，其城市品牌和形象就如同在茫茫大海中树立起的"灯塔"。因此，人们对一个城市的评价，大都是依照它所达到的最高水平和影响力来进行的。在互联网领域人们常说，这里只有第一，没有第二。高端的创意、高端的技术、高端的人才和高端的策划才能成为城市的标志。

3. 城市管理，目标决定成败

对于今天的城市来说，设计城市，或者说对城市做顶层设计，是转型期城市最高管理者最重要的历史使命。设计策划也是生产力，是当下时代极为重要的文化生产力。而创意是这一文化生产力的核心，它决定了设计策划的标高。对于今天转型期的城市来说，资源不成问题，每个城市都有无数等待激活的资源。资本不是问题，投资人、游动的资本有的是，到处在寻找最好的投资项目。土地有红线，但总可以想办法解决。现在最稀缺的是对于城市未来的最佳或最合宜的设计创意。有最好的创意设计和策划，就有资本的跟进，就有最好的或最合宜的企业和团队执行。加强城市管理，要做的就是搭建平台，制定政策，构建良好的投资环境和运营氛围。最近几年，很多大型企业到腾冲、西双版纳等城市去投资，为什么？我们周围有如此多的区域等待开发，为什么却没有投资者？其实，投资者最懂市场，最能评估项目的"钱景"和"钱途"。城市管理者要做的是平衡，平衡城市的现在和未来，平衡城市收益和投资商收益，平衡管理者个人的政绩收益与市民的口碑收益等。

对于今天的城市管理者来说，不是细节决定成败，而是目标决定成败。要建立一个什么样的城市？眼界、观念、思维决定战略决策，有什么样的眼界、观念、视野，就会有什么样的目标；有什么样的目标，就会有什么样的顶层设计。很多城市的管理者，往往亲自设计和把握城市的每一个细节。其实，今天的城市已经不能像过去经营一个产品一样去经营，不应是管理者本人自己去做设计师，而应该在众多设计与策划中做选择，做融合，确定最佳方案。设计和策划甚至要比其后的建设更为重要。城市管理者要做的，就是要通过构建城市品牌以提升城市高度。因为全球化信息化时代的城市品牌，一个切实的标高将给城市带来巨大的财富。

这是一些著名的城市营销专家的共识：要通过会展、建筑、事件、网络、故事，来吸引眼球，抢夺注意力，打造城市的区域特色、唯一性品牌。

城市品牌的核心是城市形象，要让人们感受到"神形合一"的城市形象。我们要塑造城市品牌，要解决一个品牌的识别问题。品牌城市的魅力来源于城市广泛的影响力、普遍的美誉度、巨大的辐射力、强烈的吸引力，以及城市居民和外来人群高度的认同感。这一切构成一个主体，就是城市竞争力。

五、地方文化产业发展模式亟须多元化

我国地方文化产业积累了许多经验，但仍存在实践缺理论、有经验无模式、规划政策难以精准化等问题。

一方面，对不同发展阶段、不同驱动模式的产业发展策略、技术升级路径、空间形态布局以及人才、金融和财政等配套政策需求差异的研究不够透彻，缺乏能差异化、精准化指导地方文化产业实践的多元化发展模式理论。

另一方面，在地方文化产业规划和政策制定中，普遍存在四种现象：一是缺乏地方文化资源清单；二是缺乏产业发展水平、资源潜力和运营能力评估指标体系；三是政、产、研、消交流平台有效供给不足，市场主体和文化消费者在产业规划和政策制定过程中缺位，合理需求难以有效表达；四是规划和政策的执行实效评估指标和考核细则不够完善。诸多要素制约，使得很多地方规划和政策流于简单抄袭中央和先发地区，难以落地实施，取得实效。例如，很多省级文化产业主管部门学习先进经验与本地银行签订了大量战略合作意向书，却无法落实，难以解决文化企业的融资困境。所以，在各地文化产业水平差距巨大、文化资源特色各异的情况下，如何帮助地方因地制宜地选择发展模式、错位推动产业发展，是当前亟须解决的问题。

第三章 抚州建设"文化品牌引领"的总体现状分析

第一节 抚州具有丰富的文化和旅游资源

一、抚州文化资源概况

抚州历史悠久,文化底蕴深厚,传统文化资源尤为丰富。抚州古称"临川",其文化被称为临川文化,临川文化是赣文化的两大干柱之一。临川文化璀璨辉煌,其中有三类特殊的文化形态最具特色,已经成为闻名中外的地方文化品牌。一是才子文化。临川自古才子辈出,素称"才子之乡"。王羲之、谢灵运、颜真卿、陆游等名臣巨子曾宦于此地,晏殊、晏几道、王安石、曾巩、陆象山、汤显祖等文坛巨擘生于此地,史上有3000多人中进士。一直到今天,抚州每年仍然向全国源源不断地输送各类大学生上万人。临川才子们或功在当时,或传颂千古,在中国不同历史时期写下过辉煌的篇章,形成了灿烂夺目、享誉古今的抚州才子文化品牌;二是戏曲文化。抚州是江南地方戏曲出现最早的地区之一,抚州戏曲文化植根生活、绵延古今,戏曲品类丰富、涵纳雅俗,戏曲品牌美誉中外。宜黄二黄腔、广昌孟戏、抚州采茶戏都是著名的国家级非物质文化遗产,也是当地民众喜闻乐见的剧种。与莎士比亚齐名的明代大戏剧家汤显祖,其戏剧"临川四梦"更是光耀文学史,为世人所共知。三是傩文化。抚州南丰是"中国民间艺术(傩舞)之乡",至今保存有完整的明代傩神庙、傩祭仪式,以及很多种傩面具和傩舞节目。南丰傩舞被誉为"中国古代舞蹈活化石"。此外,红色文化和宗教文化也影响较大,市内保存有康都会议及红一方面军总部旧址等红色文化遗址,保留着圣约瑟天主大教堂、曹山寺等宗教文化场所。这些文化形态都成为抚州重要的文化品牌。尤其是以汤显祖、采茶戏为代表的戏曲文化,及围绕戏曲文化开展的"汤显祖国际戏剧交流月"等活动,使得"中国戏都"这一抚州城市文化品牌盛名远扬,成为全球知名的文化名片。

抚州文化的核心是临川文化。临川文化是以临川古治属为中心,辐射并涵盖现今抚州十余县的区域性文化。临川文化资源构成了文化旅游产业发展的有利条件。

表3-1 独具特色的临川文化资源

才子摇篮	抚州自古就是"才子之乡",涌现出"中国十一世纪的改革家"王安石、"唐宋散文八大家之一"曾巩、"东方的莎士比亚"汤显祖、词坛巨匠晏殊晏几道父子、"百世大儒"陆象山等一批历史文化名人。在近代,物理学家饶毓泰、文学史家游国恩和萧涤非、革命家李井泉、书法家舒同等才子群星灿烂。现今抚州教育闻名全国,每年有一万多名学生从这里走出,四五十名学子考进北大清华,已经成为全国教育界著名品牌
戏曲之乡	抚州素称"戏曲之乡"。明代大戏剧家汤显祖被誉为"东方的莎士比亚",其代表作"临川四梦",闻名中外。抚州不仅是汤显祖故里,而且是汤显祖创作地。汤显祖不仅极大地推动了抚州戏曲的繁荣,而且对中国戏剧的发展做出了巨大的贡献。抚州是江南地方戏曲出现最早和最兴盛地之一。宜黄二黄腔、广昌孟戏,被列为国家非物质文化遗产。抚州采茶戏深受当地人民的喜欢,得到戏剧界的青睐
红色故土	抚州是红军第四次、第五次反围剿斗争的主战场,经历了几十次激烈战斗。毛泽东、周恩来、朱德、邓小平、陈毅等,曾在这里领导和指挥革命斗争。这块红色故土涌现了李井泉、舒同等无产阶级革命家,牺牲了赵醒侬、傅烈等无数革命先烈,留下了第四次反"围剿"东陂和黄陂战役旧址、第五次反"围剿"高虎脑战场旧址、康都会议及红一方面军总部旧址等革命遗址
宗教胜地	宗教活动场所遍布抚州各地,其中圣约瑟天主大教堂规模名列全国第三。宜黄曹山寺被列入江西省重点寺庙,为我国佛教曹洞宗祖庭之一,在海内外佛教界享有盛名,信徒遍及海内外。金溪疏山寺为千年古刹,至今保存完好。临川金山寺规模宏大,钟声悠扬,香火较旺,香客众多

续表

傩文化	抚州南丰是著名的"中国民间艺术（傩舞）之乡"，其傩舞被誉为"中国古代舞蹈活化石"，保留有古老的傩祭仪式和明代傩神庙，其傩舞节目和傩面具品种之多在全国罕见
农业文化	抚州农业特色鲜明、类型多样，被誉为"赣抚粮仓"，形成了具有市场规模和经济优势的区域特色产业，如南丰是"中国蜜橘之乡"；临川是"中国西瓜之乡"；广昌是"中国白莲之乡"；崇仁是"中国麻鸡之乡"等
教育文化	抚州才子辈出，从古至今就有崇文好学、尊师重教的优良传统。现今抚州每年有1万多名莘莘学子走进大学的课堂

二、抚州文化旅游发展现状

从文化产业经济效应角度看，2012年以来，抚州接待旅游人数及旅游收入连续增长。抚州旅游人数从2012年的1000万人次增至到2021年的5947.43万人次，旅游总收入从2012年的76亿元增至2021年的454.83亿元。[①] 尽管2020年新冠疫情暴发以来，旅游人数有所回落，但从整体来看，文化旅游产业在抚州整个国民经济中的地位逐渐上升，规模逐渐扩大，已成为抚州新兴支柱产业。

表3-2 抚州旅游接待人数和旅游收入

年份	2015	2016	2017	2018	2019	2020	2021
接待旅游人数（万人）	2112	2960	3990	5350	6444	4105	5947
旅游收入（亿元）	184	260	360	486	610	387	455

数据来源：抚州历年国民经济和社会发展统计公报

抚州文化产业发展迅速。"十三五"期间，抚州文化产业主营业务总收入突破1600亿元，年均增长10%以上；文化产业单位2358家，年均增长15%，

---

① 《这十年 抚州文化旅游事业胜景宜人》，https://jxfz.jxnews.com.cn/system/2022/10/12/019808196.shtml

连续 3 年入选中国文化竞争力十佳城市。① 到目前为止，年产值超过亿元的重大文化企业 42 个。

从文化旅游企业开发角度看，全市已有历史文物保护单位 40 多处，汤显祖纪念馆、大金山寺、南丰紫霄溪漂流、南丰潭湖景区被评为国家 2A 级旅游景区，乐安流坑古村是全国首批历史文化名村。另外，政府也逐渐地重视起来，临川温泉、资溪大觉山建成国家 5A 级旅游景区，把军峰山、麻姑山、流坑建成国家 4A 级景区，把竹桥古村、莲花、岩泉三个景区建成国家 3A 级旅游景区，同时打造梦湖、拟岘台、汝水公园、文昌里、文化园等人文景观。这一系列的开发，使得抚州文化资源不断丰富并得到一定程度的开发。文化旅游活动不断增多。抚州已开设若干条专项旅游线路，如：赣东古文化旅游线、临川至流坑古村的才子文化线、临川—南城—南丰—广昌的生态观光线等；举办了南丰正月的傩神赛会、广昌的孟戏出帅及南丰蜜橘节、广昌莲花节；积极制作了系列旅游宣传资料，促进抚州文化进入市场。

抚州是发展潜力巨大的旅游目的地。一是风景优美，文化鼎盛，旅游资源丰富。大觉山、麻姑山、乐安流坑古村和金溪浒湾镇等历史、自然景观盛名远扬。目前已经有 1 个 5A 级景区、21 个 4A 级景区、51 个中国名镇名村、31 个中国传统村落、5 个全国乡村旅游重点村、5 个省级旅游风情小镇、25 个省 4A 级乡村旅游点、2 个省级工业旅游示范基地，实现了"县县都有 4A 级景区和 4A 级乡村旅游点"。二是生态优良，域内遍布森林河湖，是国家森林城市和国家园林城市。2022 年抚州森林覆盖率已达 67.2%，空气质量全年都在二级以上，是著名的天然氧吧。党的十八大以来，抚州创建国家级"绿水青山就是金山银山"实践创新基地 1 个，排全省第一；"国家生态文明建设示范市县" 3 个，排全省第二；省级"绿水青山就是金山银山"实践创新基地 3 个，排全省第二；"省级生态文明建设示范市县" 4 个，排全省第三。抚州集中式饮用水源水质达标率 100%，并成功入选流域水环境综合治理与可持续发展国家级试点。

抚州基于丰富的文化、旅游资源基础，"十三五"时期将文化旅游业发展目标定位为"全域文化旅游知名目的地"。先后出台《抚州加快全域旅游发展

---

① 抚州：文化事业繁荣发展 文旅融合快速推进——《奋进新征程 建功新时代·非凡十年》专［EB/OL］.（2022-08-01），https://new.qq.com/rain/a/20220801A0AKNA00.

的实施意见》《抚州旅游产业高质量发展三年行动计划（2019—2021年）》《抚州推进全域旅游发展奖励办法》等政策文件，着手编制《抚州全域旅游发展总体规划》，以山水为载体、文化为灵魂，推出了一系列新景点、新业态、新模式、新线路、新产品，发展全域文化旅游成绩显著。

第二节　抚州提升文化品牌、促进文化与旅游融合发展面临的主要问题

一、文化内涵挖掘不足，文化品牌定位不准

抚州被称为"才子之乡"，名人辈出，是临川文化的发源地，汤显祖文化为其代表。抚州有丰富的文化物质遗产，有着较珍贵的资源，具有较大的开发价值。随着旅游业的市场结构、区域发展机制和产业组织模式发生了巨大的变化，旅游地的竞争态势从资源竞争、产品竞争发展为更高层次的品牌竞争。在品牌竞争时代，品牌成为旅游地竞争的主体，品牌竞争力成为旅游地竞争力的集中体现。抚州是革命老区，经济发展欠发达，发展和提升文化旅游产业及品牌具有重要的意义，不仅有利于有效保护和传承文化资源，而且有利于将丰富的文化资源优势转化为旅游资源优势，推动抚州经济建设。

抚州历史悠久，文化资源丰富多彩，但资源开发层次较低，文化内涵挖掘展现不够。目前，抚州文化旅游产品的开发总体上还停留在传统旅游产品的设计与组合上。才子文化、红色旅游文化、宗教文化、戏曲文化等丰富的文化内容没有充分融入城市文化的发展中，使得城市既体现不出才子之乡的文化和形象，也体验不到千年宗教文化的独特氛围。由于临川文化旅游没能进行深度开发，大部分具有深厚文化底蕴的民俗风情和文化艺术没有被开发成旅游产品，一批无形的临川文化没能很好地转化为有形的文化景观，导致现有的文化景观、旅游产品数量与具有博大精深的临川文化极不相称。抚州文化旅游基本上还停留在观光游览上，参与体验性内容较少，缺乏集观赏性、教育性、娱乐性、体验性于一体的旅游产品。这不利于延长游客停留时间和扩大游览空间。有的地方由于缺乏深度开发，尽管开展了一些参与和体验性活动，但比较

粗糙，内容不丰富、特色不鲜明。在旅游产品开发过程中，不能把多种色彩各异的旅游资源相结合，不能包装成集"优美的风景""鲜明的风俗""独特的地方风情"等多种色彩于一体的旅游产品，不能满足游客观光休闲度假、娱乐参与、品尝美食、增长知识、探幽访奇、康体疗养等多种需求，不能形成品种丰富、色彩各异的旅游产品系列。

从整体来说，文化旅游产品单一，缺乏多样化、层次高的旅游产品。抚州文化资源丰富，但旅游产品开发还停留在对旅游基础设施建设观光型旅游产品开发上，未能很好地将深厚的临川文化内涵提升为抚州文化旅游项目，造成了旅游产品类型单一，层次较低，缺乏新意，尤其缺乏参与体验性与互动性的文化旅游产品，导致游客停留时间较短、回头客较少。现阶段旅游市场竞争异常激烈，游客需求也发生了变化，不再只是单纯的观光休闲，而是希望有更多的参与体验性产品和多样化的旅游产品。

从发展的角度来说，抚州文化旅游资源丰富，完全有条件开发出观光游览、休闲度假、娱乐参与、会议考察、商贸购物、教育修学等多层次的旅游产品，使文化旅游资源的势能充分发挥，文化旅游的产业结构进一步优化，产业的规模和影响力进一步提升，充分满足游客的文化旅游需求，增强对社会经济发展的支撑作用。

品牌有着无穷尽的力量，是一笔巨大的无形财富。"红色故土""才子之乡"和"宗教胜地"不仅代表和承载着抚州的历史和文化，也直接影响了抚州文化旅游产业的市场竞争力和市场拓展能力。抚州长期的品牌定位只是"才子之乡"，对文化资源认识还是不够全面和深入。抚州应该着力打造"烟波古临川，绿色新抚州"旅游品牌，创建"戏剧之乡、才子摇篮、宗教胜地、生态家园"特色旅游产品，并以此为目标进行产品的品牌定位、品牌塑造、品牌提升、品牌推广和品牌保护，而且对不同的市场要针对不同的重点，采用不同的媒介和形式进行品牌营销。

二、特色不突出，文化与旅游融合有待深化

抚州缺乏支撑文化旅游品牌的名品精品。抚州文化旅游资源丰富，一些

旅游资源具有较高的知名度，如汤显祖、王安石文化资源等，但这些旅游资源分布在抚州各地，规模较小且单薄，聚集度欠缺，未优化整合形成具有代表性的特色旅游产品。对于城市发展而言，抚州缺乏具有较大市场竞争力和持续吸引力的文化旅游名品精品的支撑。

抚州文化旅游在国内外的市场知名度不高。目前，游客主要来自江西省及周边地区，辐射面小。制约抚州文化旅游产业发展的原因是多方面的。一是经济欠发达。抚州是传统的农业地区，经济欠发达，交通不便利，许多游客不了解甚至不知道抚州。二是抚州旅游业刚起步，市场不成熟，培育还需要时间。三是政府对旅游的宣传力度以及财政资金投入不足。

抚州文化旅游产品同质化现象较为突出。抚州古街、古村等文化旅游目的地众多，戏曲、傩舞等文化产品供给充足，但是旅游景点、服务内容乃至旅游衍生品普遍存在高度同质化现象。尤其是旅游衍生品，不但抚州本地高度雷同，甚至与全国其他地方的旅游衍生品也大量雷同。归根到底，是因为文化品牌所蕴含的特色文化元素未能深度渗透到文化旅游产品中。文化旅游产品的品种、外观、内容的设计对文化品牌所蕴藏的特色文化元素理解不够充分，对文化品牌所代表的文化意味与当代生活接轨的触点把握不够准确，针对客源细分市场的需求了解不充分，难以实现对文化品牌的创造性转化和创新性利用。文化旅游产品供给的"文化附加值"不足和文化个性不突出，造成文化与旅游两张皮，文化旅游目的地千地一貌，文化旅游产品千品一面，致使文化旅游供给与需求脱节。

三、人才有缺口，从业人员素质影响文化品牌提升和文化旅游业发展

高质量的文化旅游服务人才紧缺是我国文化旅游产业的一个共性问题。我国已经进入高质量发展阶段，旅游消费者对旅游服务质量要求日益提高，当服务质量不能满足消费需求时，旅游消费大量外溢，所以2000年以来我国旅游消费逆差持续升高[①]。文化旅游服务质量既取决于文化品牌和文化旅游产品

---

① 2020年因疫情防控影响，我国旅游消费逆差下降。

的文化价值和特色，也取决于文化旅游服务者的服务质量。高质量的文化旅游供给，必须有高质量的文化旅游服务，必须有高水平的服务者。

文化旅游业能大量吸纳低知识、低技能人口的就业。这个特点在高质量发展阶段成了一把"双刃剑"。低知识、低技能劳动力难以满足文化旅游消费者高质量个性化的消费需求，难以顺应文化旅游业精品化、个性化的发展趋势。但是抚州乃至全国对文化旅游高质量人才的理解仍然停留在研究、投资、管理、运营等方面人才，对直接提供服务的人员素质关注严重不足，对一线服务人员的培训普遍缺位，直接影响了文化旅游服务业的服务质量，降低了抚州文化旅游的吸引力，阻碍了文化旅游品牌价值的实现。

四、产业链需延伸，"文化+""旅游+"产业有待进一步融合

长期以来，抚州文化旅游发展主要集中于单一的旅游产品，且产品的集聚性不强。古村落看古村，蜜橘节卖橘子，莲花节赏莲花，文化品牌和文化旅游资源较少向其他行业尤其是现代新兴行业溢出。旅游产品缺乏参与性和娱乐性，不能适应当前旅游消费需求的发展趋势。

目前，以细分市场为目标的专项旅游产品和休闲度假旅游产品是文旅产业发展的主要趋势。在这一领域抚州还十分薄弱。游客主要是以抚州本地人为主，外地游客到抚州"观光一日游"现象比较突出，抚州文化旅游产业对相关产业的带动还有待增强。要改变这种局面和评价，延长游客逗留时间，急需丰富产品内容和形式，增强产品的互动性、娱乐性和体验性。

抚州文化旅游产品和服务的业态、品种、内容、外观设计创新不足，"文化+""旅游+"其他产业的融合严重不足。到目前为止，抚州"文化+""旅游+"农业、工业、娱乐、动漫、影视、游戏、体育、人工智能等新业态较少有成功案例。单一的产品和业态难以满足当代文化旅游消费者多样化的消费需求，文化旅游产业价值链较短，市场空间难以扩张。所以，业态单一、产业链短已经成为阻碍抚州文化品牌提升、文化旅游业增长的一大瓶颈。

五、配套不到位，旅游目的地建设水平亟须提高

"十三五"时期，抚州大幅提升了文化旅游业的基础设施水平。例如，建设了文昌里古文化街，修缮了大量古村落，修筑了几百公里旅游公路，提高了景点的可到达性。但是在旅游集散中心、个性化的景观道路、智慧景区配套等方面仍然存在短板，旅游景点之间的交通尚未成网，餐饮、住宿、购物、娱乐等配套服务水平亟须提高。尤其关键的是文化品牌与配套设施的衔接不够紧密，旅游目的地的文化品牌或主题难以突出。

从抚州文化旅游产业化程度来看，文化旅游产业链单薄，没有与吃、住、行、购紧密结合，未能形成相应文化主题的餐饮、住宿、商品等系列产品。自然生态景观与人文景观的融合程度比较低，没有形成商务、休闲、会议、文化、观光、美食、健身、养生、修学、朝拜、购物、度假等多种功能与服务为一体的综合性文化旅游产业链，产业化水平较低，难以延长游客的逗留时间。

另外，城市建设没有很好地与旅游资源开发相结合，也没有与周边环境相协调统一，难以实现城市建设与旅游资源开发一体化发展。

六、品牌营销存在不足

虽然抚州名人辈出，文化底蕴深厚，但营销乏力。在全方位媒体营销的今天，抚州文化旅游品牌营销宣传方式缺乏创新，未形成合力，也没有整合品牌集约宣传，导致难以催生旅游消费热潮，竞争力缺乏。在宣传营销方面，重视对景区景点的推广，忽视与游客的互动交流，没有很好地发挥互联网和新媒体的平台作用，没有建立与游客沟通的平台，不能了解游客的体验和需求。

抚州各县区各自为战，缺乏相互合作和沟通，未能很好地形成整体，没有实现旅游资源优化整合以及旅游信息和旅游市场共享。各县区的形象定位缺乏鲜明特色，无法彰显城市的个性。形象定位和宣传口号经常更换，缺乏对城市文化内涵和底蕴的深入挖掘，缺乏系统性和持续性，难以在游客心中形成持久印象。

第三节　抚州提升文化品牌、促进文化与旅游融合发展的主要措施

一、以汤显祖文化为核心推进文化品牌建设，构建和推广"中国戏都"城市名片

汤显祖是明代戏曲大家，2000年入选联合国教科文组织"世界100位文化名人"，是与莎士比亚齐名的世界级戏剧大家。抚州落实习近平总书记的指示，响应联合国教科文组织在全球范围内共同组织纪念汤显祖、莎士比亚、塞万提斯三位世界文化名人逝世400周年的决定，自2016年起每年举办"汤显祖戏剧节暨国际戏剧交流月活动"[①]，开展以弘扬汤显祖文化为核心的文化品牌活动。抚州将国际文化学术交流、剧目展演、戏曲会演、文化旅游、群众活动、美食及招商等活动融为一体，推进城市文化品牌建设，同时强化文化传播和传承，推出乡音版《临川四梦》全国巡演和《寻梦牡丹亭》等实景演出，将盱河高腔《临川四梦》、舞剧《傩·情》推上英国、美国、新西兰、保加利亚等国际舞台，建立汤显祖研究平台，推动汤显祖文化进教材、戏剧进校园，成功地将"中国戏都"的城市名片推向民众、推向世界、推向未来，让"抚州是有梦有戏的地方"的城市形象深入人心。

二、以文化品牌建设为抓手推动文化旅游产业提质升级

抚州以城市文化品牌建设为抓手，完善相关文化基础设施，促进文化与旅游业融合发展。例如，修缮汤显祖纪念馆、文昌里历史文化街区、室内剧场、露天剧场等文化设施，建成了三翁小镇、抚河生态文化旅游景观公路，将汤显祖的出生地文昌里建设成文昌里历史文化街区，打造成江西省热门旅游景区之一。此外中国传统乡村文化、广昌孟戏、南丰傩舞等文化品牌，被嵌入乡村旅游尤其是古村落旅游中，形成了流坑、竹桥、驿前、浒湾等众多著名的古

---

① 2020年因受新冠疫情影响，该活动被推迟到2021年。

村落旅游目的地。为确保抚州旅游"月月有活动""场场有主题",组织开展了"江西人游抚州""寻梦之旅""广昌莲花节"等文旅品牌活动,促进文化旅游发展。

抚州通过国际文化交流推动戏曲文化融入"一带一路"和"中华文化走出去",创新文化旅游融合业态。例如,抚州通过与英国、美国、西班牙、意大利、新西兰等国家开展常态化的文化交流,形成了"临川才子研学游"和"汤显祖、莎士比亚东西方文化之旅"两条精品线路,开通旅游专线,接待游学团队,带动学术交流的同时也促进了文化与旅游产业融合发展。

三、创造性利用政策工具,以文化品牌建设带动全域文旅产业融合发展

抚州以建设全域文化旅游知名目的地为目标,通过一系列政策工具推动文化品牌建设和全域文化旅游融合发展。

一是形成了"文化+旅游"政策体系。抚州先后出台了《关于进一步支持文化产业发展的若干意见》《关于推进旅游强市建设的实施意见》《抚州市加快全域旅游发展的实施意见》《抚州市旅游产业高质量发展三年行动计划(2019—2021年)》等政策文件,从文化与旅游两个行业政策领域着力推动文化品牌建设和文旅融合发展。

二是形成了"1+N"全域旅游规划体系。抚州编制《抚州市全域旅游发展规划(2019—2030)》,形成了"旅游发展总体规划,重点景区景点详细规划,特色旅游产品、精品旅游线路、旅游宣传营销专项规划"的规划体系。

三是加强了资金支持。抚州将文化旅游发展资金扩充7000万元,增加对特定文化企业的资金配套和旅行社组团来抚游览奖励。2019年,抚州金溪县率先推出全国首个"古村落金融贷",探索文化遗产的价值转化实现机制。

四是加强了文化旅游消费激励。出台了《抚州市推进全域旅游发展奖励办法》,推出景区门票优惠,发放文化惠民卡、旅游消费券,促进文化旅游消费。

四、依托文化品牌营销，提升抚州文化旅游产品质量和市场影响力

抚州依托本地文化品牌，设计精品文化旅游路线，盘活文化旅游资源，提高文化旅游产品供给质量。依托汤显祖文化设计推出名人故里追梦之旅、千年文化探梦之旅，依托传统乡村文化推出千年古村寻梦之旅，依托生态文化，设计生态养生圆梦之旅等精品旅游线路。

依托文化品牌宣传，扩展文化旅游营销，提高抚州文化旅游的市场知名度。

一是开展文化品牌活动。抚州通过纪念曾巩1000周年诞辰、世界傩面具文化舞蹈艺术周、首届陆象山文化旅游节暨纪念陆象山880周年活动、崇仁的麻鸡文化旅游节、南城的麻姑文化旅游节等文化品牌活动推动文化旅游发展。

二是加强客源市场营销。抚州组织文化旅游相关企业赴上海、南昌等客源市场开展品牌推介活动，在北京、武汉等客源市场的机场、车站、酒店开展品牌宣传。

三是借助"互联网+"，开展线上营销。抚州与抖音、微信、携程等互联网平台合作，推出了"梦里戏里文昌里""抚州，一个有梦有戏的地方"等文化旅游品牌主题营销活动，取得了良好的效果。"抚州旅游"微信公众号的关注度在全省排名前三。

四是参加文化旅游博览会。抚州积极组织文旅企业参加中国北京世界园艺博览会、第六届中国西部旅游产业博览会、红色旅游博览会暨中国红色旅游推广联盟年会等会展活动，全面展示抚州文化旅游品牌。

第四章　IP 是抚州"文化品牌引领"的必然选择

第一节　超级 IP 是城市文化建设的国际潮流

国际文化高地，为抚州未来的文化发展确立了目标，但目标的实现还有赖于城市文化 IP 的强力支撑。从世界城市的发展趋势看，世界城市的成功，无不是通过打造和掌握了超级 IP 实现的。硅谷之于纽约，音乐之于维也纳，绘画之于佛罗伦萨，文学艺术之于爱丁堡，博物馆之于毕尔巴鄂，动漫之于东京，文化创意之于伦敦，时尚之于巴黎等。城市的超级 IP 着眼于文化这一在当代城市生活中最为活跃的要素，以自身为依托，通过创意设计以有形或无形的形式生产创造一系列文化产品或文化服务，统筹其他 IP，构筑起新的城市文化生态。

城市 IP 建设已成为城市的重要实践活动。硅谷是世界上著名的高科技产业区，作为城市 IP，它的意义已经超出技术创新本身，"与其说硅谷是一个区域，毋宁说硅谷是一种精神"[①]。2017 年 7 月，纽约制定了历史上第一个综合性文化规划《创造纽约：一个为了所有纽约人的文化规划》。其把鼓励创新的包容和公平放在发展的首位，把源自硅谷的创新精神融入城市发展中。而西班牙毕尔巴鄂市将古根海姆博物馆打造成城市 IP，不仅一举扭转落后衰败的城市形象，还将毕尔巴鄂发展为西班牙的现代时尚艺术中心。此举还带来了"古根海姆效应"，相关的旅游、服务收入占到市财政收入的五分之一。古根海姆博物馆已成为毕尔巴鄂的城市象征。日本在"酷日本"战略指导下着力打造动

---

① 马晓毅.感受硅谷新千年［J］.科技文萃，2000（6）：4.

漫 IP，九州的熊本县将熊本熊打造为城市 IP。两年时间内为城市带来 12 亿美元的经济效益和 9000 万美元的广告宣传效应，熊本县从一个农业县成为日本乃至世界著名的旅游目的地。

所以，超级 IP 成为世界城市争相角逐的热点。过去以纯粹文化项目本身拉动城市文化发展的形式，面临着日益激烈的竞争，且不能摆脱同质化竞争的魔咒。而 IP 具有差异化的特质，以 IP 为核心对城市文化资源进行管理，进行产业、景观、空间等多维度的重新配置，能有效提升资源使用效率，实现经济效益和社会效益的最大化。

抚州以 IP 为支撑建设"国际文化高地"，适应世界城市的发展潮流。城市文化 IP 超越了一般产业 IP 的理念，将其扩展到整个城市的发展之中，更加强调城市产业的跨界融合，对城市文化资源进行重新整合，是注重整体的发展理念。以 IP 为核心，社会各领域资源在创意的激发下逐渐打破自身界限，逐步实现文化、经济、科技乃至金融领域资源的协调统一。因此，城市文化 IP 在城市国际化发展中，为城市提供了高端起步、跨越式发展的契机。

第二节　IP 战略为城市文化建设提供了方法体系

"国际文化高地"是城市发展的目标追求，实现这一目标需要路径支撑，城市 IP 战略就是一种重要的路径。IP 本义是知识产权，在现实实践中随着内涵和外延的扩展，城市 IP 是能够传递价值共识、体现创新创意能力、具有一定文化影响力和资源聚合力的实践体系。在具体的城市文化建设实践中，IP 能够分解为一套可以操作的方法论。

IP 的底层运行逻辑，是支撑和凝聚城市发展的价值观。城市之所以具有吸引力，能统筹世界的文化科技资源，在于城市传递的理念能被人们认同和接受。纽约的成功，"不仅因为它是世界上经济最强大的城市，也因为它对世界文化做出的无与伦比的伟大贡献"。它能以追求创新的理念"成功地吸引了才华横溢、野心勃勃的移民从全国各地甚至全球各地源源不断地前来"。[①]因此，

---

① 贝淡宁，艾维纳. 城市的精神［M］. 吴万伟，译. 重庆：重庆出版社，2012：301.

具有被人们高度认同的价值理念是城市建设文化高地的基础。

IP 的实践运行逻辑，是以知识产权为内核的一系列创新路径。建设国际文化高地必然走创新发展的道路，而这种创新就是以 IP 所代表的理念为终极追求目标，通过对特定文化资源的转化开发、项目设计等实践方式，把 IP 本身所具有的品牌影响力渗透到城市的各个领域。如爱丁堡艺术节将这种节庆活动拓展为国际艺术节、视觉艺术节、国际图书节、皇家爱丁堡军乐节和边缘艺术节，且与旅游、商贸等各类活动相结合，塑造与文化 IP 相关联的生产生活方式，进而把节庆积淀为城市可持续发展的文化资本，构筑城市具有差异性优势的竞争力。

IP 的影响，是以人口或产业的规模化聚集及城市的文化传播能力来体现的。IP 的影响往往以流量来计算，表现在城市文化发展中，它既可以体现为国内外人口和产业的聚集，也可以体现为媒体的传播热度。如迪士尼作为超级 IP 不断吸收和聚集着世界各地的娱乐元素和资源，因此长盛不衰。

一、IP 战略是抚州建设"国际文化高地"的最优路径

IP 是能够支撑城市文化建设的重要资产，哪个城市掌握顶级 IP，哪个城市就可以聚合和统筹相关资源，哪个城市掌握超级 IP，哪个城市就能被称为国际文化高地。从总体来说，抚州区建设"国际文化高地"，IP 战略是最优的路径选择。

二、对接国家总体战略，实现路径和模式的示范效应

习近平总书记明确指出："要坚持中国特色社会主义文化发展道路，激发全民族文化创新创造活力，建设社会主义文化强国。"党的十八大以来，我国文化建设在正本清源、守正创新中取得历史性成就、发生历史性变革，呈现出更加繁荣、蓬勃发展的生动景象。

在新的历史起点上推进文化强国建设，就是要坚守崇高的文化理想，担负新的文化使命，加快建设与我国深厚文化底蕴和丰富文化资源相匹配、与新

时代中国特色社会主义事业总体布局和战略布局相适应、与建设富强民主文明和谐美丽的社会主义现代化强国相承接的社会主义文化强国。

党的十九届五中全会明确提出，到2035年建成文化强国。这是党的十七届六中全会提出建设社会主义文化强国以来，党中央首次明确建成文化强国的具体时间。

抚州"十三五"规划提出的"南昌大都市副中心城市""江西对接'21世纪海上丝绸之路'桥头堡""全省生态文明先行示范市""全国历史文化名城"四大发展定位基本实现，"十三五"规划确定的预期目标和主要任务基本完成。

近年来，抚州先后出台了旅游产业跨越发展计划、旅游产业发展奖励办法、推进民宿发展实施意见等政策文件，全面落实税收优惠政策，为文旅行业走向智能化运营降本减负。抚州强化文旅产业与农业、工业等有机结合，以市场为主导，引进和打造了润达温泉小镇、崇仁山凤小镇、临川仙盖山、资溪野狼谷等一批优质文化旅游项目，文化旅游产业投资呈现热潮涌动的良好态势，对全国其他地区文化旅游发展具有很好的示范效应。

三、转换要素思维，强化文化空间对城市发展的引领作用

未来城市的发展一定是从物理城市走向文化城市。文化成为发展新引擎，让城市始终闪耀璀璨的文化光辉。文化城市建设既是传承城市文脉的时代责任，也是保持生城市特质、服务市民美好生活追求的务实之举。文化是抚州这座文化之城的魅力和价值所在。

在打好产业升级攻坚战方面，抚州一方面依靠科技创新，推动现有的机电汽车、生物医药、电子信息、建筑建材、绿色食品以及有色金属深加工等优势产业转型升级。另一方面，大力发展新产业，培育壮大旅游休闲、文化创意、中医药、养生养老以及现代物流和信息产业等新兴产业。通过发展，抚州构建起了绿色产业体系。

为实现文化强市，抚州打造和建设文化产业示范区，引进一批项目，打造一批精品，发展文化产业新优势。通过文化先行促进文化旅游产业、文化创意产业、文化休闲产业等产业发展。充分发挥抚州丰富的古村落、名山名寺等

文化资源，吸引文化旅游产业、文化创意产业落地生根。

四、依托现有优势，发挥城市已具备 IP 的国际竞争力

经过 40 多年改革开放的实践，抚州在城市整体发展和文化建设领域，已具备一定的国际 IP 影响力和品牌号召力。站在新时代的历史起点，抚州致力于中华优秀传统文化的传承、发展和创新，进一步加快文化强市建设步伐。抚州既注重经济发展、基础建设，又注重城市文化品格的塑造，文化体制不断创新，文化事业持续繁荣，文化产业跨越发展，文化民生显著改善。2017 年以来，抚州连续三年入选中国文化竞争力十佳城市。抚州，这个有梦有戏的地方，正以文化着墨，奋力书写发展新篇，开启与世界对话的征程。

依托"盱江医学"和"建昌帮"老字号，大力挖掘中医药文化，为江西中医药传承创新发展提供实现路径，这是抚州优势资源再利用的缩影。

抚州挖掘传承地方特色文化资源，推动优秀传统文化"老树发新芽"，编排国内首台"日游夜演"大型沉浸式实景演出《寻梦牡丹亭》，与英国华裔钢琴演奏家杨远帆联合创作钢琴协奏曲《牡丹亭·游园惊梦》。把中华优秀文化和社会主义先进文化的精神内核具体化，弘扬苏区红色革命文化，打造广昌高虎脑、金溪后龚村等革命教育基地。丰富新时代文明实践中心内容，融入卫生防疫、健康养老等功能，寓文化宣传于服务之中，使新时代文明实践中心真正成为文化传播中心、活动交流中心、便民服务中心。在农村开展"听党话、感党恩、跟党走，撸起袖子加油干"感恩奋进主题教育，引领群众感恩奋进、勤劳致富。

抚州打造文旅融合新业态，成功获评 2019 年度中国国家旅游最佳全域旅游目的地。抚州已建成文昌里历史文化街区、金溪竹桥古村、临川仙盖山等一大批文旅融合项目，开发了 11 条以"梦之旅"为主题的精品旅游路线。大力发展乡村特色文化游，让更多贫困群众分享乡村文化游红利。乐安县金竹畲族乡以山林资源入股，与社会资本合作开发文化生态旅游，享有景区门票收入 30% 分红。

抚州做优会展经济新模式，初步形成"文化 + 体育 + 会展"的实践路径。

WBA世界拳王争霸赛、中国（抚州）国际美发美容节等一系列大型文体类会展活动带动了社会经济的发展。2019年汤显祖戏剧节期间，原中央苏区振兴（抚州）恳谈会吸引了100余名企业家参会，共签约项目19个，签约资金总额102.34亿元。

抚州增强产业发展新活力，推动大数据、物联网等新技术在文化旅游中的应用。文化与数字经济融合发展，发挥文化产业园区辐射带动作用，以深厚文化和优质生态吸引数字经济企业落户，打造了"两云一超一湖"数据中心基础平台。抚州高新区成功获批国家新型工业化产业示范基地（数据中心）。黎川油画创意产业园入选首批"省级文化产业园区"。

这些版块既构成了抚州建设"国际文化高地"的基础，也构成了建设"国际文化高地"的优势。强化这些基础优势在国际文化建设领域的引领和提升作用，对建设"国际文化高地"有积极意义。

第三节　促进文化与旅游融合发展有利于抚州经济社会快速升级

一、文化与旅游融合发展能快速带动抚州经济升级

近年来，抚州经济发展速度较快，在抗疫任务繁重的2021年地区生产总值仍完成1794.55亿元，比上年增长8.0%。但由于经济发展的底子薄、任务重，抚州经济整体发展水平目前尚低于全国平均水平，2021年抚州人均生产总值4.99万元，比同年全国人均生产总值少3.11万元。为了迎头赶上，抚州正在沿着"优一产、强二产、旺三产"的路径加速推进产业升级。

表4-1　2015—2021年抚州生产总值及三次产业增加值（亿元）

年份	2015	2016	2017	2018	2019	2020	2021
第一产业	173.2	195.9	200.43	199.28	215.2	221.38	229.38
第二产业	494.95	474.41	496.14	525.66	573.88	588.85	694.21
第三产业	363.93	457.26	539.37	654.88	721.85	762.28	870.96
生产总值	1032.08	1127.57	1235.94	1379.83	1510.93	1572.51	1794.55

第四章 IP是抚州"文化品牌引领"的必然选择

《中华人民共和国国民经济和社会发展第十四个五年规划和2035年远景目标纲要》(以下简称"十四五"规划)要求"坚持扩大内需这个战略基点,加快培育完整内需体系,把实施扩大内需战略同深化供给侧结构性改革有机结合起来,以创新驱动、高质量供给引领和创造新需求,加快构建以国内大循环为主体、国内国际双循环相互促进的新发展格局"。在这一背景下,未来五年全面促进消费,扩大内需市场,提高供给质量和数量,满足国内外市场需求将是包括抚州在内的全国各地经济发展的主要着力点。抚州在十四五时期的经济发展应该立足于"以国内大循环为主体、国内国际双循环相互促进的新发展格局",寻找引领当地经济发展的产业增长极。

■ 第一产业 ■ 第二产业 ■ 第三产业

年份	第一产业	第二产业	第三产业
2016年	17.4	42.1	40.5
2017年	16.2	40.2	43.6
2018年	14.4	38.1	47.5
2019年	14.2	37.6	48.2
2020年	14.1	37.4	48.5

图4-1 2016—2020年抚州三次产业增加值生产总值比重图

2016年以前,抚州体量最大的产业是第二产业(见图4-1),但产业规模偏小,整体竞争力不强。2019年,第二产业增加值比五年前只增加了78.93亿元,年平均增长率不到4%(见图4-2)。2019年,全市营业收入超过百亿的工业行业只有三个:有色金属加工446.17亿元、机电汽车356.1亿元和化工建材 202.38 亿元。① 生物医药、汽车零配件、新能源新材料和现代信息四大主导产业仍处于发展初期。

抚州只有 3 所高等院校、27 所职业学校，当地的工业科技研发能力不足以支撑抚州在当代激烈的第二产业创新竞争中取得优势地位。抚州第二产业现有的产业基础、规模、结构和研发能力，与珠三角、长三角等产业发展水平更高的地区相比差距较大。第二产业还需要更长的时间才可能承担带领抚州经济快速升级的重任。

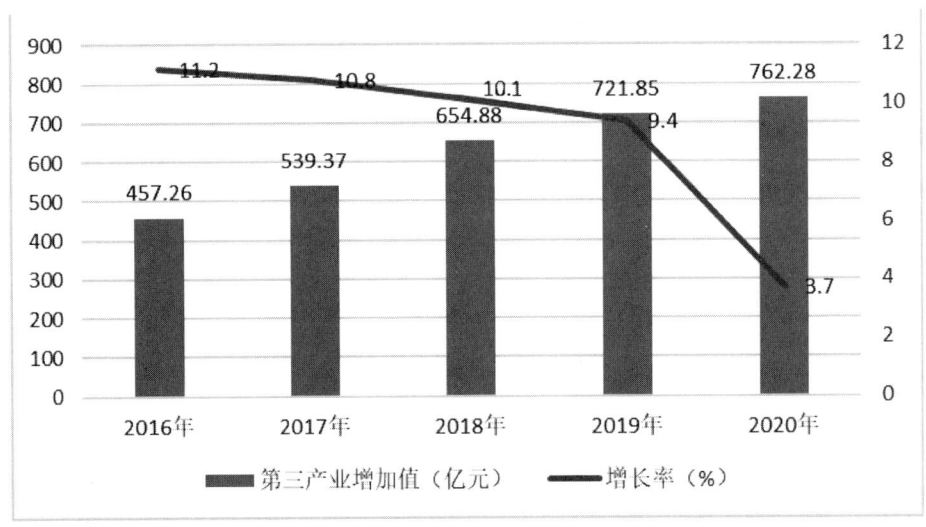

图 4-2 "十三五"期间抚州第三产业年产业增加值及增速

2015 年以来，抚州第三产业发展迅速，产业结构在五年内发生了重大转变（见图 4-2），第三产业已成为引领抚州发展的第一大产业。2017 年，第三产业产业增加值的 GDP 占比超过第二产业成为第一大产业，2019 年，抚州第三产业增加值比 2015 增长了近一倍（见图 4-2），2020 年，虽然受疫情防控的影响，但第三产业仍然获得了 3.7% 的增速，产业增加值已达 762.28 亿元（见图 4-2），GDP 占比高达 48.5%。②

---

① 数据来源：《抚州 2019 年国民经济和社会发展统计公报》，2020 年 3 月 30 日。
② 数据来源：抚州统计局《抚州："十三五"收官成果丰硕"十四五"开局充满期待——"十三五"时期抚州服务业发展成就回眸》，2021 年 3 月 2 日。

>> 第四章 IP是抚州"文化品牌引领"的必然选择 <<

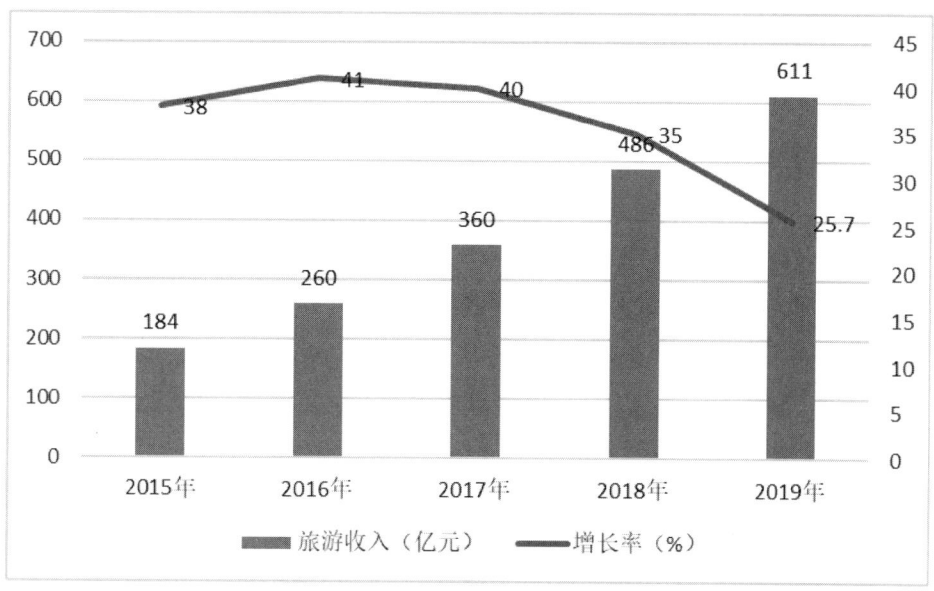

图4-3 2015—2019年抚州旅游总收入及增速

其中，旅游业对第三产业乃至抚州经济增长厥功甚伟。抚州文化、旅游资源丰富，品牌优势明显，发展目标清晰，配套日趋成熟，产业规模扩张速度极快。2019年旅游业总收入是2015年的3.32倍，从11亿元增长到了611亿元，年均增长率高达46.4%（见图4-3）。国家"十四五"规划明确指出"文旅体育等消费提质扩容"，要求"坚持以文塑旅、以旅彰文，打造独具魅力的中华文化旅游体验"。抚州通过文化品牌建设带动文化旅游发展，不但容纳了大量劳动力进入当地城镇就业，还通过发展"两特一游"，提升和改造乡村旅游。目前抚州已经实现"县县都有省4A级以上乡村旅游点"。通过"莲乡游""橘乡游"等知名文化旅游品牌带动乡村旅游，帮助农村就业人口实现就地就业，推动乡村振兴，促进了城乡一体化发展。抚州在未来五年立足于深厚的历史文化底蕴和丰富的文化、旅游资源，升级文旅品牌，促进文旅融合，发展高质量的文旅产业，既符合抚州当前的发展实际，又顺应国家"十四五"规划的发展趋势。文化旅游产业很有潜力成为抚州新的经济增长极，引领抚州经济快速提质升级。

二、文旅融合发展能提高抚州城镇化、加快城乡一体化进程

国家"十四五"规划预期到"十四五"末全国人口城镇化率达到65%。[①] 但抚州城镇化率至今低于全国平均水平,"十四五"时期城镇化任务将很繁重。截止到2019年年底,抚州常住人口406.03万,其中城镇人口208.50万人,城镇化率只有51.35%(见图4-4),比同年全国人口城镇化率60.6%低9.25个百分点。如何迅速促进城乡融合发展,提高城镇化率,是抚州"十四五"时期面临的一个重大课题。

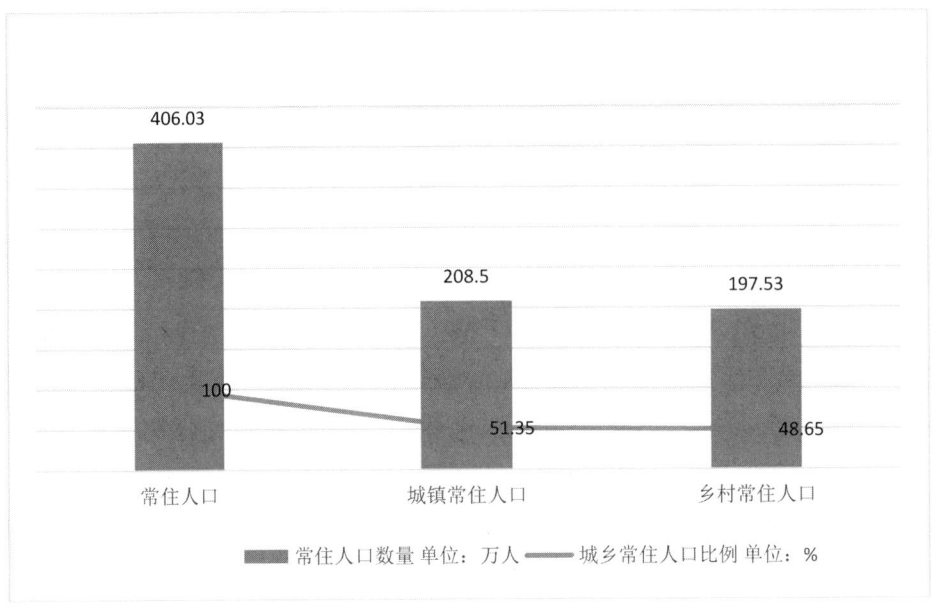

图4-4 2019年抚州人口及其城乡比例

抚州城镇化水平较低的主要原因是城市容纳农村就业人口的能力不强,大量农业人口冗积在农业领域。统计数据显示,2019年抚州总就业人口231.1万人,其中从事第一、二、三产业的人口数量分别为82.08万、55.31万和93.71万人(见表4-2)。

---

① 引自:《中华人民共和国国民经济和社会发展第十四个五年规划和2035年远景目标纲要(草案)》,十三届全国人大四次会议2021年3月21日表决通过。

表 4-2 2015—2019 年抚州就业人口数量基本情况（单位：万人）

年份	就业总人数	第一产业就业人数	第二产业就业人数	第三产业就业人数
2015	224.64	90.51	46.53	87.60
2016	227.10	90.80	46.50	89.80
2017	229.13	90.67	46.76	91.70
2018	230.30	90.30	47.62	92.38
2019	231.10	82.08	55.31	93.71

抚州第三产业就业人数最多，就业容纳能力最强。第二产业从业人员占比在三次产业中占比最低。第一产业从业人口占比高达35.5%（见表4-2）。同年抚州第一产业增加值只有215.2亿元，从业人员高达82.08万人，人年均增加值只有26 218元，由此可知，抚州大量农村人口尚未实现充分就业。因此抚州城镇亟须大幅增加就业岗位，提升农村人口的就业容纳能力。农村人口教育水平普遍偏低，文化旅游业是劳动密集型产业，劳动力需求数量大，对劳动者的知识技能水平要求不高，能够解决大量低知识、低技能劳动人口的就业问题。从全国来看，旅游业创造就业能力非常强，《2017年中国旅游业统计公报》显示，2017年旅游业直接或间接带动的就业人数高达7990万人，占就业人口总数的10.28%。所以，提升文化品牌，促进文化旅游融合发展，能有效接纳抚州农村就业人口，有利于"加快推动农业转移人口全面融入城市"[①]，推动农村人口就地城镇化，有效提高城镇化率。

---

① 引自《中华人民共和国国民经济和社会发展第十四个五年规划和2035年远景目标纲要（草案）》，十三届全国人大四次会议2021年3月21日表决通过。

第五章 "一心一轴四区"：优化抚州文化旅游开发空间布局

近年来，抚州文旅产业发展迅猛，独特的文化、旅游融合发展路线，在2018年12月得到了国家文化和旅游部的高度认可。随着文化内容与旅游产品间的关联度逐渐增加，抚州积极思考如何借助自身独特优势融合更多产业，在做好文化旅游产业的同时，为经济发展打造更多特色产业集群。在讲好中国故事的同时，将文化、内容、产业优势汇聚起来，形成抚州发展模式。

第一节 "一心""一轴""一廊""两翼""四区""六集群"概述

根据抚州文化旅游资源空间分布、文化旅游产业发展情况以及文化旅游未来发展趋势，抚州文化旅游产业空间布局可以以"一心""一轴""一廊""两翼""四区""六集群"进行优化。

一、"一心"

"一心"即抚州中心城区。中心城区交通、基础设施、文化旅游资源等条件较好，可以打造成文化旅游产业中心，建设成文化旅游游客集散地，发展成辐射带动汤显祖故里的核心增长区。

二、"一轴"

"一轴"即以向莆铁路为发展轴。该发展轴连接文化旅游丰富的资源分布区，集中了汤显祖故里主要的文化旅游景点。

三、"一廊"

"一廊"即以福银高速途经的临川区、南城县、黎川县和抚河"一河两岸"为廊，依托水陆两大轴线水域生态环境，重点发展文化旅游业、油画美术业、艺术陶瓷业，构建山水文化旅游休闲廊道。

四、"两翼"

"两翼"是将文化产业发展的动力核心向西南、东北两翼轴线延伸，深度系统挖掘两翼特色文化产业资源。西南翼包括崇仁、宜黄、乐安三县，主要发展宗教文化养生游、古村建筑文化游、民俗风情文化游。东北翼包括东乡区和金溪县，主要发展名人故居游、文化探秘游。

五、"四区"

"四区"包括临川旅游区、资溪旅游区、金溪旅游区和南城旅游区。这里不仅是汤显祖故里文化旅游最具吸引力、最具发展潜力的旅游区，而且是汤显祖故里文化旅游将来优先重点的发展区。临川旅游区以戏剧文化、名人文化、教育文化为特色，重点发展戏剧旅游、研学游、温泉游、休闲度假旅游等。金溪旅游区以古村文化为特色，重点发展乡村旅游、红色旅游、生态休闲等。资溪旅游区以生态文化为特色，重点发展生态休闲、乡村旅游、森林旅游、休闲度假旅游等。南城旅游区以养生文化为特色，重点发展健康旅游、红色旅游、休闲度假旅游等。

六、"六集群"

"六集群"包括南丰文化产业集群(世界橘都生态文化园、曾巩文化园、中国傩舞文化博览园、军峰山山地生态旅游区)、资溪文化产业集群(大觉山文化旅游综合体、新月畲族民俗文化村、资溪面包文化创意坊、资溪百越民俗风情演艺大观园、九龙湖生态旅游文化区和法水温泉度假区等)、南城文化产业集群(麻姑文化旅游综合体、王府里街区及益王文化园、建昌帮药业文化园、洪门湖生态旅游文化园)、广昌莲文化产业集群、黎川油画产业集群和东乡木雕产业集群。

第二节 思路:以戏为媒,以文化城,走"泛戏剧"产业路径

"泛戏剧"产业概念,意在从表现形式及产品形式上入手,活化中国传统文化内容,突破过去因形式单一造成的市场发展瓶颈,从发展方式及产业构建上入手,提升产业高度与产业链现代化程度,改善过去因市场需求不足造成的产业发展滞后等老生常谈的问题,进一步夯实抚州的戏曲文化底蕴,提升城市品牌张力。

一、"泛戏剧"语境下的抚州产业发展模式

除内容本身,"泛戏剧"关注如何通过多元化的产品体系,唤起市场对传统文化的关注,使其与当代文化紧密连接起来,进而增强它的生命力。只有具备了强大的生命力,传统文化才有传承的可能。

从"临川四梦"出发,抚州逐步向戏剧产业的纵深发展。在推动戏剧产业发展战略落地过程中,还要思考传统戏剧资源的活化和应用方式。艾牧嘉禾运营前置规划事务所中国执行董事柳雨佳认为,"传"一定是"泛戏剧"的根本,而"承"一定与需求端紧密连接,而这过程中的发展空间也就是抚州的文化产业化空间。戏剧是当代青年感受传统文化之美的一种直观途径。对戏剧关

键性元素进行提炼，通过多种载体进行展示，使产品融入生活走向市场，进而感召每一个人。通过创新性发展，打通创新、产业及经济传导间的通路，将是未来"泛戏剧"产业与"抚州模式"关注的重点。

"我在牡丹亭等你。"这句话已经成为抚州文化名片。抚州应坚持以戏为媒，巧打汤显祖这张文化名片，与英国斯特拉福德区、西班牙阿尔卡拉市等缔结友好城市，开展文化互访，成为国家"文化走出去"战略的积极践行者。

二、继往开来的双向发展

抚州被誉为"戏曲之都"，除谋划一系列产业化举措将这个城市主题进行活化外，还期望能够助力中国传统文化走向世界。灯彩集团沿袭中国传统灯彩工艺，擅长运用新科技对IP进行活化展示，多次作为中国文化形象代表，为G20峰会等重要国事活动提供展出服务。

艾牧嘉禾运营前置规划事务所除帮助抚州围绕前期产业发展积累所在地资源特性、完善"泛戏剧"产业与"抚州模式"的发展思路与理念外，也大力促成了灯彩集团与抚州的合作，规划了一系列产业发展举措。柳雨佳希望，以在海外广受欢迎的灯彩为载体，植入抚州戏曲元素，"能够运用市场熟知的手段去呈现中国文化内容的时候，中国文化走出去就不再是口号了"。

三、优化产业结构

（一）推动抚州传统优势文化制造业提档升级，支持工艺美术、印刷复制、广电设备、演艺演出、节庆用品等产业技术改造。加快将文化元素融入制造业研发、设计等价值链高端环节，提升文化产品的附加值。支持高新电子信息技术文化装备生产，培育高端文化设备制造基地。

（二）推动文化新业态、新商业模式发展，促进文化与科技、互联网、旅游、教育、体育、养老服务等融合。大力发展红色旅游，支持广昌、乐安等县（区）创新红色文化培训。支持非物质文化遗产的活化传承和开发利用。推进大数据、物联网、云计算、人工智能、超高清显示屏等先进技术成果服务应用于文化产业内容生产。支持创意设计服务与相关产业融合发展,给予通过省级以上评定的项目5万～10万元配套资金扶持。充分发挥各类创业投资基金作用,加大对文化新业态创业企业的支持力度。

(三)鼓励和引导基于5G、VR、AR等新技术在文化和旅游领域开展试点示范应用,培育一批具有市场竞争力的文化科技企业。列入省级试点示范的,给予15万元的一次性配套奖励,列入国家级试点示范的,给予30万元的一次性配套奖励。

四、打造专业园区

(一)支持现有各类文化产业园区转型升级,5年之内打造2个重点省级文化产业园区(基地)。对新认定的国家级和省级文化产业园区(基地)落实好省里出台的奖励政策。加大对文昌里历史文化街区申报国家级文化产业示范园区支持力度。鼓励文化产业园区(基地)面向小微文化企业和创业团队建立众创空间、孵化器。

(二)拓展文化产业园区发展空间,鼓励在开发区开辟相对独立的文化产业板块,形成"区中园""园中园"。支持依托高等院校、科研机构等资源创办文化科技园或创客空间。支持利用工业老旧厂房、仓储用房、传统商业街和历史文化保护街区等,转型兴办文化产业园区(街区)。鼓励利用物业楼宇空间,发展文化楼宇经济。

(三)支持县(区)立足本地文化资源,结合文化产业发展优势,重点打造一个以上产业定位明晰、产业链带动效益明显的特色文化产业园区(街区)。鼓励和支持社会力量以多种形式参与建设。

五、激发市场活力

(一)支持骨干文化企业发展壮大。对获得国家级荣誉称号或中央扶持资金的文化企业给予配套奖励。对首次入选江西省独角兽企业、潜在独角兽企业、种子独角兽企业的文化企业分别给予100万元、30万元和20万元的一次性配套奖励。对入选瞪羚企业、潜在瞪羚企业的文化企业分别给予10万元、5万元的一次性配套奖励。对入选江西省"百强民营企业"的文化企业的重点项目给予资助。对上市文化企业、民营文化行业领军企业跨区域、跨所有制并购重组成功的企业给予资金支持，并购重组时实际发生的法律、财务等中介服务费用，注册地政府可在并购成功后给予50%的补贴，单个项目补贴金额不超过20万元。对市属国有文化企业，经市政府批准，可免缴国有资本收益。

（二）大力支持小微文化企业发展，鼓励"个转企"和"小升规"。通过实施资金扶持、金融支持、社保扶持等专项举措，引导个体工商户向现代企业转型升级。鼓励金融机构增加可贷资金用于发放小微文化企业贷款。在采购评审中，对市内民营中小微文化企业产品可视不同行业情况给予6%～10%的价格扣除，允许中小微文化企业采取联合体投标等方式参与政府采购。

（三）鼓励文化企业壮大规模。加强企业入规辅导，对新增纳入统计范围的规模以上文化企业和限额以上文化商贸流通企业，落实好省里的一次性奖励政策。

（四）抓好重大文化产业项目谋划与建设。建立市级重点文化产业项目库，对入库项目优先给予扶持。每年举办文化产业专题招商推介会，吸引各类社会资本参与文化建设，鼓励抚商回归发展文化产业。对于引进落户的国内外著名文化企业总部（含地区总部），按照《关于加快抚州总部经济发展的若干政策（试行）》（抚府办发〔2017〕85号），给予相应政策和资金支持。制定抚州文化产业投资指导目录。

（五）推进文化产业类协会、商会等行业组织建设，建立市文化产业园区联盟。经评定为省级以上文化产业公共服务平台项目可获得10万～20万元配套资金扶持。鼓励以政府购买、委托课题等方式遴选文化产业类智库和研究机构，为产业发展提供智力支持和咨询服务。

（六）促进会展业快速发展，大力培育我市会展品牌。加大财税、金融等方面对会展业发展的支持力度。支持承办经审定的全国性、国际性文体赛事、文化会展活动。重点扶持抚州公共场馆开展的、经抚州市委市政府同意引进的著名艺术家优秀作品展览活动，包括美术、书法、摄影等类型。按照艺术品展览的面积和时间计算给予一次性补助。展览面积在600～800㎡，展览时间2

个月以上、半年以下的一次性补助不超过10万元，展览时间半年以上的一次性补助不超过20万元；展览面积在800～1000㎡，展览时间2个月以上、半年以下的一次性补助不超过25万元，展览时间半年以上的一次性补助不超过50万元。

（七）支持和鼓励临川文化"走出去"。对经认定的国家文化出口重点企业和重点项目给予配套奖励。对文化贸易企业市场开拓、文化展览、人才培养、版权输出等给予重点支持。大力培育我市演艺演出业品牌。鼓励抚州各类院团创排大戏（政府购买服务的除外），经认定并正式首演的大戏，给予适当补助。由市文广新旅局制定大戏认定办法和补助标准。

（八）提升文化消费。鼓励有条件的县（区）发放"文化惠民卡""消费券""旅游一卡通"，举办文化惠民消费季活动。鼓励经营性文化设施、大型文艺院团、文化商业综合体、旅游景区（点）等提供优惠或免费的文化服务。鼓励文创产品进"三馆"，进超市、商场和景区等公共场所。支持实体书店升级发展、连锁经营。

六、加大投入力度

（一）市、县（区）财政要完善文化产业投入增长机制，市财政统筹安排文化产业发展资金。通过项目补助、金融贴息、股权投资、风险补偿、政府购买、配套奖励、向上争取支持等方式扶持重点文化产业、重大文化产业项目、重点文化企业、文化产业园区、新型文化业态、原创内容产业。

（二）积极引导市级服务业、文化艺术、电影发展、非物质文化遗产、高新技术企业、战略性新兴产业等各类专项资金支持文化产业发展，将文化产业类项目列进申报评定对象。各县（区）设立与文化强县或强区相适应的文化产业发展专项资金，重点扶持本地特色文化产业、规上文化企业等。对获得国家和省级荣誉称号、扶持资金资助的企业或项目进行配套资助和奖励。

对策篇

　　历史文脉是城市文化建设的重要基础，文化品牌建设离不开深厚的历史文脉。抚州作为国家历史文化名城，历史悠久、文化厚重，地域文化特色鲜明，历史风貌和文化遗存丰富，文物古迹众多。在吸收五千年文明给养的过程中，也创造着属于这座城市自己的历史和文化。因此，抚州城市文化品牌建设，要荟萃和弘扬中华优秀传统文化，彰显时代价值的同时，也要承续千年历史，传递文化记忆。

第六章 提升文化品牌、促进文化旅游融合发展的政策建议

第一节 加强对地域文化资源梳理，展示中华优秀传统文化

历史文脉是城市文化建设的重要基础，文化品牌建设离不开深厚的历史文脉。抚州作为国家历史文化名城，历史悠久、文化厚重，地域文化特色鲜明，历史风貌和文化遗存丰富，文物古迹众多。在吸收五千年文明给养的过程中，也创造着属于这座城市自己的历史和文化。因此，抚州城市文化品牌建设，要荟萃和弘扬中华优秀传统文化，彰显时代价值的同时，也要承续千年历史，传递文化记忆。

一、梳理提炼表达抚州千年文脉

加强中华优良传统文化建设，是不断满足人民群众日益增长的精神文化需求和促进经济社会发展的需要。

第一，系统完整梳理千年文脉。加强对抚州传统文化和历史沿革的系统梳理，组织各领域专家按照宏观历史地域、历史沿革、自然地理概况、行政区划，文化遗址、考古发掘、重要文物，古籍文献、非物质文化遗产，以及特殊地域、特殊历史事件、重要历史人物等四条脉络，系统梳理抚州在早期文明活动史、百越开发史、临川文化史、中医文化史、城市建设史、戏曲文化史、佛教文化史，乃至移民史、抗战史、中华人民共和国建设史、改革史。通过汇编"抚州历史文化丛书"，辅以音像资料，全方位研究梳理抚州历史文脉，全面

展示抚州独特的历史人文风貌和文化魅力，形成一批系统性、综合性、权威性的音像和图书成果。

第二，提炼城市文脉标识。深入挖掘抚州城市历史文化价值，提炼精选凸显城市文化特色的经典性元素和标志性符号。这需要从历史上找寻抚州之所以为抚州的"因文化地的历史主线"，以及这一主线在当代社会中的具体呈现。抚州"襟领江湖，控带闽粤"，地处长三角、珠三角和闽东南三角区腹地，吸纳各地的文化，因此，包容、开放成为抚州文化的基因，也是抚州文脉的基础。提炼抚州城市文脉，通过蕴含中华传统文化的 IP 赋能城市，挖掘城市的独特印记。推动文化创新的产业要素向抚州城市文脉聚集，结合互联网思维、网红经济、超级 IP 等热点，打造城市文化名片，为城市创新发展注入全新动力。

第三，以场景的方式对文脉进行创造性表达。文脉是贯穿在乡村文化发展和文化资源之中的特有文化精神，能够彰显城市文化资源的特殊性和差异性。要把抚州城市的文脉元素符号纳入抚州城市建设、规划设计、街区改造、经济贸易、建筑装饰中，合理应用于城市雕塑、广场园林、酒吧商超、机关学校等公共空间。挖掘整理赣派传统建筑文化，鼓励建筑设计继承创新，推进城市修补、生态修复工作，延续城市文脉。

二、展示抚州中华优秀传统文化

弘扬和展示中华优秀传统文化，是抚州作为历史文化名城的重要责任。随着 5G 技术进一步普及，抚州应充分发挥技术创新优势、文化优势，强化互联网对全国各地文化资源的汇聚、展示能力，积极探索旅游业和会展业在地域、城市、跨界、资源、行业、网络和数字等不同类型"共享"模式，提高服务效率和质量，开创"线上＋线下"融合的旅游、会展新局面，实现旅游业、会展业平台化、数据化、智能化升级，进一步强化中华历史文脉对抚州文化建设的支撑。

如何展示中华优秀传统文化？一是探索"互联网＋"的"共享平台"模式展示。汤显祖戏剧节作为抚州最具代表性的文化会展，本身就是一个中华几千年文化的传承和传播平台，理所应当对中华传统文化进行展示。汤显祖戏剧节除了对中华传统文化进行实体场馆展示之外，还应运用大数据、云计算构建虚拟展览、游览，与实体场馆相结合，打造永不落幕的戏剧节。二是利用短视频、直播等新媒体形式，展示非遗、传统习俗，把中华传统文化实物化、场景化、动态化，强化传统文化体验性。通过游戏、动漫、影视等形态，创新转化抚州特色文化 IP 资源，通过蕴含中华传统文化的 IP 赋能城市，挖掘城市的独特印记，并结合互联网思维、网红经济、超级 IP 等热点，打造城市文化名片，为城市创新发展注入新动力。三是鼓励各类文艺创作和文旅创新。成立抚州文化创新奖评委会，以利用抚州文化品牌和文化元素提高抚州文化旅游服务和产品的创新性和特色性为导向，每年面向全球遴选抚州文化特色鲜明、个性突出、创意新颖的文化、旅游产品和服务，对入选作品进行广泛宣传，并将其补充进抚州文化旅游产品或服务供给名单中。遴选对象应包括但不限于创造性转化、创新性利用抚州文化品牌或文化元素的影视、动漫、文学、游戏、文化、绘画、雕塑、短视频、旅游景点、文化旅游产业或服务项目。

第二节　促进"文化 + 旅游"与其他产业深度融合

依托抚州文化旅游景点或项目，引入龙头文化旅游企业和成熟的文化旅游运营模式，充分挖掘抚州特色文化品牌价值，强化新兴技术对文化旅游产业的支撑，尤其要加强文化旅游产业的数字化智能化改造，加强"文化 + 旅游"与工业、农业、体育、影视、动漫、游戏等其他产业跨界融合，创新文化旅游产品服务供给内容和形式，打造更有创新力、竞争力和附加值的"文化 + 旅游 + 其他产业"创新性融合的产业链。

一、推动全域旅游，转变旅游产业发展模式

国务院办公厅《关于促进全域旅游发展的指导意见》的印发与实施，意味着全域旅游已正式上升为国家战略。全域旅游是为满足新时代大众旅游的需求，以区域为统筹，整体进行旅游项目规划。某种意义上，全域旅游是基于

资源优化的需要，要求在新的需求下"不断突破资源的框架限制和资源的价值限制""要求旅游服务供给的遍在性，与传统上围绕团队游客点线旅游相适应的节点式服务供给模式也必然要让位于与散客化广域旅游相适应的全空间式服务供给模式"[①]。因此，全域旅游是旅游发展模式从供给侧向需求侧转变，以全局带区域促进第三产业发展的新模式。抚州制定实施《抚州市全域旅游发展规划（2019—2030）》，抚州市黎川县入选2021年江西省级全域旅游示范区名单，在推动以全域旅游促进区域发展层面具备较为坚实的基础。

抚州推动全域旅游，要做以下三个方面。一是探索"全域＋全季"旅游发展理念，实施"旅游＋"和"＋旅游"战略。充分发挥抚州历史文化资源丰富的优势，不断优化旅游产品供给、重大旅游项目落地、完善旅游配套设施、推动产业融合，以汤显祖戏曲文化品牌为核心，把戏剧、旅游、研学、观光、消费、会展等多种要素整合为区域发展的合力。二是探索"实体＋虚拟"的旅游内容供给模式。全域本身要求区域内容供给具有丰富性和普遍性，不断通过"旅游＋科技"，突破物理空间约束，探索通过虚拟空间尤其是借助移动智能终端设备以虚拟服务的形式，以戏剧文化为核心，荟萃和展示中国戏剧文化景观，形成虚实服务内容的有效结合，优化内容供给。三是探索"有序＋灵活"的旅游监管系统。全域旅游必须从传统短时间内巨量流动的市场监管系统向灵活多变的监管系统转变，这就需要改变固有的旅游市场管理体制，保障包括旅游地居民在内的各个利益主体的相关利益，实现旅游地个体与区域、居民与游客、市场与财政之间的利益共享与增长。

二、探索智慧旅游，实现文旅产业转型升级

在"互联网＋"时代背景之下，"智慧旅游"无疑是旅游产业重要的发展方向。随着5G技术、人工智能、大数据介入传统旅游业态，由智慧旅游引发的旅游产业相关软硬件升级，将成为推动智慧旅游、促进经济转型的新引擎。抚州发展智慧旅游，具有完善的互联网基础设施。目前，数字化抚州建设上台

---

① 厉新建，马蕾，陈丽嘉．全域旅游发展：逻辑与重点［J］．旅游学刊，2016（09）．

阶，抚州智慧旅游体验馆通过 VR 设备体验打造了"互联网＋旅游"模式的智慧体验，能提供"足不出户"的文化体验。

加快智慧旅游建设，有助于实现抚州旅游景区、旅游集团、行政区乃至整个城市旅游产业的高度智慧化、信息化，促进"旅游＋"融合发展，关联与带动其他相关产业发展，创新旅游业态，提升旅游服务、营销和管理水平，有效拉动区域旅游全产业链发展，构建高效、可持续的全新旅游生态系统，形成智慧旅游的样板。

抚州推进智慧旅游，要做到四点。一是打破各职能部门信息化壁垒，建立数据共享、协同、联动的机制。智慧旅游绝不仅仅是旅游资源和服务互联网化，而是通过建设覆盖全市的信息基础设施和公共信息服务平台，提升城市信息化、智慧化应用能力，实现智慧旅游从个别景区和个别区域，向跨景区、跨行业、跨区域等多领域转变。二是深度整合区域内旅游资源、配套设施、自然生态、公共服务、城市文化等信息，将之与现代信息技术有效融合，打通所有基础设施、智能设备、应用程序和信息平台的数据链路，形成大数据。三是积极探索 5G 环境下的旅游场景应用。支持锦绣中华、世界之窗等旅游资源围绕游客体验，优化旅游服务内容，完善旅游管理功能，加快线上线下融合，构建全新"旅游生态"，推动抚州旅游向"国际化、高端化、特色化、智慧化"发展。四是利用政策工具鼓励抚州文化、旅游企业与全球创意企业合作，提升文化旅游产品和服务的创新创意水平，将抚州文化品牌的文化元素创新性地渗透到文化旅游产品和服务中，并以提高文旅体验的便捷性、舒适性、新颖性、时尚感、品质感为导向，推动抚州文化旅游业向高品质、多样化、个性化、特色化升级。

第三节　开展文化旅游人才培育，提高文化旅游业服务水平

抚州文化高质量发展的关键在人，人才的集聚不仅是现代文化旅游市场体系的重要支撑，更能为抚州文化旅游高质量发展提供动力。习近平总书记指出："发展是第一要务，人才是第一资源，创新是第一动力。""硬实力、软实

力,归根到底要靠人才实力。""人才资源是第一资源,也是创新活动中最为活跃、最为积极的因素。"人才,尤其是世界文化大师级人才,是一个城市文化发展的重要引领者。近年来,全国各地争相引进人才,抚州也加入人才争夺之列,出台实施《关于全面实施人才强市战略打造新时代"才子之乡"人才高地的意见》,打造抚州城市文化人才高地,助力抚州文化创新发展。

一、制定文旅系统高端专业人才引育规划

目前,抚州实施的"才子之乡"人才高地计划,是从城市总体发展实施的人才计划,但是文化人才与其他行业人才相比,具有特殊性。这种特殊性不仅在于文化及相关产业范围和领域广泛,而且在于世界级文化大师能以自身的创造力为核心,在生产、创作、传承、传播、策划、营销、管理、研究等环节运用其文化积淀和创意形成新的内容、信息和服务,具有高知识性、丰富的想象力、高流动性和独特的思维方式等特征。文化大师具有鲜明的个性风格,以创新为己任,为丰富艺术表现语言耗费毕生精力而最终获得成功,引领潮流,并能够对当时社会及后世社会产生巨大影响。因此,研究制定文旅系统高端专业人才引育规划,有必要依据文化行业人才的特点,制定相应的引育规划,以避免以偏概全,实现文化专业人才需求和文化发展各类人才精准有效对接。

第一,探索多维度认定文化人才的标准路径。习近平总书记指出:"各级党委和政府要从心底里尊重知识、尊重人才,为人才发挥聪明才智创造良好条件,营造宽松环境,提供广阔平台。"[①]文化系统高端人才引育规划的制定应突出文化人才想象与创意的特点。文化大师尤其是世界级文化大师具有超凡的创新能力和天马行空的想象能力。所谓创新能力,就是指在已有知识、技术基础上进行分析、综合、重组、再创,从而创造出新的知识、技能、产品的能力。这种创新能力是创意人才必备的一种首要素质。想象能力是达到创新的另一种途径,是创意人凭借自己的知识、技术、经验或先天禀赋产生全新创意的一种能力。这种创意过程往往是一种灵感闪现的过程,一种"无中生有"的全新创

---

① 习近平:网信事业发展要聚天下英才而用之[EB/OL].(2016-04-20). http://www.cac.gov.cn/2016-04/20/c_1118679269.htm.

造过程。创新能力和想象能力不仅是文化艺术生产者、创意设计策划人才、创意技术人才必备的素质，也是文化艺术经营管理人才应有的素质。

需要指出的是创意和想象作为轻资产，往往无法直接转化为现实生产创作。因此，制定和研究涵盖文化产业、时尚产业、创意设计、新闻出版、广播影视、文博非遗、文学艺术（含文学、音乐、美术、摄影、舞蹈、曲艺、播音主持等）、编剧策划、公共文化等多领域的引育规划，应该认识到对顶级和高端文化人才的认定具有一定的复杂性，对其认定的标准可以从知识、技能、创造力、业绩、影响力等几个维度来综合考量，进而建构不同文化行业的灵活多样的人才认定机制、评定机制乃至奖励机制。

第二，搭建高端文化人才及相关产业集聚区的内外部交流平台。尤其要加强产业集聚和人才集聚的相互关联和沟通交流。具体途径有构建产业集聚区内的人才信息共享网和完善相关的配套设施。产业集聚区的优势在于很多信息可以共享，其中也包括高端文化人才信息的共享。创建各产业集聚区官方网站，公布相关人才引进、交流、培养和考核的信息，将企业对人才的相关需求和人才培养计划展示在网站上，实现二者信息的快速对接。完善相关的配套设施，连接相关教育科研机构、公共文化基础设施以及文化娱乐设施等。完备的配套设施能够吸引园区内的不同人才在此暂时集聚，实现业余时间的沟通交流和信息互换，加快集聚区内的信息更迭和人员更新。

第三，构建包容自由的人文环境。包容性指承认并尊重他人的信仰或行为的能力及城市对新创意的容纳程度、接受程度和保护程度。美国经济学家佛罗里达在其3T理论中指出，对创意阶层生活方式选择权的尊重，具有多样性的宽容，是一个地区能够吸引、留住人才必须具备的人文气氛。巴黎、伦敦、纽约、佛罗伦萨等城市因其突出的包容性、多样性和创意氛围，成为创意者们聚集的城市。因此，城市引进和培育世界级文化大师，就必须营造适宜创意人才工作和生活的城市氛围，提升城市的高科技水平，催生并聚集更多的创意企业。文化人才所共有的精神气质与其他人不同，这种气质影响并决定了他们对居住地、工作方式等的选择。

第四，建立高端人才优先发展工作体系。充分发挥抚州产业高地的引领作用，以及毗邻香港的地缘优势、教育优势，提高人才工作统筹协调力度，建立健全以能力业绩为导向的人才引进综合评价体系，进一步简化外籍人才申请人才签证、永久居留等规定，完善认定标准，提高人才工作规范化力度，充分满足各类用人单位对高级管理人才和高层次专业技术人才的引进落户需求。放宽对取得香港优才计划的香港居民、港澳定居的内地居民认定标准，强化人才。编制开发抚州文化人才地图和《抚州市文化人才引进紧缺职业目录》，建立抚州文化人才资源年度统计调查和定期发布制度，强化人才精准引进。

二、实施"抚州文旅人才强基计划"

目前，抚州围绕基础学科的"强基计划"正在实施，历史、哲学、古文字学等相关专业成为重要试点。具有鲜明创新、创意的高端文化人才往往在年轻时就表现出特有的潜质，这就决定了文化创意人才或文化创新人才的开发比一般人力资源的开发更具特殊性，早发现、早培育、早开发、早成才，是夯实文化人才培育和成长必然路径。

实施"抚州文旅人才强基计划"，就是基于创意思维、人文素养、社会创新的"三位一体"教育理念，在中高等院校选拔一批有志向、有兴趣、有天赋的青年学生进行专门培养，把学校学习和社会实践结合起来，以项目制学习为教学法，探索多维度考核评价机制，致力于培养德才兼备、志向远大、兴趣浓厚、基础扎实、能力突出、勇于创新的引领文化风潮与文化创新的高端文化人才。

实施"抚州文旅人才强基计划"需要补齐抚州在文化艺术类高等教育层面的短板。创办抚州文化旅游职业学院，或在现有高校、职业院校中增加文化旅游服务专业。面向全球招聘教师，创造性搭建文化旅游服务教育体系，给抚州乃至全国供给文化旅游服务人才。主办文化旅游服务职业培训班。与抚州或南昌高校合作，为抚州文化旅游企业员工定期提供职业培训，提升抚州文化旅游从业人员职业精神和服务水平，大幅度提高各类人才，特别是高端创意设计人才的整体素质，实现人才资源持续开发。探索建立旅游服务质量评价体系，规范线上、线下旅游经营服务，提升抚州文化旅游服务品质，优化文化旅游消费者的消费体验。

三、设定重大攻关项目特殊文化精英岗位

随着文化产业的深入发展和文化产业服务其他产业的程度不断深化，需要在一些领域进行一些重大的文化创新，抚州市包括国家都在建设一些具有战略意义的重大文化攻关项目或工程。可以通过设立特殊文化精英岗位，以项目招标的方式在全球招聘人才，为其提供高薪和优越的工作生活条件，以快速集聚海内外文化精英人才进行项目攻关。

文化精英岗位的确立，以岗位的高度创新性和特殊性来配置高薪和配套条件，无论人员资历如何，只要能够胜任这个岗位，并且取得了明显的成效，就可以享受相应的待遇。特殊文化精英岗位，建议由政府和有需求的国内重点企业合作，共同来设立。在实施过程中，要兼顾短期效益和长期效益，要给予人员一定的试错空间，要建立全面适宜的人才考核评价体系。

第四节 推行"一景一策"，提升文化旅游目的地质量

持续深入挖掘抚州文化资源，根据文化旅游目的地的文化特色，推行"一景一策"，提高旅游目的地质量。研究客源市场，细分抚州文化旅游目的地，创新文化旅游产品体系，使文化旅游产品和服务与文化品牌特色相一致。推动抚州戏曲文化旅游、乡村文化旅游、红色文化旅游等文化旅游业态创新发展。建立和健全富有抚州文化特色的旅游基础设施和集散地体系，建设一批富有抚州文化特色的文化旅游景区和文化休闲空间。

一、重视古村镇资源开发，增强抚州文化体验

抚州保存着数量众多完整的千年古村，留存着古村的幽雅与静谧。抚州市共有135个村落被列入中国传统村落名录。幽静秀美的自然风光，古朴的特色民居、丰富多彩的传统民俗、乡贤名士、风土人情一应俱全。这些资源既是抚州文脉传承的载体，也具有极高旅游开发价值。但是抚州过去对古村镇的研

究和开发相对滞后，可以结合旅游胜地建设，先以潜质较好的乐安县牛田镇流坑古村、金溪县陆坊乡陆坊村、南城县上唐镇上唐村、宜黄县棠阴镇棠阴等古村镇为突破点，按照一个村一个办法的要求，突出村落的地域特色，加强对传统村落的现状调查，逐步将数量丰富的古村镇资源纳入旅游胜地的建设范围中来，增强抚州旅游的文化体验。

二、挖掘精品旅游线路，提升抚州文化魅力

目前，抚州推出了三条精品旅游线路，即东线：文昌里戏剧小镇（含寻梦牡丹亭）—金溪古村—资溪大觉山，中线：文昌里戏剧小镇（含寻梦牡丹亭）—南城麻姑山—黎川古街，西线：文昌里戏剧小镇（含寻梦牡丹亭）—宜黄曹山寺—乐安流坑古村。而这三条精品旅游线路，并没有完全覆盖全市丰富的文化旅游资源，仍有提升的空间。未来应结合已有的线路，开发上饶的三清山避暑、吴城的"最美水上公路"、宜春的向日葵花海等，把抚州知名的特色美景、美食、产业、乡居民宿等穿珠成链，开发更多的精品旅游线路，满足游客的多样化需求。

三、培育六大文旅主题，丰富抚州文化内涵

以六大文旅主题为突破口，既可以落实古村镇和精品旅游线路的开发，又可以在汤显祖文化、中国旅游目的地的基础上，丰富大众对抚州的认知，展示抚州多姿多彩的文化元素。

1. 爱情主题

中国有很多爱情主题旅游景区，如杭州西湖、西安华清池、新余仙女湖、云南丽江和泸沽湖等，都闻名遐迩。抚州可以充分挖掘《牡丹亭》的爱情故事，以抚州梦园为依托，调动抚州的自然资源，发展相关婚庆产业，形成完整产业链条，打造爱情主题旅游产品。

2. 佛教主题

抚州是我国佛教主题旅游发展较好的地区，抚州金山寺素有赣东"佛教

城"之称。但是抚州目前的佛教主题旅游,在周边著名佛教名山和道场的光芒下特色和知名度不足。因此,可通过串联金山寺、正觉寺、宝积寺等宗教资源,利用相关古迹、驿站、庵寺等打造出以行者、行僧为主题的佛教文化,形成与周边具有差异化的佛教文化旅游产品。

3. 民俗主题

抚州民俗文化资源丰富,民间庙会、集会、演艺等民俗活动众多。可以对有代表性的民俗文化活动较为集中的古村镇进行开发,形成民俗主题文化旅游产品。

4. 旴江文化

抚州株良镇中云村旴江文化园,有石刻匾额、木刻匾额、古代陶瓷等12个类别的藏品,蕴藏着传统礼仪、孝道文化、家风家教、知勤乐俭等优秀的地域文化元素。充分阐释旴江文化的内涵和特色,挖掘历史故事,着力打造旴江文化主题旅游产品。

5. 游学主题

抚州是才子之乡,利用教育文化资源和地理位置优势,以历史名人的行动轨迹为依托,围绕名人雕塑园、王安石纪念馆、汤显祖纪念馆、三翁花园、南丰曾巩读书岩、梦湖景区等点位,设计推出一批专题研学旅游旅行线路,开展游学活动。

6. 美食主题

民以食为天,全国各地旅游胜地的发展均离不开特色美食的支撑。抚州要以本地丰富的农渔产品为支撑,结合特色美食资源,打造不同系列的美食、筵席,形成美食旅游的拳头产品。

第五节　构建立体化的文旅营销网络

一、整合资源构建营销体系

一是强化整体品牌营销。对游客进行精细分类、精准营销、精心服务,针对不同年龄、不同层次、不同区域、不同国家(地区)别的游客需求,分别制订客源市场营销计划。充分利用主流媒体、网络媒体、新兴媒体、影视作品、综艺节目等载体，积极依托展会、节事、论坛等平台，构建覆盖全媒体、宽渠道的旅游推广营销网络，全方位、立体化宣传展示抚州文旅形象。

二是实现全方位立体营销。建立抚州文旅营销平台，成立"1+N"营销联盟，由1个营销推广中心引领，N个营销推进团队相联合，促进抚州文旅品牌的建设，实现线上线下结合营销。充分利用外宣、招商、文化交流、节庆赛事等活动，开展旅游宣传，以产业合作带动旅游合作。开展社会化营销，充分调动抚州人、游客积极性，利用社交媒体，多形式、多渠道对抚州文化品牌进行"口口相传"的营销。

二、创新营销推广渠道

一是强化新媒体营销。开展微博、微信平台营销。开设抚州文旅官方微博、微信公众号，邀请专业营销公司运营，宣传抚州文旅品牌。开展直播、短视频营销。加快实施直播平台、短视频平台、音频平台（抖音、小红书、学习强国等移动端App）等线上营销，推进与携程旅行网、去哪儿网、腾讯旅游网、淘宝旅行网、驴妈妈、马蜂窝等OTA（Online Travel Agency，在线旅行社）合作，宣传城市品牌形象。开展影视、演艺营销。加强与影视、音乐、动漫、游戏等投资、制作公司合作，鼓励并邀请一批影视文化企业、横店影视城影视剧组，来抚州采点、拍摄一批院线电影、网络电影，植入抚州文旅元素。开展抚州实景演艺活动，发展沉浸式夜游、沉浸式灯光秀、沉浸式展馆、沉浸式演艺等文旅消费新业态。

二是开展节庆赛事活动营销。办好汤显祖戏剧节、抚州旅游文化节、莲花旅游文化节、资溪白茶文化节、抚州味道香溢赣菜美食文化节等节庆活动。策划一系列针对抚州重点旅游产品的主题营销活动，形成"大节庆相串、小节庆不断、季季有主题、时时有活动"的节庆发展态势。加强跨界合作营销，推进体育赛事活动营销。引进山地自行车户外运动赛事，逐步扩大赛事活动在国内乃至国际的知名度。进一步开发本地特色创意活动，如橘文化、傩文化、"妆迎"文化等。积极参与旅游交易会、旅游展销会，开展展会营销。大力发展乡村节庆，做大乡村旅游品牌。开展"寻找最美抚州"摄影大赛、书画大赛等营销活动，以大事件快速吸引旅游消费。

三、创新消费营销方式。创新文化旅游惠民卡营销。鼓励文化旅游企业和商户加盟文化旅游惠民卡，面向部分企事业单位、旅行社等发放团体卡。开展云平台电子文惠券补贴工作。继续实施"消费＋补贴"活动，引入包括剧目展演、图书、电影、文创产品、文博、景区门票在内的文化旅游商户入驻，同时增加银联、支付宝、微信等常用的在线支付方式，对消费用户进行精准补贴。开展《抚州文化旅游智库》建设项目，每年聘请业内专家来抚州调研把脉，制定发布《抚州文旅产业白皮书》，组织专家学术论坛，统一包装、发布、宣传推广抚州文旅年度发展成果，建立常态化文旅形象宣传推广的智库平台。

第六节 错位推动地方文化产业发展

抚州各地要厘清文化资源和产业基础，因地制宜选择文化产业驱动模式，错位推动文化产业发展。总结现有经验，已经可以有四种选择（见表6-1）：

在经济文化发展水平高、某些文化行业在全国乃至全球已经建立鲜明优势、有丰沛产业要素的地区，采取创新驱动模式，推动产业创新性、融合性发展，力争形成有强竞争力的产业圈层生态系统。

在经济文化有一定基础、某一两个文化行业有一定优势、某些产业要素较丰富的地区，选择投资驱动模式，推动产业集聚化、精细化发展，力争取得全产业链优势。

在有优质文化或自然资源、产业要素较缺乏、文化产业发展水平较低的地区，选择资源驱动模式，推动产业特色化、品牌化发展，力争打造优势文化产品或品牌。

在文化基础和产业化能力极差的地区，建议把发展重点放在保护服务业上，集中有限的财政资金完善文化公共设施，丰富公共文化供给，或打造特色景观，为文化产业发展创造条件。

第六章 提升文化品牌、促进文化旅游融合发展的政策建议

表 6-1 三种模式的基本发展策略

发展模式	创新驱动型	投资驱动型	资源驱动型
典型特点	创新性、融合性	集聚化、精细化	特色化、品牌化
产业发展策略	聚焦一个或几个高端文化行业，形成产业内圈层；与其他文化行业融合，形成产业中圈层；跨产业融合形成产业外圈层。借助高能平台推动三个圈层联动融合，形成有机、立体的文化产业圈层生态系统	集中投资一两个细分行业，不断延长产业链，逐渐形成行业整体优势。本模式有两个类型：市场投资驱动型和政策投资驱动型。前者主要依靠市场竞争吸引投资集聚；后者主要靠政府依据市场趋势制定产业政策和规划，推动引导投资集聚	选择某些特色资源或产品，通过品牌化运作，开发特色文化产品或服务。这一模式可以下沉到条件合适的县域，发展一县一品
技术升级路径	立足前沿和核心领域，开发自有知识产权的技术	以引进为主，自主开发为辅	依托传统技术的，主要对传统技术进行创新性转化和创造性利用；需要现代技术的，以引进为主
空间形态	人文产城融合形态和文化功能空间内集聚形态并存	在文化功能空间内集聚发展	因地制宜实行散点或集聚发展；依托文化生态空间的，采取文化生态整体保护利用模式
辐射范围	立足区域，引领全国，辐射全球	立足本省，引领区域，辐射全国	立足本地，引领全省，面向全球

第七节 做好普惠性公共政策服务

一是各地政府要坚持市场竞争中立原则，加大文化政策创新。建立完善的政、产、研、消交流合作平台，广泛征求各方意见，不断优化公共政策服务供给的环境。处理好政府与市场的关系，加快破除各种体制机制障碍，推动文

化、科技、人才、金融等生产要素在更大范围合理配置和有序流动。实施市场准入负面清单制度和公平竞争审查制度，保障各类市场主体依法平等使用各类文化生产要素。按照政企分开、政事分开的原则，推动政府部门由文化管制型向文化服务型转变，把部门职能与目标更多地转向维护公民文化权益、满足公民文化需求上来，提升政府配置公共文化资源、管理文化市场和引导社会力量参与的能力。完善管理体制机制，创新公共文化服务内容和形式，规范各级各类公共文化设施服务项目和服务流程，完善内部管理制度，提高管理效能和服务水平。充分吸纳市场主体、社会团体、行业协会、基层群众、媒体机构参与到文化治理的各项活动中。

二是完善政策保障体系，推进区域文化发展。健全统一的城市文化品牌规划体系，坚持以"十四五"规划纲要为统领，以文化发展规划为基础，各区县、有关部门要以抚州市统一的文化品牌建设目标任务为指导，科学编制地区专项规划，形成定位准确、边界清晰、功能互补、统一衔接的规划体系。建立各级政府部门、文化企业、公共服务信息资源协同共享机制，提高服务精准化、专业化、便利化水平。发挥文化产业行业协会、商会等社会组织行业自律、交流协作、维护权益等服务作用，构建汇聚文化企业、资源要素、渠道平台、专家智库等的协同合作机制。建立跨区域合作组织平台和开放平台，确保开发利用中的一致性、完整性，避免无序竞争和人为割裂，发挥资源利用效益的最大化。

三是充分整合区域文旅资源，构建区域 IP 矩阵和产业体系。围绕区域 IP 打造 IP 化的区域产业体系，以 IP 带动要素资料自由流动，整合利用区域文化资源。

四是构建优良的营商环境，运用文化产业减税、降费、降息、减少审批等普惠性政策工具，努力构建"政策＋市场化平台＋服务＋产业生态圈"的良好融资形态，促进政策与市场良性循环。把文化市场综合行政执法事项纳入地方综合行政执法指挥调度平台，统一管理，积极推行"互联网＋统一指挥＋综合执法"，加强部门联动和协调配合，优化营商环境。制定文化市场综合行政执法事项指导目录，规范文化市场综合行政执法的事项、职权、依据、主体等，增强执法的规范性。提升执法队伍能力素质，举办文化市场综合执法岗位

>> 第六章 提升文化品牌、促进文化旅游融合发展的政策建议 <<

练兵、技能比武活动。充分发挥12301国家智慧旅游公共服务平台、抚州智慧旅游平台、旅游服务热线作用，畅通消费者投诉渠道，定期开展在线旅游产品及信息专项整治，维护好旅游市场秩序。开展文化市场执法领域保护未成年人合法权益专项行动，加强对文化市场经营场所、营业性演出活动的执法检查，集中查处损害未成年人合法权益的违法违规行为。

第七章 打造"音乐之都"("中国戏曲之都"),构建世界知名创意城市网络

创意城市网络(UNESCO Greative Cities Natwork Network,简称UCCN)是联合国教科文组织积极推动城市可持续发展、强化城市之间互动与借鉴的重要探索,是城市参与国际文化交流交往的重要途径。我国已有北京、上海、抚州等14个城市成为创意城市网络之"设计之都"等六大领域的成员,但尚未有城市入选"音乐之都"。申报创意城市网络之"音乐之都",对抚州打造"中国戏曲之都"、增强抚州的国际影响力和培育新经济增长点,具有积极的促进作用。建议抚州成立以市委主要领导为核心的申都工作专班和促进中心(办公室)、设立申都工作文本撰写课题组和专家委员会,推进申都工作全面展开。

第一节 创意城市网络的宗旨及中国城市入选该网络的整体状况

2004年,教科文组织正式创建创意城市网络。创意城市作为一种城市发展战略开始受到人们的关注。联合国教科文组织认为,当今世界上一半以上的人口生活居住在城市,四分之三的经济活动集中在城市,人口的不断增长和经济活动的不断聚集,使城市资源的消耗和环境的压力越来越大,资源消耗型的城市发展模式不可持续。因此,联合国教科文组织认为:"鉴于当代经济、环境、人口或社会问题,必须定期重新评估和重新设计城市发展战略。"[1]为推动城市的可持续发展,寻找城市新的驱动力和发展模式,文化创意的重要性逐渐

---

[1] UNESCO Creative Cities Programme for Sustainable Development[R/OL]. https://unesdoc.unesco.org/ark:/48223/pf0000264238.

第七章 打造"音乐之都"("中国戏曲之都"),构建世界知名创意城市网络

得到凸显。

联合国教科文组织积极落实"2030发展议程",通过创意城市网络监测"2030发展议程"实施进展情况,并将其纳入联合国大会的报告中。"今天,创意正在成为我们所看到的改变城市最有希望的途径之一。无论是通过振兴当地经济,重新考虑交通或住房政策,开辟城市空间,还是为年轻人开辟新的视野,创意都是城市出台政策和举措的背后驱动力之一……(城市政策的制定者)将创意视为解决当代城市问题的创新战略杠杆,无论是在经济,社会还是环境方面。"[1]可见创意是推动城市可持续发展的重要力量。

联合国教科文组织作出有关文化多样性的宣言、公约和倡议,鼓励各成员城市之间"优先组织'文化和发展'与'可持续发展'等主题的全球发展战略论坛,建立共同发展的伙伴关系",[2]并依此为平台分享城市发展经验。从总体来说,创意城市对文化多样和文化创造力的重视和强调,有助于城市在发展过程中彰显特有的文化谱系,促进文化与创意、科技、经济等要素互动,形成可持续的新型发展模式。联合国教科文组织创意城市网络中的创意城市都拥有一种新的城市发展模式。创意是现代社会经济可持续发展的战略要素,创意融入城市发展,能够增强城市创新发展的驱动力,繁荣文化生产,丰富文化供给和服务,改善文化生活的品质,增强人民群众的获得感。

创意城市网络每两年申报一次。目前,已经有80多个联合会教科文组织会员国的246个城市入围,其成员分别被命名为"文学之都""电影之都""设计之都""音乐之都""手工艺与民间艺术之都""媒体艺术之都"和"美食之都"。其中"音乐之都"有59个,分别是塞维利亚(西班牙)、根特(比利时)、波哥大(哥伦比亚)、滨松(日本)、金沙萨(刚果民主共和国)、麦德林(哥伦比亚)、金奈(印度)、瓦拉纳西(印度)、安汶(印度尼西亚)、维斯普雷姆(匈牙利)、大邱(韩国)、统营市(韩国)、奥克兰(新西兰)、西班牙港(特立尼达和多巴哥共和国)、卡托维兹(波兰)、阿德莱德(澳大利亚)、堪萨斯城(美国)、汉诺威(德国)、曼海姆(德国)、阿拉木图(哈萨克斯坦)、索

---

[1] UNESCO Creative Cities Programme for Sustainable Development[R/OL]. https://unesdoc.unesco.org/ark:/48223/pf0000264238.

[2] 联合国教科文组织官网,网址 http://en.unesco.org/creative-cities/.

维拉（摩洛哥）、佩萨罗（意大利）、博洛尼亚（意大利）、金斯顿（牙买加）、格拉斯哥（英国）、利物浦（英国）、莫雷利亚（墨西哥）、新伊达尼亚（葡萄牙）、阿马兰蒂（葡萄牙）、莱里亚（葡萄牙）、布尔诺（捷克共和国）、巴耶杜帕尔（哥伦比亚）、布拉柴维尔（刚果共和国）、萨尔瓦多（巴西）、瓦尔帕莱索（智利）、弗鲁迪亚（智利）、拉马拉（巴勒斯坦）、梅斯（法国）、普拉亚（佛得角）、北雪平（瑞典）、圣多明各（多米尼加共和国）、克尔谢希尔（土耳其）、喀山（俄罗斯）、哈瓦那（古巴）、弗拉涅（塞尔维亚）、利里亚（西班牙）、萨南达季（伊朗）、塔林（爱沙尼亚）、古巴圣地亚哥（古巴）、路易港（毛里求斯）、万卡约（秘鲁）、哈拉帕（墨西哥）、阿布扎比（阿联酋）、累西腓（巴西）、伊瓦格（哥伦比亚）、巴统（格鲁吉亚）、伦敦（加拿大）、哈尔科夫（乌克兰）、贝尔法斯特（英国）。

我国历来重视和支持联合国教科文组织创意城市网络的各项工作。2013年，中国召开首届联合国教科文组织创意城市北京峰会。峰会以"魅力创意·美丽城市"为主题，指出全球化时代城市面临多重挑战，管理者必须积极寻求解决危机的创新方案。2016年，召开第二届联合国教科文组织创意城市北京峰会，峰会以"城市的创意与未来"为主题，形成了《北京议程》等成果文件，肯定创意作为可持续发展的支柱是城市可持续发展的关键。截至目前，中国共有14个城市入选联合国教科文组织创意城市网络，但"音乐之都"尚无城市加入。

表 7-1 入选联合国教科文组织创意城市网络的中国城市

称号	城市名称	授予时间	备注
设计之都	深圳	2008	首个加入联合国教科文组织创意城市网络的中国城市
	上海	2010	
	北京	2012	
	武汉	2017	

续表

称号	城市名称	授予时间	备注
美食之都	成都	2010	首个获此称号的亚洲城市
	顺德	2014	
	澳门	2017	
	扬州	2019	
	淮安	2021	
手工艺与民间艺术之都	杭州	2012	中国首个获此称号的城市
	景德镇	2014	
	苏州	2014	
	潍坊	2021	
媒体艺术之都	长沙	2017	中国首个获此称号的城市
电影之都	青岛	2017	中国首个获此称号的城市
文学之都	南京	2019	中国首个获此称号的城市
音乐之都	—	—	—

第二节　抚州申报加入创意城市网络和打造"音乐之都"的基础、优势、意义

一、音乐文化资源丰富、历史悠久

汤显祖被联合国教科文组织列为世界100位文化名人之一，被誉为"东方莎士比亚"，是一个可与世界对话的"世界名牌"。汤显祖创作的"临川四梦"成为抚州走向世界的音乐作品。同时，江西的戏曲资源丰富，赣地本土文化在千年的传承中，生动演示了中国戏曲这一艺术形态从发生到成熟直至鼎盛的整个动态历史进程，这为抚州申报和打造创意城市网络"音乐之都"提供了坚实的文化支撑。

二、"中国戏曲之都"已具有一定的国际影响力

目前,抚州正在打造"中国戏曲之都",充分发挥汤显祖文化品牌的影响力,加强中国在戏曲传承、弘扬和创新筹办汤显祖戏剧节、采茶戏会演、汤显祖剧作展演暨国际高峰学术论坛,举办纪念汤显祖、莎士比亚、塞万提斯逝世400周年等系列活动,成立汤显祖国际研究中心等。尤其是近年通过邀请10多个"一带一路"沿线国家(地区)、英国、意大利、西班牙、法国、俄罗斯、加拿大、朝鲜等国家的特色节目参加抚州戏剧文化活动,极大提升了抚州"中国戏曲之都"的国际影响力。

三、申报创意城市网络"音乐之都",填补中国在此领域空白

创意城市网络能实现在国际层面参与世界城市之间的文化对话与交流。申报和打造"音乐之都"有助于提升抚州"中国戏曲之都"的文化内涵和世界影响力。目前,我国在创意城市网络中,已在6个领域拥有会员城市,"音乐之都"仍为空白。从音乐的文化渊源、历史传承、世界影响的角度,抚州申报创意城市网络"音乐之都"具有较大的优势,且一旦成功,抚州就成为中国首个获此殊荣的城市,中国就成为在七大领域都有代表性城市的国家,具有重大的突破意义。同时,申报和打造"音乐之都"对于抚州在更深层次上推动"中国戏曲之都"建设,"以戏为媒"促进文化与旅游融合和社会经济全面发展,参与世界城市文化竞争,具有重大的带动作用。

第三节 申报加入创意城市网络和打造"音乐之都"的建议措施

一、加强组织领导,成立以市委主要领导为组长的申都工作领导小组

加强组织领导,成立以市委主要领导总牵头,宣传部、文旅局为执行单

位、戏曲研究中心、演艺场馆、戏曲教学单位、戏曲博物馆等相关机构为协作单位的工作专班，完善申都的顶层设计，做好创意城市网络"音乐之都"的申报工作。加强与联合国教科文组织、中国联合国教科文组织全国委员会秘书处（简称秘书处），以及国内外其他城市的交流与合作。成立抚州"音乐之都"促进中心（办公室），以此作为与教科文组织、秘书处和其他创意城市网络成员的对接机构，推动申都工作的顺利开展。

二、推进申都工作，设立申都工作文本撰写课题组和专家委员会

申报文本是创意城市网络评选的重要依据。鉴于文本本身的重要性，以及申报文本需要对抚州戏曲文化资源做大量调研、浓缩和提炼，建议设立"抚州申报创意城市网络'音乐之都'文本撰写课题组"和专家委员会，加强申报文本的组织撰写工作。专家委员会建议由抚州本地政府官员、文化名人、音乐领域精英和外地知名学者等多领域主体组成。建议"申都文本课题组"由具有撰写经验的团队担任。抚州市要为撰写团队充分调研抚州戏曲文化及相关产业提供支持与保障。

三、统筹发展资源，制订实施推动戏曲文化及相关产业专项发展规划或行动计划

专项发展规划或行动计划是联合国教科文组织考察的重要内容之一。要围绕建设"中国戏曲之都"，制订实施推动戏曲文化及相关产业专项发展规划或行动计划，从基础成效、规划背景、总体要求、空间布局、产业拓展、建设国际音乐传播交流中心、加快音乐基础设施互联互通、构建具有国际竞争力的现代音乐产业体系、推进音乐文化建设、紧密合作共同参与"一带一路"建设等层面，进行规划和设计，打造"以戏为媒、以文化城"的音乐文化品牌。通过融合发展提高音乐和文化旅游产业对抚州经济增长的带动性和贡献率。推动音乐与旅游、设计、影视、传媒、文学、乡村等领域的融合发展。把抚州建设成为区域音乐文化的引领者和创造者、中国戏曲文化的传承和创新基地。把建

设具有一定全球影响力的音乐文化中心拟定为远期目标,把初步形成国际音乐文化机构和人才聚集、音乐产业快速发展、推动音乐与其他产业融合发展、有效增进民生福祉拟定为近期目标。

四、搭建交流平台,加强抚州与国内外城市的音乐交流合作

加强抚州"中国戏曲之都"与其他国际音乐之都的文化交流,积极参与国际戏剧节会演,维护和展示音乐文化的多样性,增进文化交融。与国际友好城市签订文化交流协议,加强双方在音乐、艺术、体育、经济等各领域的交往,深化友好合作。打造"汤显祖国际戏剧节",设立"汤显祖国际戏剧奖",邀请世界各地戏剧组织、演出团体参与,提升"汤显祖国际戏剧节"影响力。戏剧节以一年或双年一主宾国(地区)的形式,推介抚州及其他国家音乐、艺术和旅游资源,促进城市之间的相互了解,构建友好交流平台。积极推动抚州与中国其他城市尤其是创意城市网络成员的互动交往,加强城市与城市之间的联系,增强抚州作为"中国戏曲之都"的文化影响力。

案例篇

　　抚州，人文丰沛，自然丰富，具有悠久的书院文化、红色文化、生态文化、戏曲文化等，这些IP资源是支撑其建设"国际文化高地"的重要宝贵资源。本章将抚州文化IP资源进行了梳理，为城市发展助力。

第八章 抚州文化 IP 资源梳理

第一节 经典文艺作品

一、古代优秀文艺作品

1. 汤显祖与"临川四梦"

"临川四梦",又称玉茗堂四梦,是明代著名剧作家汤显祖的 4 部重要戏剧作品的合称,具体包括《牡丹亭》《紫钗记》《邯郸记》和《南柯记》。这 4 部作品各有其特色和主题,构成了汤显祖丰富多样的创作风貌。这 4 部作品不仅展现了汤显祖深厚的文学功底和独特的艺术视角,也反映了他对社会现实的深刻洞察和独特见解。因此,"临川四梦"不仅成就了汤显祖的历史地位,也在中国戏曲史上留下了深刻的印记。

《牡丹亭》是"临川四梦"中最为人所熟知的作品,它以浓郁的浪漫主义色彩描绘了一段人鬼情未了的爱情故事,被誉为中国戏剧史上的杰作之一。《牡丹亭》与《西厢记》《窦娥冤》《长生殿》合称"中国四大古典戏剧"。

《紫钗记》则是汤显祖青年时期的作品,讲述了陇西才子李益与霍小玉的爱情故事。才子李益元宵夜赏灯,遇才貌俱佳的霍小玉,两人一见倾心,后李益经过中状元、得罪卢太尉、灞桥伤别、黄衫客相助等一系列事件,与霍小玉喜结连理。

《邯郸记》讲述了一个名叫卢生的穷书生在邯郸遇见了八仙之一的吕洞宾的故事。书生卢生在与吕洞宾的交谈中,表达了对自己命运不济的抱怨,于是吕洞宾赠给他一个瓷枕让他入睡。卢生在梦中经历的一系列宦海风波,醒来后发现店小二做的饭还没有做好，卢生方知道那一切都是黄粱一梦。

《南柯记》讲述唐代东平游侠淳于棼因酒失去了淮南军裨将之职。闲居扬州之时，在孝感寺听契玄禅师讲经。在经堂里，淳于棼来到槐安国（即蚂蚁国），被招为驸马，后任南柯太守，政绩卓著。公主死后，他被召回宫中，加封左相。然而他权倾一时，淫乱无度，终于被逐。醒来却发现是一梦，淳于棼被契玄禅师度他出家。

2. 拟岘台相关作品

拟岘台是位于抚州市抚河之畔的一座宋代风格的江南名胜古迹。拟岘台与河北的幽州台、山西的鹳雀楼、赣州的郁孤台等都是古代著名的观景台，有诗形容它为"占断江西景，临川拟岘台"。拟岘台始建于北宋嘉祐二年（1057），历经千年，屡经废兴。曾有文人墨客在拟岘台留下大量诗文，总计赋2篇、记8篇、诗100余首。曾巩、王安石、陆游等都曾作过有关拟岘台的诗文。其中较为著名的莫过于曾巩的《拟岘台记》。

（1）曾巩

拟岘台记

尚书司门员外郎晋国裴君治抚之二年，因城之东隅作台以游，而命之曰拟岘台，谓其山溪之形，拟乎岘山也。数与其属与州之寄客者游其间，独求记于予。

初，州之东，其城因大丘，其隍因大溪，其隅因客土以出溪上。其外连山高陵，野林荒墟，远近高下，壮大闳廓，怪奇可喜之观，环抚之东南者，可坐而见也。然而雨隳潦毁，盖藏弃委于榛丛荑草之间，未有即而爱之者也。君得之而喜，增甓与土，易其破缺，去榛与草，发其亢爽，缭以横槛，覆以高甍，因而为台，以脱埃氛，绝烦嚣，出云气而临风雨。然后溪之平沙漫流，微风远响，与夫波浪汹涌，破山拔木之奔放，至于高桅劲橹，沙禽水兽，下上而浮沉者，皆出乎履舄之下。山之苍颜秀壁，巅崖拔出，挟光景而薄星辰。至于平冈长陆，虎豹踞而龙蛇走，与夫荒蹊聚落，树阴晻暧，游人行旅，隐见而断续者，皆出乎衽席之内。若夫云烟开敛，日光出没，四时朝暮，雨旸明晦，变化不同，则虽览之不厌，而虽有智者，亦不能穷其状也。或饮者淋漓，歌者激烈；或靓观微步，旁皇徙倚。则得于耳目与得之于心者，虽所寓之乐有殊，而亦各适其适也。

抚非通道，故贵人蓄贾之游不至。多良田，故水旱螟螣之灾少。其民乐于耕桑以自足，故牛马之牧于山谷者不收，五谷之积于郊野者不垣，而晏然不知桴鼓之警，发召之役也。君既因其土俗，而治以简静，故得以休其暇日，而寓其乐于此。州人士女，乐其安且治，而又得游观之美，亦将同其乐也，故予为之记。其成之年月日：嘉祐二年之九月九日也。

曾巩的《拟岘台记》以建台的前后经过和抚州山林的独特风格为主线，勾勒出了壮美的山水画卷。在细腻描绘这些美景的同时，他对开垦荒地、建设台基的辛勤付出给予了肯定。他含蓄地鼓励裴君为政清廉，与百姓共享欢乐，并巧妙地借助应酬文字来阐述严肃的政治议题。这篇作品表现手法高超，言辞恳切，且颇具文采。近代学者林纾对这篇文章大加赞赏，称其"如泉之流，几乎一发不可收拾"。

（2）陆游

南宋淳熙六年（1179）秋，爱国诗人陆游从提举福建路常平茶盐公事，十二月到抚州仁所。在抚州期间，曾多次登游拟岘台吟唱，以拟岘台为主题留诗多首。

登拟岘台

层台缥缈压城闉，依杖来观浩荡春。
放尽樽前千里目，洗空衣上十年尘。
萦回水抱中和气，平远山如酝藉人。
更喜机心无复在，沙边鸥鹭亦相亲。

登拟岘台

憔悴思吴客，凄凉拟岘台。
一年秋欲到，两鬓老先催。
袅袅菱歌断，翩翩水鸟来。
倚阑哦五字，未稳莫轻回。

拟岘台观雪

垂虹亭上三更月，拟岘台前清晓雪。
我行万里跨秦吴，此地固应名二绝。
山川灭没雪作海，乱坠天花自成态。
狂歌痛饮豪不除，更忆衔枚驰出塞。
芦摧苇折号饥鸿，欲傅粉墨无良工；
摩挲东绢三叹息，收入放翁诗卷中。
明朝青天行日毂，万瓦生烟失琼玉。
世间成坏本相寻，却看晴山晕眉绿。

雨后独登拟岘台

高城断处阁横空，目力虽穷兴未穷。
燕子争泥朱槛外，人家晒网绿洲中。
谁能招唤三秋月？我欲凭陵万里风。
更比岘山无湛辈，论交惟是一枝筇。

冒雨登拟岘台观江涨

雨气昏千嶂，江声撼万家。
云翻一天墨，浪蹴半空花。
喷薄侵虚阁，低昂泛断槎。
壮游思夙昔，乘醉下三巴。

（3）王安石

为裴使君赋拟岘台

君作新台拟岘山，羊公千载得追攀。
歌钟殷地登临处，花木移春指顾间。
城似大堤来宛宛，溪如清汉落潺潺。
时平不比征吴日，缘带尤宜向此闲。

3.颜真卿与《有唐抚州南城县麻姑山仙坛记》

颜真卿在担任抚州刺史期间，多次登上南城麻姑山进行游览。那里的美景和神奇传说给他留下了深刻的印象。大历六年（771）四月，他再次登上麻姑山，欣赏着麻姑山仙坛的美景，突然产生了强烈的书写欲望。他挥毫泼墨，写下了《有唐抚州南城县麻姑山仙坛记》，这篇作品共有九百余字。颜真卿的书法风格刚健遒劲，布局大气磅礴，这篇作品被世人誉为"天下第一楷书"。无论是从书法艺术的角度，还是从历史文化的角度来看，《有唐抚州南城县麻姑山仙坛记》都是一篇珍贵的文献。它不仅展示了颜真卿的书法造诣，还记录了麻姑山的优美环境和神奇传说，为我们了解唐代地方文化和历史提供了重要的资料。

有唐抚州南城县麻姑山仙坛记

麻姑者，葛稚川《神仙传》云：王远，字方平，欲东之括苍山，过吴蔡经家，教其尸解，如蛇蝉也。经去十余年，忽还，语家言："七月七日，王君当来过。"到期日，方平乘羽车，驾五龙，各异色，旌旗导从，威仪赫奕，如大将也。既至，坐须臾，引见经父兄。因遣人与麻姑相闻，亦莫知麻姑是何神也。言："王方平敬报，久不行民间，今来在此，想麻姑能暂来。"有顷，信还。但闻其语，不见所使人。曰："麻姑再拜，不见忽已五百余年。尊卑有序，修敬无阶。思念久烦，信承在彼，登山颠倒。而先被记，当按行蓬莱，今便暂往，如是便还，还即亲观，愿不即去。"如此两时间，麻姑来，来时不先闻人马声。既至，从官当半于方平也。麻姑至，蔡经亦举家见之。是好女子，年十八九许，顶中作髻，余发垂之至腰。其衣有文章，而非锦绮，光彩耀日，不可名字，皆世所无有也。得见方平，方平为起立，坐定，各进行厨。金盘玉杯，无限美膳，多是诸华，而香气达于内外。擗麟脯行之。麻姑自言："接侍以来，见东海三为桑田。向间蓬莱水，乃浅于往者，会时略半也，岂将复还为陆陵乎？"方平笑曰："圣人皆言，海中行复扬尘也"。麻姑欲见蔡经母及妇，经弟妇新产数十日，麻姑望见之，已知，曰："噫！且止勿前。"即求少许米，便以掷之，坠地即成丹沙。方平笑曰："姑故年少，吾了不喜复作此曹狡狯变化也。"麻姑手似鸟爪，蔡经心中念言："背痒时，得此爪以把背，乃佳也。"方平已知经心中念言，即使人牵经，鞭之曰："麻姑者，神人，汝何忽谓其爪可以把背耶？"见鞭著经背，亦不见有人持鞭者。方平告经曰："吾鞭不可妄得也。"

大历三年，真卿刺抚州。按《图经》，南城县有麻姑山，顶有古坛，相传云，麻姑于此得道。坛东南有池，中有红莲，近忽变碧，今又白矣。池北下坛，傍有杉松，松皆偃盖，时闻步虚钟磬之音。东南有瀑布，淙下三百余尺。

东北有石崇观，高石中犹有螺蚌壳，或以为桑田所变。西北有麻源，谢灵运诗题《入华子冈是麻源第三谷》，恐其处也。源口有神，祈雨辄应。开元中，道士邓紫阳于此习道，蒙召入大同殿，修功德廿七年，忽见虎驾龙车，二人执节于庭中，顾谓其友竹务猷曰："此迎我也，可为吾奏，愿欲归葬本山，仍请立庙于坛侧。"玄宗从之。天宝五载，投龙于瀑布石池中，有黄龙见。玄宗感焉，乃命增修仙宇、真仪、侍从、云鹤之类。

於戏！自麻姑发迹于兹岭，南真遗坛于龟源，花姑表异于井山。今女道士黎琼仙，年八十而容色益少；曾妙行梦琼仙而餐花绝粒；紫阳侄男曰德诚，继修香火；弟子谭仙岩，法箓尊严；而史玄洞，左通玄，邹郁华，皆清虚服道，非夫地气殊异，江山炳灵，则曷由纂懿流光，若斯之盛者矣。真卿幸承余烈，敢刻金石而志之。时六年夏四月也。

4.曾巩与《墨池记》

墨池位于江西省抚州市临川区，传说是东晋大书法家王羲之洗笔砚的地方。据传说，王羲之在池边习字时，池水被他的笔墨染黑。曾巩对王羲之非常钦佩，于庆历八年（1048）九月专程来到临川，凭吊墨池遗迹。当时州学教授王盛请他为"晋王右军墨池"作记，于是曾巩根据王羲之的逸事，写下了散文《墨池记》。

这篇文章从传说中的王羲之墨池遗迹入手，没有过多讨论墨池的真实性，而是将重点放在了王羲之本人身上。曾巩强调了王羲之的成功并非偶然，而是他后天不懈努力的结果。他指出，一个人要想取得成功，必须不断努力学习。曾巩在文章中写道："夫人之有一能，而使后人尚之如此，况仁人庄士之遗风余思，被于来世者何如哉！"意思是说，一个人只要有一技之长，就能受到后人的尊重，更不用说那些品德高尚、行为庄重的人留下的精神和思想遗产对后世的影响了。曾巩的文章不仅表达了对王羲之的敬仰和赞美，更深入探讨了学习的重要性。

墨池记

临川之城东，有地隐然而高，以临于溪，曰新城。新城之上，有池洼然而方以长，曰王羲之之墨池者，荀伯子《临川记》云也。羲之尝慕张芝，临池学书，池水尽黑，此为其故迹，岂信然邪？

方羲之之不可强以仕，而尝极东方，出沧海，以娱其意于山水之间；岂其徜徉肆恣，而又尝自休于此邪？羲之之书晚乃善，则其所能，盖亦以精力自致者，非天成也。然后世未有能及者，岂其学不如彼邪？则学固岂可以少哉，况欲深造道德者邪？

墨池之上，今为州学舍。教授王君盛恐其不章也，书"晋王右军墨池"之六字于楹间以揭之。又告于巩曰："愿有记。"推王君之心，岂爱人之善，虽一能不以废，而因以及乎其迹邪？其亦欲推其事以勉其学者邪？夫人之有一能而使后人尚之如此，况仁人庄士之遗风余思被于来世者何如哉！

庆历八年九月十二日，曾巩记。

5.疏山寺相关作品

疏山寺，位于江西省抚州市金溪县的疏山群岭的一座寺庙，距离金溪县城西郊28公里。它有着上千年的悠久历史。它最初名为白云寺，后来由于唐朝时期名士何仙舟在此筑室读书，它被赋予了新的名字——何仙舟读书处。自此，疏山也获得了"书山"的美誉。在寺庙的鼎盛时期，这里的僧侣人数多达千人，是曹洞宗和临济宗两派禅宗的重要传教圣地。无数信徒在这里寻求精神的指引和教诲，使疏山寺成为当时中国南方最重要的佛教中心之一。

（1）虞集作品

次韵太朴良友对何仙舟读书山中见怀之作

得谢荷休泽，逍遥在岩阿。结庐庇风雨，樊圃塞藤萝。

塞坐古人书，日夕犹咏歌。追念少壮日，玩愒亦已多。

兢兢事补塞，奈此迟暮何。美人百里内，邈若隔山河。

兴怀贻好音，缊藉三春花。报言慎芳岁，卷石崇巍峨。

（2）曾巩作品

疏山

素楹丹槛势凌空，一亩萧然四望通。

幽事每寻佳客共，高情还与古人同。

满山钟磬苍烟下，绕壑松篁晚照中。

会了功名须到此，长依荷蕙向秋风。

(3) 胡寅作品

胡明仲，名寅，字明仲，南宋建宁崇安县（今属江西省抚州市）人，湖湘学派奠基人，文定公胡安国之长子，曾多次游历疏山寺。为疏山寺作有七言律诗一首。

过疏山题一览亭，梁溪公所书也二首　其一

> 手遮西日到书山，忽得昏鸦敛翅间。
> 未暇捻香参佛祖，且须幞被叩禅关。
> 月林散影参差净，风磬传音窈渺闲。
> 拟买一廛通水竹，杖藜他日寄疏顽。

(4) 曾纡作品

疏山

> 江海相望二十年，依前肮脏倚门边。
> 家风敢谓庞居士，句法空悲孟浩然。
> 想见风流继莲社，应传图画入斜川。
> 病夫诗思犹艰窘，正似潮回上水船。

(5) 李浩作品

李商叟，名浩，字德远，临川（今属江西省抚州市）人。宋绍兴十二年（1142）进士，官拜吏部侍郎，曾游历疏山寺，并留有千言绝句诗一首。

疏山

> 忙中安得此身闲，杖策西风自往还。
> 今日已偿云水债，篮舆带雨下疏山。

(6) 赵时焕作品

赵时焕，南宋著名诗人、文学家。多次游历疏山，为疏山作有七言绝句一首。

疏山

> 两到临川愧罔功，只凭心事对苍穹。
> 江乡又喜今年熟，一笑归田作好冬。
> 重访招提恰六年，松风萝月故依然。
> 世间万事都休问，燕坐看山是好禅。

(7) 曾季狸作品

曾季狸,字裘父,自号艇斋,南丰县(今属江西省抚州市)人。曾巩弟曾宰之曾孙,早年科考不顺,后无意仕途。师事江西诗派吕本中、韩驹,与朱熹、张栻有书信往来。绍兴年间与陆游相唱和,陆游称其"文辞通澹简远"。常往来疏山,并作有七言经理一首。

疏山

来往疏山四十年,主人与客两华颠。
此心不改澄河见,往事休论过乌然。
无复仙舟遗迹在,空余矮叔一灯传。
危亭独上穷登眺,古木苍藤绕暮烟。

(8) 艾申作品

疏山

夹道苍松六月寒,尘埃只隔白云间。
重游恰是十年后,往事空惊一梦间。
杰阁漫夸新卜筑,危亭不似旧跻攀。
凭谁说与矮师叔,投老求分一半山。

(9) 黎近华作品

疏山

杖藜徐步兴何长,宛宛岚光接水光。
蝉噪荒林桐叶老,风回半野稻花香。
却过萧寺寻僧话,又入松轩卧晚凉。
雨后微云山更好,与君行李未须忙。

6. 杨志坚与《送妻诗》

抚州学子杨志坚,虽然家境贫寒,但对学习的热情从未减退。他的妻子无法忍受贫困的生活,向他提出了离婚的要求。杨志坚感到无奈,他以一首《送妻诗》表达了自己决心读书的坚定信念,并最终同意了离婚。他的妻子将这首诗作为离婚的证据呈交给了颜真卿。颜真卿读完杨志坚的诗后,对他的遭遇深感同情,并对他的苦读精神表示钦佩。他批评了杨志坚的妻子嫌贫爱富的行为,并赠送给杨志坚布匹和粮食,让他留在官署任职。颜真卿还将《按杨志坚妻求别适判》公之于众，这篇判词对于临川地区良好学风和淳朴婚俗的形成起到了积极的引导作用。

送妻

平生志业在琴诗，头上如今有二丝。

渔父尚知溪谷暗，山妻不信出身迟。

荆钗任意撩新髻，明镜从他别画眉。

今日便同行路客，相逢即是下山时。

7. 晏殊与《金柅园》

金柅园是临川府衙的后花园。晏殊自小在临川长大，曾在金柅园与乡党名流聚会，回乡省亲时又遇上了故友，在金柅园再度开宴。

金柅园

临川楼上柅园中，十五年前此会同。

一曲清歌满樽酒，人生何处不相逢。

8. 汤显祖与文昌桥

文昌桥位于江西省抚州市临川区，桥跨抚河两岸，始建于南宋乾道元年（1165），是抚河上的第一座桥梁，有800多年的历史。

七夕文昌桥口占

共言乌鹊解填桥，解度天河织女娇。

织锦机中闻叹息，穿针接上倚逍遥。

新欢正上初弦月，旧路还惊截道飙。

并语人间多情子，今宵才是可怜宵。

文昌桥遇饶仑

独上飞梁俯白沙，逢君吐属自清华。

生烟翠气纡寒日，染月红云作暮霞。

夹岸莎鸡鸣自促，翻林获雁影迥斜。

游倏未厌临秋水，余论时能借五车。

9. 李觏与《和苏著作麻姑十咏》

李觏（1009—1059），字泰伯，号盱江先生，北宋哲学家、思想家、教育家、改革家。他出生于资溪县高阜镇（今属江西省抚州市，也有说法称他出生于南城县），家境贫寒，自称"南城小民"。李觏学问广博，尤其在礼制方面有着精深的研究。他敢于挑战汉、唐诸儒的旧说，坚持自己的见解，推理经义，成为当时儒学界的权威。他创办了盱江书院，因此也被称为"李盱江"，学者们尊称他为"盱江先生"。主要著作《直讲李先生文集》共有37卷。

和苏著作麻姑十咏·鲁公碑

他人工字书，美好若妇女。猗嗟颜太师，赳赳丈夫武。
麻姑有遗碑，岁月亦已古。硬笔可破石，镌者疑虚语。
惊龙索雷斗，口唾天下雨。怒虎突围出，不畏千强弩。
有海珠易求，有山玉易取。唯恐此碑坏，此书难再睹。
安得同宝镇，收藏在天府。自非大祭时，莫教凡眼觑。

和苏著作麻姑十咏·七星杉

五行与万类，有象皆在天。如何彼杉树，反更伴星躔。
子思古昔意，欲媚兹山巅。草木尚有斗，人物谁非仙。
栽培自何代，衰老今多年。大旱不减翠，涉春无益鲜。
生当好世界，过尽闲云烟。房心欲布政，柱石安可捐？

和苏著作麻姑十咏·炼丹井

丹灶久已毁，井泉空独存。此地非常地，今人非昔人。
我愿刀圭药，轻举朝明宸。一言洗天日，万物归阳春。
群仙谁嫉妒，使我身漂沦。俯视废井水，欲饮碍荆榛。
徘徊片云下，泣涕沾衣巾。少壮几何时，且醉樽中醇。

和苏著作麻姑十咏·玳瑁石

前有县大夫，取此石为器。嚣然夸谓予，材与工俱美。
如何尔乡人，器用曾莫备。无乃居荒陬，俗鄙不喜事？
答云此石坚，攻磨动时岁。官用钱出民，民用钱出己。
出民官不知，喜事诚可贵。出己乃伤财，谁能不惜费。
大夫闻此言，如有所忿戾。今君倡是诗，敢以报嘉惠。

和苏著作麻姑十咏·秦人峰

秦法虽甚苛，秦吏若犹拙。山林不数里，俾尔逃得脱。
予观后世事，政役火烈烈。苟非为鬼神，何计避羁绁。

圣皇今在御，百事咸均节。常披诏书意，苦念生财竭。
谁能将顺者，所望在贤哲。无使峰中人，笑我民屠裂。

和苏著作麻姑十咏·流杯池

幽居久不乐，心死如湿灰。闻言山有池，仙客曾流杯。
披衫向西坐，欲望无崇台。何当命游宴，尽聚不羁才。
顾恐狭隘地，未足开吾怀。仰手剧河汉，决向天南来。
移舟复转岳，壅遏成环回。横持北斗柄，量尽酒星醅。
箕踞接下流，一歈空千罍。八风助吟倡，万怪供嘲谐。
醉来散发卧，蝇声视霆雷。冷笑势利子，茫茫尘土堆。

和苏著作麻姑十咏·碧莲池

碧莲何岁开？我时不得见。于今到池上，只有红莲绽。
红莲非丑恶，物以多为贱。阿蛮虽解舞，不见真妃面。

和苏著作麻姑十咏·虎跑泉

虎跑本何为，彼将对以臆。有如大丈夫，卓尔抱刚直。
盗泉既不饮，谮人亦不食。山中小禽兽，何足劳捉搦。
勇气无所泄，爪地成遗迹。地神嘉乃诚，水源如开辟。
寻常窃六畜，夜傍人墙壁。是与豺狼同，闻此宜惭色。

和苏著作麻姑十咏·丹霞洞

山西十数里，乃是丹霞洞。直上穷云霓，中宽入罂瓮。
红尘生不识，明月手可捧。人家千里庭，泉源六月冻。
风雨气势恶，草木精神竦。灵物少形见，仙官何职贡。
俗缘易厌倦，世事足愁痛。寄语松上鹤，他年期一控。

和苏著作麻姑十咏·葛仙坛

仙翁犹在时，坛上何设施？仙翁一去后，梦草空离离。
下士固大笑，言者多不知。嗟嗟天壤内，共是枯鱼池。

10. 谢逸诗词

谢逸（1068—1112），字无逸，号溪堂先生，临川（今属江西省抚州市）人。宋代诗人，词人。谢逸人品很高，工诗善文，与弟谢薖齐名，并称"二谢"。曾作蝴蝶诗300首，诗中多佳句，人称"谢蝴蝶"。著有《溪堂集》10卷。

蝶恋花

豆蔻梢头春色浅。新试纱衣，拂袖东风软。红日三竿帘幕卷。画楼影里双飞燕。

拢鬓步摇青玉碾。缺样花枝，叶叶蜂儿颤。独倚阑干凝望远。一川烟草平如剪。

踏莎行

柳絮风轻，梨花雨细。春阴院落帘垂地。碧溪影里小桥横，青帘市上孤烟起。

镜约关情，琴心破睡。轻寒漠漠侵鸳被。酒醒霞散脸边红，梦回山蹙眉间翠。

菩萨蛮

暄风迟日春光闹，葡萄水绿摇轻棹。两岸草烟低，青山啼子规。

归来愁未寝，黛浅眉痕沁。花影转廊腰，红添酒面潮。

千秋岁

楝花飘砌。簌簌清香细。梅雨过，萍风起。情随湘水远，梦绕吴峰翠。琴书倦，鹧鸪唤起南窗睡。

密意无人寄。幽恨凭谁洗。修竹畔，疏帘里。歌余尘拂扇，舞罢风掀袂。人散后，一钩淡月天如水。

11. 谢薖诗词

谢薖（1074—1116），字幼盘。抚州临川（今江西省抚州市）人。北宋著名诗人，江西诗派二十五法嗣之一。与兄谢逸齐名，并称"临川二谢"。谢薖与饶节、汪革、谢逸并称为"江西诗派临川四才子"。

夏日游南湖

鞠尘裙与草争绿，象鼻筇胜琼作杯。

可惜小舟横两桨，无人催送莫愁来。

鹊仙桥

月胧星淡，南飞乌鹊，暗数秋期天上。锦楼不到野人家，但门外、清流叠嶂。

一杯相属，佳人何在，不见绕梁清唱。人间平地亦崎岖，叹银汉、何曾风浪！

如梦令

人似已圆孤月。心似丁香百结。不见谪仙人，孤负梅花时节。愁绝。愁绝。江上落英如雪。

醉蓬莱·中秋有怀无逸兄并示何之忱诸友

望晴峰染黛，暮霭澄空，碧天无汉。圆镜高飞，又一年秋半。皓色谁同，归心暗折，听唳云孤雁。问月停杯，锦袍何处，一尊无伴。

好在南邻，诗盟酒社，刻烛争成，引觞愁缓。今夕楼中，继阿连清玩。饮剧狂歌，歌终起舞，醉冷光凌乱。乐事难穷，疏星易晓，又成浩叹。

江神子

破瓜年纪柳腰身。懒精神。带羞嗔。手把江梅，冰雪斗清新。不向鸦儿飞处着，留乞与，眼中人。

水精船里酒粼粼。皱香茵。驻行云。舞罢歌徐，花困不胜春。问着些儿心底事，才靥笑，又眉颦。

减字木兰花

风篁度曲。倦倚银屏初睡足。清簟疏帘。金鸭香消懒更添。

纤纤露玉。风雹纵横飞钿局。颦敛双蛾。凝伫无言密意多。

12.饶节诗词

饶节（1065—1129），字德操，号倚松道人，抚州临川（今江西省抚州市）人。北宋诗僧，江西诗派重要诗人。饶节与谢逸、汪革、谢薖并称"临川四才子"。

偶成

松下柴门闭绿苔，只有蝴蝶双飞来。

蜜蜂两股大如茧，应是前山花已开。

眠石

静中与世不相关，草木无情亦自闲。

挽石枕头眠落叶，更无魂梦到人间。

晚起

月落庵前梦未回，松间无限鸟声催。

莫言春色无人赏，野菜花开蝶也来。

山居杂颂七首·其四

溪边小立听溪声，日到溪心衮衮明。

独木自横人不渡，隔溪黄犊转头鸣。

13. 汪革诗词

汪革（1071—1110），字信民，号青溪，江西临川腾桥（今属江西省抚州市）人。北宋诗人，江西诗派重要诗人。汪革与谢逸、谢薖、饶节并称"临川四才子"。

寄谢无逸

问讯江南谢康乐，溪堂春木想扶疏。

高谈何日看挥麈，安步从来可当车。

但得丹霞访庞老，何须狗监荐相如。

新年更励于陵节，妻子同锄五亩蔬。

岁暮书堂

霜重阶铺纨，风凛肌生粟。

心庄耳目清，思虑无由俗。

春日和韵

晏坐黉堂一事无，居官萧散似相如。

偶违浊酒风前约，不见繁英雨后疏。

贤女浦·其一

贤女标名几度秋，行人抚事至今愁。

湘云楚雨知何处，月冷风悲江自流。

贤女浦·其二

女子能留身后名，包羞忍耻漫公卿。

可怜呜咽滩头水，浑似曹娥江上声。

诗一首

富贵空中花，文章木上瘿。

要知真实地，惟有华严境。

二、当代优秀文艺作品

1. 实景剧《寻梦牡丹亭》

《寻梦牡丹亭》是一部大型沉浸式实景剧,其核心是中国四大古典戏剧之一的《牡丹亭》。该剧在保留原著经典的基础上,结合了电影思维及中国传统的戏曲思维,并首创集游园体验与沉浸交互表演相结合的演出形式,给观众带来全新的视觉体验。为了展现"新、奇、特"的特点,该剧引进了先锋制作理念,利用高科技舞台技术、声、光、电,以大型机械设备为辅助,使观众能够身临其境地参与其中,与剧中人物共同经历入梦、惊梦、寻梦、游梦和圆梦的过程。《寻梦牡丹亭》以实景、实情呈现了明代大文豪汤显祖的巨作《牡丹亭》,力图还原中国古代"客至乐具,豪门清韵"的待客之本,让观众可以更深入地了解中国古代文化的魅力。

2. 盱河高腔·乡音版《临川四梦》

盱河高腔·乡音版《临川四梦》是一部充满艺术魅力和文化内涵的作品。在创作过程中,抚州市政府高度重视,组织了专业的团队,倾注了大量的心血和精力。上海戏剧学院教授曹路生以其深厚的文学功底和丰富的戏剧创作经验,为这部作品提供了优质的剧本。而上海越剧院著名导演童薇薇则以其独特的艺术视角和细腻的表现手法,让这部作品焕发出新的生命。

该作品首次将汤显祖的四部戏剧名著《紫钗记》《牡丹亭》《南柯记》《邯郸记》合而为一,以一种全新的方式呈现给观众。这不仅是对汤显祖这位文学巨匠的致敬,也是对中华传统文化的传承和创新。在剧中,汤显祖的形象被引入,通过他的视角和情感,引领观众进入"四梦"的世界。这种表现方式,让观众能够更加深入地理解汤显祖的作品,感受到他对"情"和"梦"的深刻描绘和追求。

为了保留其古典韵味,该作品的唱词基本沿用原词,声腔采用古典盱河高腔。这种古老的声腔在现代化的舞台上焕发出新的生命力,让观众能够领略到原汁原味的传统戏曲魅力。同时,舞美设计将明式家具与现代空间有机结合,既展现了明代文化的独特魅力,又融入了现代艺术的理念。音乐上古典旋律与现代交响乐相辅相成,既保持了传统音乐的韵味,又注入了现代音乐的元素。

在服装设计上,该作品采取了现代感十足的明式服装。设计师们精心设计了符合明代风格的华美服饰,既展示了明代服饰的独特魅力,又与现代审美相融合。同时,借助现代灯光设备,该作品营造出了充满梦幻色彩的视觉效果。明亮的灯光、绚烂的舞台、精湛的表演和优美的音乐旋律相互辉映,让观众仿佛置身于一个充满想象力的梦幻世界之中。

总之,盱河高腔·乡音版《临川四梦》是一部融合传统与现代、传承与创新的艺术作品。它以高超的艺术水准和独特的文化内涵吸引了广大观众的关注和喜爱。这部作品不仅展现了汤显祖等文学大师的卓越才华和传统文化的魅力,也彰显了当代艺术家对传统文化的敬畏和传承之心。它是抚州市及参与创排的团队为观众献上的一份厚礼,也是对中华传统文化的一份独特贡献。

3.盱河高腔·乡音版《牡丹亭》

盱河高腔·乡音版《牡丹亭》是一部盱河高腔杰作,全剧共分为9个场次,分别为序《闺塾》、一《惊梦》、二《寻梦》、三《诊祟》、四《闹殇》、五《拾画》、六《冥判》、七《幽媾》和尾《回生》。这部作品以雅俗共赏、风格独特为艺术基调,将西洋乐器和传统戏曲民乐深度融合,既保留了传统音韵的精髓,又展现了现代审美的多元角度。

剧中的人物个性鲜明、形象特点突出,表演性、动作性和观赏性完美结合。在保留原著经典的基础上,该剧对汤显祖原著中的两个小人物有意识地进行了重新塑造,增强了地域性、唯一性和舞台调剂效果。这些小人物的形象更加丰满,个性更加鲜明,给观众留下了深刻的印象。盱河高腔·乡音版《牡丹亭》还大量融入了抚州本地的傩戏文化元素。傩戏是一种古老的中国民间艺术形式,具有浓厚的地方特色和独特的艺术风格。在剧中加入傩戏元素,不仅提高了剧的可看性,也使得该剧更加贴近当地观众的文化背景和审美习惯。同时,这种融合还为观众带来了一种独特的艺术体验,让人们能够更加深入地了解和欣赏到中国地方戏曲的魅力。

盱河高腔·乡音版《牡丹亭》是一部充满艺术魅力和文化内涵的作品。通过深度融合西洋乐器和传统戏曲民乐、重新塑造小人物形象和融入抚州本地的傩戏文化元素,该剧实现了对传统文化的传承和创新,展现了多元的现代审美角度。同时,该剧的成功也彰显了当代艺术家对传统文化的敬畏和传承之心,为观众带来了一场视觉和听觉的盛宴。

4. 音乐剧《汤显祖》

音乐剧《汤显祖》是由上海音乐学院与抚州市共同创作的。这部音乐剧在创作过程中,充分挖掘并运用了汤显祖同时代的音乐元素,如傩戏、宜黄戏等,为这部作品注入了深厚的历史文化底蕴。

在剧本结构上,该剧采用了"戏中戏"的多重设计,巧妙地将现代人解读汤显祖的场景与剧情相结合,使观众能够更好地理解和感受这位文学巨匠的生活和思想。在剧情方面,音乐剧以汤显祖的重要作品"临川四梦"为主线,精选了汤显祖一生中的重要段落进行展示,让观众能够更全面地了解他的创作历程和人生经历。此外,该剧的台词中还引用了大量的历史文献,重现了汤显祖矢志报国为民、孤洁不阿的悲情人生选择。这些文献的引用不仅丰富了剧情内容,也让观众更深入地了解了汤显祖所处的历史背景和他的人生价值观。在创作团队方面,该剧由上音党委书记、院长林在勇担任作词,作曲家、上音教授徐坚强担任作曲,青年剧作家陆驾云担任编剧。这些专业人士的加入为这部音乐剧注入了更多的艺术魅力和文化内涵。

总的来说,《汤显祖》是一部集艺术性、文化性和观赏性于一体的音乐剧。通过深入挖掘历史文化元素、巧妙运用现代手法,以及专业团队的倾力打造,这部作品成为一部具有重要艺术价值的文化精品。

5. 非物质文化遗产研创作品《傩·情》

《傩·情》是一部深入研究非物质文化遗产的作品,由南丰县石邮村傩班与北京舞蹈学院青年舞团联合呈现。这部舞蹈剧以几个段落的形式展示了南丰傩舞的独特魅力,通过舞蹈的表演形式,将传统元素与现代风格相结合,为观众呈现出一部别具一格的舞台剧。

在表演过程中,南丰县石邮村的傩班演员与北京舞蹈学院的青年舞团成员共同演绎了这部作品。他们以精湛的舞蹈技巧和近乎完美的表演形式,将各路神仙的形象栩栩如生地展现了出来。戴着夸张的面具起舞,不仅增强了舞蹈的视觉效果,更寓意着美好的祝愿。"开山神"的舞蹈动作刚健有力,象征着除旧迎新,为人们带来新的希望和期待;"大鹏雷神"的舞蹈则以威武雄壮的姿态出现,保佑五谷丰登;"傩公傩婆"的舞蹈动作柔和舒展,致敬生命和谐;

"魁星神"的舞蹈动作灵动跳跃,主宰文运兴衰;"和合神"以圆润流畅的舞蹈动作出现,寓意同心同德、团结一致。南丰傩舞作为非物质文化遗产的重要组成部分,通过保留原始的动作和敬拜神灵仪式,以最饱满的精神状态呈现出原汁原味的传统傩舞。这些舞蹈动作和仪式向人们讲述了远古以来人类生活习俗和文明礼仪的发展历程。

北京舞蹈学院的师生们对南丰傩舞进行了舞台化、舞蹈化的再造,用他们的想象力和创造力演绎出他们理解的傩文化。这些年轻的舞者将传统元素与现代风格相结合,形成了传统与现代的完美结合,使这部舞蹈剧焕发出新的生机和活力,向观众展示了一种古老而又充满活力的艺术形式。这部作品不仅传达了人们对美好生活的向往和对传统文化的珍视,更展示了中华民族深厚的文化底蕴和历史传承。

6. 盱河高腔·现代戏《忠诚》

盱河高腔·现代戏《忠诚》是根据武警江西总队抚州支队一级警士长李进明的英雄模范事迹改编而成的。这部戏分为7个部分,生动地描绘了李进明在入伍26年,始终保持共产党员的政治本色,积极践行当代革命军人核心价值观,展现了一名战士对党和部队的无限忠诚。

该剧借助多媒体等现代科技手段,营造出现代化的剧情氛围,让观众能够更好地沉浸在剧情中。同时,剧目还融入了舞剧、音乐剧等元素,使得盱河高腔这一传统剧种展现出现代魅力,让更多的观众能够欣赏到这种传统艺术的独特之处。《忠诚》这部戏不仅具有深刻的主题内涵,同时也具有强烈的时代感和观赏性。它向观众传递了一种积极向上的价值观和精神力量,让人们更加深入地了解了李进明的先进事迹和崇高精神。

7. 宜黄戏《麻织情韵》

《麻织情韵》是宜黄县自创的一部宜黄戏剧目,曾荣获江西省玉茗花艺术节音乐创作奖。该剧以1939年抗日战争为背景,讲述了宜黄县棠阴镇的麻织学校在战乱中克服重重困难,挂牌开学并招收了众多学员的故事。

剧中的女主角是一位16岁的女孩,她对夏布织造技艺怀有浓厚的兴趣,渴望进入麻织学校学习。然而,她的父亲担心女儿在战乱中的安危,千方百计地阻挠她。尽管面临重重阻碍,但女孩凭借着聪明才智和灵巧的手艺,成功打动了欧阳校长。在欧阳校长的支持下，女孩坚定地追求自己的梦想，最终感动了爱女心切的父亲，使他妥协并同意让女儿进入麻织学校学习。《麻织情韵》不仅展现了抗日战争时期人们的坚韧精神，还通过讲述一个关于父爱、梦想与坚持的故事，传递了积极向上的价值观。这部剧以其深刻的内涵和感人至深的情节，赢得了观众的喜爱和赞誉。

8. 抚州采茶小戏《曙光》

抚州采茶小戏《曙光》获第七届江西艺术节·第十一届玉茗花戏剧节小戏类优秀剧目奖。

9. 钢琴协奏曲《牡丹亭·游园惊梦》

钢琴协奏曲《牡丹亭·游园惊梦》由抚州市与英国华裔青年钢琴演奏家、作曲家杨远帆联合创作。

10. 小品《青丝白发情悠悠》

抚州市群艺馆和临川区第一文化馆选送的小品《青丝白发情悠悠》在首届江西省戏剧小品大赛中荣获二等奖。这部小品以几位上海知青大爷40多年后重返当年插队落户的抚州市某村探访为主线，讲述了一段感人至深的故事。故事中，一位老大爷一直念念不忘他的初恋村姑"小芳"，当他回到当年插队的村里，村民们特意安排了3位老太太站在他面前，希望他能认出当年的那个姑娘。然而，岁月已经改变了她们的容颜，老大爷却无法从中找到当年那个有着"一双美丽的大眼睛，辫子粗又长"的姑娘。这部小品通过讲述这个故事，展现了时光流转中的人们对于青春、爱情和回忆的感慨。它让我们思考，随着时间的流逝，我们是否也会像这位老大爷一样，渐渐失去了曾经熟悉的人和事？同时，它也唤起了我们对过去美好时光的回忆和怀念。

11. 独舞《那一抹红》

独舞《那一抹红》是由抚州市文化艺术发展中心精心创排的一部杰出作品，它在第七届江西艺术节·第十届江西舞蹈艺术节上脱颖而出，荣获了一等奖的殊荣。这部作品不仅仅是一部舞蹈作品，更是一部生动的历史画卷，深入挖掘了红色革命文化的丰富内涵，是一部具有深刻思想内涵和艺术价值的红色经典。

这部舞蹈作品以红色革命文化为主题，通过精妙绝伦的舞蹈语言，生动演绎了红军女战士在狱中历经敌人严刑拷打，却依然坚定不移地向往自由、向往真理的壮丽历程。每一个舞蹈动作,每一个音乐节奏,都仿佛在诉说着那段艰苦卓绝的历史。通过这部作品,革命战士坚强不屈的精神和坚韧不拔的毅力得到了充分展现。舞者们以精湛的舞技、深情的演绎,将红军女战士的伟大形象栩栩如生地呈现在观众眼前,令人深深感动。

12. 红色电影《浴血广昌》

《浴血广昌》是首部展示抚州红色文化的杰出红色电影。解放军文化艺术中心电影电视制作部(即原八一电影制片厂)与抚州市文化旅游投资发展有限责任公司及广昌县文化旅游投资发展有限公司联合制作了这部重大革命历史题材的电影。

这部电影叙述了在第二次国内革命战争时期,原中央苏区北大门广昌的红军英勇奋战的故事。影片以1934年江西广昌的"广昌战役"和"高虎脑战役"为背景,描绘了第五次"反围剿"关键时刻的历史事件。在这场战役中,尽管中央红军装备简陋、力量较弱,但他们仍然勇敢地与装备精良的国民党军展开了殊死战斗,并取得了阶段性胜利。这为中央红军主力和苏维埃政府的战略转移赢得了宝贵时间,为日后的成长壮大奠定了坚实基础。

此外,这部电影还通过艺术手法再现了一个当年在苏区流传的真实故事。影片着重展现了兄弟情、战友情和母子情,再现了苏区人民对党和红军的深厚支持与热爱。同时,通过讴歌革命先烈坚韧不拔的信仰和为了革命理想不惜牺牲的豪迈气概,影片进一步弘扬了红色文化的精神内涵。

13. 电影《大傩·董春女》

《大傩·董春女》是由乐安县文旅发展投资有限公司与北京唐亚影业有限责任公司联合出品的一部影片。该片生动讲述了身为"大傩祭礼"传承人的董春女的一生。董春女成长于20世纪一二十年代,受新思潮的影响,她勇敢地挣脱了封建思想的束缚,放弃了大傩的身份,选择与本地青年元德昌结婚。然而,她随后遭遇了军匪强占为妻、母亲被宗族沉江淹死、董氏大宗祠被烧等一系列悲惨事件,最终为了寻找初心,她选择出家为尼。尽管命运坎坷,受尽苦难,但董春女始终守护着有着3000多年历史传承的"大傩祭礼",使得这一民族文化瑰宝在新社会焕发出新的生命力。当爱情与责任发生冲突,当理想与现实在矛盾中撕裂,董春女的人生选择与坚持,彰显了中华文化的力量。该片在第 42 届蒙特利尔电影节世界电影焦点单元和第 8 届西班牙马洛卡国际电影节主竞赛单元中入围最佳影片、最佳男女主角,并荣获评委会大奖;此外,还获得了 2019 北京国际绿色电影周的绿色传承影片大奖。

第二节　优秀故事和题材

一、王祥卧冰与孝义桥

在中国传统文化中的《二十四孝图》里,有一则脍炙人口的故事——"王祥卧冰"。王祥,晋代人,字休征,早年丧母。继母朱氏对他并不慈爱,常在父亲面前责备他,使得他失去了父亲的宠爱。然而,有一年冬天,当继母想吃生鱼的时候,王祥便脱下衣服卧在冰上,希望能融化冰块捕鱼。这时,冰块突然自己裂开,两条鲤鱼跳了出来。王祥高兴地拿鱼回家供奉继母。

这一行为被赞美道:

继母人间有,王祥天下无。
至今河水上,一片卧冰模。

由于王祥的孝行和功绩,他被朝廷提拔。晋武帝更封他为太保,进爵为公,并赐予他无须朝见的特权。他寿命长久,活到了 94 岁,其孝名传颂千古。为了缅怀他的孝义,后人在他卧冰求鱼的地方修建了寺院和桥梁,都以"孝义"为名,最终发展成了今天的孝桥镇。尽管寺院已经毁损,但孝义桥却经过多次修缮,一直保存至今。

如今,孝义桥位于江西省抚州市临川区孝桥镇。这里也是晋代太保王祥的故居所在地。在王祥故居的旁边,有一座麻石单孔拱桥,桥长 28.8 米,宽 5.2 米,高 4.5 米。桥两侧原装饰有石柱雕栏,上面雕刻着各种飞禽走兽、花草鱼虫。桥的一端通往街市,另一端连接乡镇,两岸楼房林立。桥上人来人往,熙熙攘攘;桥下溪水潺潺,荷叶随风摇曳。远望此景,新月浮云,彩虹卧波,美不胜收。池畔还立有一块石碑,上面刻着"晋王祥卧冰池",以此纪念这段孝心故事。

二、抚州苏区

在五四新文化运动的洗礼下，抚州的青年学生于 1924 年自发组建了"读书会"，积极推介马克思主义思想。2 年后，即 1926 年 11 月，受北伐军中党员的影响，抚州一群充满激情的青年人正式加入了中国共产党，并成功组建了抚州的首个党组织——中共临川支部。这一创举为抚州的党组织发展奠定了基础，截至 1927 年"四·一二"反革命政变前，抚州已拥有 1 个特别支部和 26 个党支部，党员总数达到了 650 人。

随着党在抚州的领导日益稳固，工农运动也呈现出了生机勃勃的局面。工会开始积极组织工人进行罢工，以争取更好的工资与工作条件。在广大农村，农会也助力贫困农民开展减租减息运动，使他们在经济上得到了一定的缓解。

1927 年 9 月，中共临川县委在严峻的白色恐怖形势下成立，短短四个月时间，便在上顿渡、唱凯、南城三地设立了区委，吸纳了 200 多名新党员。同时，在东乡、金溪、崇仁等县也恢复了党组织并新建了党支部。尽管党组织在发展中曾多次遭遇破坏，但每次都能迅速重建并发展壮大，最终演变为中共临川中心县委。

然而到了 1930 年 7 月，由于受到反动当局的重创，中共临川中心县委及其下属组织暂时陷入了停滞。但正当临川、金溪、东乡、南城及崇仁等地的革命活动陷入困境时，乐安、宜黄、南丰、广昌等县的革命热情却被点燃，相继成立了 4 个中心县委。随着反围剿斗争的接连胜利，红色政权在抚州地区的影响力也在稳步扩张。

当第四次反围剿落下帷幕时，不仅乐安、宜黄、南丰、广昌等苏区得到了进一步的巩固，革命的烽火还延伸到了黎川及资溪、金溪、崇仁、南城的部分地区。在此期间，抚州苏区共建立了 29 个各级党组织、14 个县苏维埃政权、6 个军事组织和 3 个群团组织。至此，抚州苏区的革命之火已成燎原之势，抚州的革命历程在中国革命史上写下了浓墨重彩的一笔。

抚州苏区人民始终坚定支持红军，勇于牺牲奉献，书写了中国革命感人篇章。1932 年 12 月 30 日，黎川集结了红一方面军和闽赣边区红军共 7 万多人，举行盛大阅兵誓师大会,之后黎川扩红独立团全力投入反围剿战斗。黎川县苏维埃政府号召全县人民支援红军,2000多名民工迅速组成支援队伍,全心全力支援前线。第五次反围剿期间,抚州地区发生了25次重大战役,同时宜黄、乐安、崇仁三县2000多人干部和武装力量在李富怀书记领导下,与敌人开展了灵活游击战,虽然多次被冲散,但依然坚韧战斗直至中央红军安全转移。不幸的是,大部分同志在多次遭遇战中牺牲。此外,抚州苏区人民积极参与"扩红"运动,大量人员报名参军,提供人力资源,并筹备大量物资支援红军。这种无私奉献和坚定支持成为中国革命胜利的关键力量。

三、著名历史人物

(一)历史名士

1. 宰相

(1)元德昭

元德昭(890—967),字明远,原为危姓,南城东兴乡苏源村(现属江西省抚州市黎川县荷源乡)人,五代吴越的丞相,也是抚州刺史危全讽的侄子。他少年时期就展现出孝顺、友爱、勤奋好学的品质,并以文才横溢而著称。在吴越国,他由镇东军节度巡官一路升至睦州军事判官和台州新亭监。940年,他被丞相林鼎推荐给吴越王钱元瓘,受到重用,掌管文书工作。946年,他率兵援助福州,成功击败南唐军队,俘虏万余敌人,因此在56岁时升为丞相。元德昭以其智慧和见解在朝廷中获得尊重,他的建议多被吴越王采纳。他以孝顺和爱家著称,一家四代同堂,节日宴会时儿孙环绕,展现出和睦的家庭景象。

(2)晏殊

晏殊(991—1055),字同叔,抚州临川(今江西省抚州市)人。北宋政治家、文学家。晏殊自幼聪慧,14岁以神童入试,后成为秘书正字。他历任多个职位,包括升王府僚、太子舍人、知制诰、翰林学士等,因缜密受到宋真宗赏识。晏殊在宋仁宗即位后建议刘太后垂帘听政,并曾升至枢密副使。在地方,他大兴学校以培养人才。晚年出知陈州、许州、永兴军等地,最终成为宰相。他病逝后获赠司空兼侍中，谥号元献。晏殊乐于奖掖人才，门下有许多名士。他极重视书院发展，扶持应天府书院，开创大办教育之先河。在宰相任上时，他与范仲淹倡导州、县立学和改革教学内容，促进"庆历兴学"。

（3）王安石

王安石（1021—1086），字介甫，号半山。抚州临川（今江西省抚州市）人。北宋著名思想家、政治家、文学家、改革家。王安石于1042年进士及第，历任多个职位，政绩显著。1069年任参知政事，次年拜相，主持变法，但因守旧派反对，于1074年罢相。一年后再次被起用，但很快又罢相，退居江宁。1086年保守派得势，新法被废，王安石郁然病逝于钟山，追赠太傅。1094年获谥"文"，称王文公。王安石潜心研究经学，创"荆公新学"，在哲学上用"五行说"阐述宇宙生成，提出"新故相除"命题，推动了中国古代辩证法发展。

（4）曾布

曾布（1036—1107），北宋中期宰相，曾易占之子，曾巩之弟。13岁时父亲去世，随兄学习，后得王安石和韩维推荐，上疏言政获宋神宗重用，在王安石变法中起关键作用。后因市易法争论被贬谪出外，在外地为官。宋神宗死后，旧党执政，曾布因坚持不变役法而未入政治中心，直至宋哲宗亲政后得重用，任枢密使，但与章惇发生矛盾。赵佶即位后，曾布任右仆射，与左仆射蔡京发生矛盾，被一再贬谪，最终死于润州，享年72岁。追赠观文殿大学士，谥号文肃。曾布有才干，但被列入了《奸臣传》，政治生命受北宋后期党争影响，立场较中立，在哲、徽二帝时期扮演重要角色。

（5）何宗彦

何宗彦（1559—1624），字君美，一字若善，号昆柱。江西金溪东漕（今江西省抚州市琅琚镇上东漕）人，客居随州，万历朝随州籍进士。何宗彦为官"清修有执，摄尚书事六年，遇事侃侃敷奏，时望甚隆"。万历、泰昌、天启三朝元老，德高望重，勤谏宰相，爵从一品少师兼太子太师，官吏部尚书，职建极殿大学士。卒于任上，追赠一品太傅，谥文毅，奉旨建祠。明熹宗皇帝亲赐声驰皇阁，上东漕至今依然保留有受赐或受赠的卿相里、紫阁名家、龙光、科第、五桥同秀等牌坊或牌匾。

（6）蔡国用

蔡国用（1579—1640），字正甫，号静原，明代靖思人。少年时勤奋读书，被认为有才能。他性格从容，不急不躁，受到皇帝信任，被授予官职和爵位，声名显赫。在崇祯年间，他是唯一一位能够平安度过这段时期的武英殿大学士。

蔡国用在万历三十八年（1610）中进士，任中书舍人，奉命前往辽东管理财政。后升任山西道御史，上疏提出了治国的七条政见：稳定宰相、储备经略、选拔将领、筹备军需、重视人才、畅通言路、加强边防，都是治国要领。在天启五年（1625），他上疏十条表达了对时政的看法：保护君主、振兴国家权威、清除奸佞等，言辞激烈，激怒了魏忠贤，结果被魏忠贤篡改旨意夺去官职。崇祯元年（1628），蔡国用被任命为浙江道御史、提督应天学政。任职期间，他对江南名士的请才优胜劣汰，自己廉洁奉公。后来升任大理寺少卿，审理案件迅速，言辞犀利。又晋升为太仆正卿、工部侍郎，负责监督城市修缮工程，日夜坚守在工地。蔡国用得到皇帝的称赞，特晋升为礼部尚书兼东阁大学士。之后又升任太子少保，改任吏部尚书，累加太子太保、户部尚书、文渊阁大学士、武英殿大学士。他历经30年的官职生涯，以谨慎、勤劳、廉正著称，才华卓越。他于崇祯十三年（1640）六月在任上去世。皇帝得知后深感哀痛，停止朝政三日，并派人送去丧仪进行祭葬。谥号文恪，授予光禄大夫，追赠为上柱国。

（7）陈孚恩

陈孚恩（1802—1866），字子鹤，江西新城钟贤（今江西省抚州市黎川县中田乡）人，清代著名书法家。历任多部尚书，道光五年（1825）拔贡，升吏部主事，入军机处，受穆彰阿赏识，历任太仆寺卿、大理寺卿等。后调兵部侍郎，参与军机大臣议事，赴山东巡视并暂代巡抚。转刑部右侍郎，回京后受嘉奖，赏头品顶戴，御赐"清正廉臣"匾额。后查办王兆琛贪婪案，调工部左侍郎、迁刑部尚书。因郊坛配位事被斥为"乖谬"，降三级留用，后乞归原籍，辞去军机大臣、刑部尚书之职。

2. 副宰相

（1）陈彭年

陈彭年（961—1017），江西南城县（今属江西省抚州市）人，是北宋的大臣、文学家、音韵学家。他恪尽职守,深入研究仪制、沿革、刑名之学,为朝廷典礼提供了重要支持。无论政事大小,他都能提供明智的建议,深受宋真宗信赖。升入内阁后,他独自承担大小事务,虽然疲劳,但仍保持清廉俭朴的作风,多买书籍,身后未留家财。天禧元年(1017)去世,宋真宗感其家居简陋,赠右仆射,赐谥"文僖"。

(2)元绛

元绛(1008—1083),字厚之,北宋大臣、文学家,祖籍江西黎川(今属江西省抚州市),生于杭州。5岁能作诗,曾任江宁推官、江西转运判官等职,供军饷有功。后累迁翰林学士,拜参知政事。罢知颍州后以太子太保致仕。卒后谥"章简",著有《玉堂集》等。

(3)邓润甫

邓润甫(1027—1094),字温伯,北宋大臣,建昌(今属江西省黎川县)人。

邓润甫为了避高鲁王的讳,曾以字作为自己的名,别字叫作圣求,后来这些都恢复了。他考中进士后,担任上饶尉和武昌令。被举荐为贤良方正,但召试时却没有应召。熙宁年间,王安石任命邓润甫为编修中书条例、检正中书户房事的官员。

(4)王安礼

王安礼(1034—1095)是北宋政治家、诗人,王安石同母四弟,世称"临川三王"之一。他62岁逝世,留下《王魏公集》20卷。他历任润州、湖州知州等职,执法严明,被赞"能勤吏,骇动殊邻,于古无愧矣",后升尚书右丞、左丞。但因反对攻打西夏被劾,最终以端明院学士知江宁府,加资政院学士。他曾先后担任多地知州、永兴知军,最终任太原知府时去世,追赠金紫光禄大夫、太师、魏国公。

(5)吴居厚

吴居厚(1039—1114),字敦老,又名居实。临川钟陵张公楼湖村(今属江西省进贤县)人。北宋政治家,官至尚书右丞。他是宋仁宗嘉祐八年(1063)的进士,尽力推行王安石新法。在宋神宗熙宁、元丰年间,他历任多个官职,工于算计,成功收取盐铁羡息钱数百万,铸钱得岁得十万缗,并请求铸大铁钱二十万贯佐陕西军需，受到多次褒奖。然而，宋哲宗元祐初被劾以苛刻聚敛，贬为成州团练副使、黄州安置。后来他又被任命为江淮荆浙发运使、户部尚书、知开封府等职位。在宋徽宗朝，他累官尚书右丞、中书门下侍郎、知枢密院事。最后他出任洪州知州并去世。宋徽宗追赠他开府仪同三司，赐御葬于进贤麻山。他一生著有《吴居厚集》100卷和《吴居厚奏疏》120卷，但已佚失。

（6）包恢

包恢（1182—1268），字宏父，一字道夫，号宏斋，宋建昌南城（今属江西省抚州市）人。刑部尚书。以廉吏、政绩显著著称，同时他也是文学批评家。他出身于书香门第，家境优越。包恢自小聪明好学，通经熟史，宋嘉定十三年（1220）中进士。他历任多个职位，包括金溪、光泽主簿，建宁府学教授，监府翼军等。他招募地方豪绅成立武装，讨平唐石之乱有功，后升任沿海制置司干官、台州知府等要职。最终，他官至刑部尚书、端明殿学士、签书枢密院事，并被封为南城县侯。包恢一生守法奉公，其心如水，临终时告诫亲人节俭办丧。他被比作程颢、程颐，并赠少保、谥"文肃"。他的著作《敝帚集》已佚，但清四库馆臣辑有《敝帚稿略》8卷。

（7）陈宗礼

陈宗礼（1203—1270），南宋官员。字立之，号千峰，江西南丰人（一说江西广昌杨溪乡上峰村人）。

陈宗礼幼时家贫，刻苦勤学，43岁中进士后开始从政，历任多个职位，包括国子正、秘书监、刑部尚书等。他敢于抨击权相，一生清廉俭朴，受到人们赞誉。他在文学上也有成就，以释经义、述政治主张为主，文章挺拔峻峭，享有"文祖欧曾接真气，诗尚陶韦得真趣"之誉。所著《寄怀斐藁》《曲辕散木集》等，已佚。《宋史》卷四二一有其传。

（8）曾渊子

曾渊子，字广微，一字留远，金溪（今属江西省抚州市）人，官至户部尚书、同知枢密院事。宋理宗淳祐十年（1250）中进士。历任监察御史、拜参知政事、广西宣谕使。元兵南下时，坚持抗元，并拒绝招降。宋亡后，率余部走安南。事见明弘治《抚州府志》卷二二、正德《建昌府志》卷一六。有诗作存于《宋诗记事》《江西诗征》《御选宋诗》。

（9）危素

危素（1303—1372），字太朴，号云林，江西金溪（今属江西省抚州市）人，元末明初历史学家、文学家。经筵检讨、翰林编修、兵部员外郎等，至正二十年（1360）拜参知政事。晚年被谪居安庆府城余阙祠，洪武五年（1372）正月去世，归葬金溪高桥。他的著作有《吴草庐年谱》《元海运志》《危学士集》等。

（10）何文渊

何文渊（1385—1457），字巨川，号东园，又号钝庵，明广昌县旴江镇（今属江西省抚州市）人。何文渊自幼受家庭熏陶，勤学苦读，有品德。明永乐十六年（1418）中进士，后历任监察御史、温州知府、刑部右侍郎、吏部左侍郎等职。他考察吏治时，劾罢三百余名贪官，被誉为"铁面御史"。在温州任知府期间，政宽严得当，获"治行为浙东第一"之称。后升为吏部尚书，但因意见不合被弹劾下狱，被释后自缢身亡。

（11）董裕

董裕（1537—1606，一说1546—1606）明代大臣。字惟益，号扩庵，江西乐安招携港田村人。因刚正不阿，不畏权势，人称"再世包公"，官至资善大夫、刑部尚书。

（12）陈用光

陈用光（1768—1835），清代官员、学者。字硕士，一字实思。新城（今江西省抚州黎川县）钟贤人。嘉庆六年（1801）进士，授编修，官至礼部左侍郎，提督福建、浙江学政。尝为其师姚鼐、鲁仕骥置祭田，以学行重一时。工古文辞，著有《太乙舟文集》8卷，以及《衲被录》等。

（13）李宗瀚

李宗瀚（1769—1831），字号为公博，又被称为春湖和北溟，原籍江西省临川县温圳杨溪村（现今归属江西省南昌市进贤县温圳镇），后寄居广西桂林。他官至工部侍郎，同时也是清朝中期著名的书法家和文学家。李宗瀚的传世书迹《长安杂诗轴》是一部行书作品，目前收藏于日本京都国立博物馆，并在日本《书道全集（二十四）》中出版。他所珍藏的《孟法师碑》《庙堂碑》《信行禅师碑》和《善才诗碑》被誉为"临川四宝"。

（14）陈希增

陈希增（1770—1820）字集正，号雪香，江西新城钟贤（今江西省抚州市黎川县中田乡）人，清代书法家。历任户、礼、工、吏、刑部侍郎，世称"五部侍郎"。

（二）公卿名将

1. 乐史

乐史（930—1007），字子正，北宋宜黄霍源村（今属江西省抚州市）人。文学家、地理学家，是隋唐开科举以来抚州地区第一位进士。从政之余，勤于著述，前后著书20余种，共1018卷。他的《杨太真外传》《绿珠传》等都是古代小说的优秀篇章。

2. 曾巩

曾巩（1019—1083），字子固，江西南丰（今属江西省抚州市）人。北宋文学家、史学家、政治家，唐宋八大家之一。曾巩有很高的文学成就，其文风"古雅、平正、冲和"，世称"南丰先生"，与曾肇、曾布、曾纡、曾纮、曾协、曾敦并称"南丰七曾"。曾巩的祖父曾致尧和父亲曾易占都是北宋名臣。

曾巩天资极高，记忆力超群，自幼饱读诗书，12岁即能作文。嘉祐二年（1057）进士及第，任太平州司法参军。熙宁二年（1069），任《宋英宗实录》检讨，不久被外放越州通判。熙宁五年（1072）后，历任齐州、襄州、洪州、福州、明州、亳州、沧州等知州。元丰四年（1081），被委任史官修撰，管勾编修院，判太常寺兼礼仪事。曾巩为政廉洁奉公，勤于政事，关心民生疾苦，以量刑适当而闻名。元丰六年（1083），卒于江宁府（今江苏省南京市），谥号文定。

3. 侯叔献

侯叔献（1023—1076），字景仁，江西省抚州市宜黄县新丰乡侯坊人。宋朝大臣，水利专家，曾在宋神宗时制定出"农田利害条约"。

4. 董德元

董德元（1096—1163），字体仁，出生于江西省抚州市乐安县流坑村。在绍兴十八年（1148）的进士举考试中，他表现优异，原本欲被点为第一名，但由于已有官职在身,最终被授予进士第二名的荣誉,并赐予"恩例与大魁等"的称号,被人们称为"恩榜状元"。董德元历任多职,包括秘书省正字、校书郎、监察御史、殿中侍御史及吏部侍郎。

5. 罗点

罗点(1150—1194),宋崇仁县高垟(今江西省抚州市崇仁县石庄乡高溪村)人。官至代理兵部尚书。他曾师从陆九渊,事迹见《絜斋集》卷一二《罗公行状》和《宋史·罗点传》。

6. 张渊微

张渊微(1182—1247),盱江(今江西省抚州市广昌县)人。宋理宗淳祐七年(1247)丁未科状元。号平斋。宋新城县(今江西省抚州市黎川县)熊村芙蓉洲人。抚州籍第一位状元,官至吏部侍郎。著有《李觏年谱》。

7. 吴伯宗

吴伯宗(1334—1384)名祐,以字行于世,明初金溪新田(今属江西省抚州市东乡区)人,天文学家。官至武英殿大学士。

8. 张升

张升(1442—1517),字启昭,号柏崖,江西南城株良镇城上村人。明代中叶著名学者和大臣,人称"尚书状元"。成化五年(1469)一甲一名进士(状元),授修撰。卒后获赠太子太傅,谥文僖。著有《张文僖公文集》14卷和《诗集》22卷。

9. 揭重熙

揭重熙(?—1651),字祝万、又字万年,号嵩庵,江西临川湖南乡揭家坊人。南明著名大臣,明末诗人。崇祯九年(1636)乡试及次年会试均以五经中试,时称异才。

10. 谭纶

谭纶(1520—1577),字子理,号二华,江西宜黄县谭坊人。明朝抗倭名将,军事家、戏曲家,与戚继光、俞大猷、李成梁齐名,又与戚继光并称"谭、戚"。著有军事著作《说物寓武》。

11. 吴道南

吴道南(1550—1623),号曙谷,江西崇仁二都石庄(今江西省抚州市石庄乡石庄村）人。官至礼部尚书。明代诗人。著有《河渠志》1卷，首创绘图。有《吴文恪公文集》32卷传世。

12. 揭暄

揭暄（1613—1695），字子宣，号韦纶，一号纬纷，别名半斋。江西广昌盱江镇后塘人。明末清初著名的军事理论家、天文学家、哲学家和数学家。著有《揭子兵法》《揭子战书》和《兵法纪略》，以及科学名著《璇玑遗述》（又名《写天新语》）和人性论著《性书》。

13. 黄爵滋

黄爵滋（1793—1873）字德成，号树斋，江西宜黄人（今属江西省抚州市），清朝时期的政治家、思想家、文学家。道光年间，曾建议采取"重治吸食"的办法来抵制鸦片输入。著有《仙屏书屋诗文集》。

（三）才子名人

1. 本寂

本寂（840—901），唐代禅僧，泉州莆田人（今属福建省）。俗姓黄。幼习儒学，19岁入福州福唐县灵石山出家。25岁受具足戒。天复元年（901，一说三年）示寂。世称曹山本寂，敕谥"元证禅师"。嗣法门人有荷玉光慧、金峰从志、鹿门处真、育王弘通、曹山慧霞等。有《抚州曹山本寂禅师语录》2卷传世。

2. 晏殊

晏殊（991—1055），字同叔，抚州临川（今属江西省抚州市）人。北宋时期的政治家、文学家。他在文学领域，尤以词的创作著称，风格含蓄且婉丽。与其子晏几道并称为"大晏"和"小晏"，同时，与欧阳修共享"晏欧"之美誉。他擅长诗歌与散文，仍有《珠玉词》《晏元献遗文》及《类要》残本存世。

晏殊的词作，内容丰富、辞藻华美，充满了闲适的意趣和多情的思绪，被誉为"宰相词人"。他不仅是引导宋词走向的先锋，江西词派的领袖，还是中国诗史上一位多产的诗人。他的词作中融入了南唐"花间派"以及冯延巳的典雅流丽词风，为北宋婉约词风开创了新的局面，被誉为"北宋倚声家之初祖"。他的词语言清丽、声调和谐，完美地表达了他的闲适情调和旷达胸怀。

他写富贵而不显俗气，写艳情而不失端庄，他注重景物的精神内涵，赋予自然以生命。他巧妙地将理性思维融入感性叙述中，在表达伤春怨别的情感中，同时展现出理性的反省和自持。在深情敏感的文字里，透露出一种圆融旷达的理性观照，形成了自己独特的艺术风格。

据《宋史》记载："其文章丰富华丽，应用无穷，尤其擅长诗歌，有闲雅之情趣。"晏殊一生创作了一万多首词，遗憾的是大部分已散失，目前仅存的《珠玉词》收录了136首。《全宋诗》收录了他的160首诗、59句残句和3首存目。同时，《全宋文》仅收录了53篇他的散文。

3. 李觏

李觏（1009—1059），字泰伯，号盱江先生，滕王李元婴的后裔，北宋建昌军南城（今江西省抚州市南城县），北宋时期重要的哲学家、思想家、教育家、改革家。

李觏虽出身贫寒，凭借自身的刻苦努力和勤奋好学，不仅在学术上有所建树，更在教育领域留下了深远的影响。李觏在盱江边创办盱江书院，所以也有"李盱江"之称，学者们则尊称他为"盱江先生"。李觏学问广博，尤其在礼仪方面有独到的见解。他并不盲目遵循汉、唐儒家的传统观点，而是敢于提出自己的思考，阐述经义，因此被誉为"一时儒宗"。李觏一生创作丰富，自己编订了《退居类稿》12卷和《皇祐续稿》8卷。在他去世后，他的门生邓润甫还为他整理了《后集》6卷。

4. 曾巩

曾巩（1019—1083），字子固，出生于建昌军南丰（今江西省南丰县），后居临川，北宋文学家、史学家、政治家。曾巩文学成就突出，位列唐宋八大家。

曾巩在文学创作领域，成就卓著。散文代表作有《答李沿书》《与王向书》《回傅权书》《赠黎安二生序》《越州赵公救灾记》《醒心亭记》《游山记》《道山亭》《辞中书舍人状记》《战国策目录序》《宜黄县学记》《墨池记》等。诗歌作品包括《胡使》《追租》《东轩小饮呈坐中》《人情》等。此外，他还编撰了《金石录》和校勘了大量古籍，如《战国策》《说苑》《新序》《梁书》《陈书》等，并撰写了大量序文。他的作品内容广泛，义理精深，节奏舒缓，语言净洁，尤善用排比句、对偶句。据《宋史·曾巩传》记载，他的文章"纡除而不烦，简奥而不悔，卓然自成一家"。

5. 王安石

王安石（1021—1086），字介甫，号半山。抚州临川（今江西省抚州市）人。北宋著名思想家、政治家、文学家、改革家。

王安石在文学领域取得了卓越的成就。他的散文以简洁峻切、短小精悍见长，论点鲜明、逻辑严密，具备很强的说服力。王安石的散文充分发挥了古文的实际功用，因此被尊为"唐宋八大家"之一。他的诗作以"学杜得其瘦硬"为特点，善于运用说理与修辞，晚年诗风逐渐含蓄深沉、深婉不迫，以丰神远韵的风格在北宋诗坛独树一帜，被誉为"王荆公体"。王安石的词作则擅长写物咏怀吊古，意境空阔苍茫，形象纯朴淡远。他的作品包括《王临川集》《临川集拾遗》等。王安石的不少诗文中议论说理成分较重，风格偏向瘦硬，缺乏形象性和韵味。还有一些诗作涉及禅理佛说，风格晦涩枯燥，但仍展现出其作为一位文学大家的独特风范。王安石将文学创作与政治活动紧密相连，以实现自己的政治理想。他强调文学的首要作用是为社会服务，注重文章的实际功能和社会效果，主张文道合一，针砭时弊。王安石有《临川集》《临川集拾遗》《临川先生歌曲》《临川先生文集》等作品存世。

6. 晏几道

晏几道（1038—1110），北宋著名词人。字叔原，号小山，抚州临川文港沙河（今属江西省南昌市进贤县）人。晏几道与其父晏殊并称"二晏"。晏几道的词风深情缠绵，语言婉约，被誉为"宋词四大家"之一。著有《小山词》一卷，存词260首。他的作品多写爱情生活，善于抒发对失去至爱的追忆和痛苦，也表达了对美好未来的向往。同时，他的作品在文学史上有重要的地位。他不仅继承了唐五代词的成就，又开创了新的艺术风格，对后世词坛具有深远影响。他工于言情，语言清新优美，节奏舒缓，意境深远，尤善于写小令。他的作品常常表现出纯情锐感的品性和痴情不移的特征，抒情的"向内转"与个人化等文学特点也十分显著。此外，他的作品还具有感情深沉、真挚的特点，以深婉细腻、情感曲折跌宕为主要艺术风格。

7. 饶节

饶节（1065—1129），宋代著名的诗僧，字德操，一字次守，自号倚松道人、倚松老人，出家后法名如璧。他出生于江西临川，是江西诗派的重要诗人。

饶节在年轻时期有着远大的志向，但遭遇了不少挫折。元符年间，他因诗名成为曾布的门客，但由于他请求引用黄庭坚和苏轼，与曾布意见不合，最后选择了离开。之后，他在邓州香岩寺出家为僧，法名如璧，并到杭州灵隐寺挂锡，最后成为襄阳天宁寺的主持，专心研究佛经，在襄、汉间享有很高的声望。他在晚年回到了故乡，于高宗建炎三年病逝，享年65岁。

饶节擅长写诗，特别擅长写佛诗，在江西诗派的3位诗僧中成就最高。他的诗才情出众，搜抉工巧，思致幽深。他的语言或轻快、或雅健，很少藻饰雕琢。他的绝句尤为萧散闲远，对景物有独到的观照和体悟，擅长表现大自然的生机及自己超然脱俗的心境。

陆游称赞他的诗为当时诗僧第一，吕本中在《江西诗社宗派图》中将他排在黄庭坚以下的25位成员中的第5位。他的作品包括《倚松集》14卷，但很多已经散佚，《四库全书》中仅存2卷，收其诗370首。他的事迹可以在清光绪《抚州府志》《嘉泰普灯录》《五灯会元》等文献中找到。

8. 谢逸

谢逸（1068—1113），字无逸，号溪堂，宋代临川城南人。北宋时期的文学家，江西诗派二十五法嗣之一。与从弟谢薖合称为"临川二谢"，同时与饶节、汪革、谢薖并列为"江西诗派临川四才子"。

谢逸在求学阶段与汪革、谢薖一同受教于吕希哲，他们刻苦磨砺，无论是诗歌还是散文都达到了很高的水平。虽然他两次参加科举都未能及第，但他坚守自己的道德标准，不妥协于权贵，过着安贫乐道的生活，通过写诗和文章来自娱自乐。他在家乡每月都会召集乡里的贤士举行一次聚会，命名为"宽厚会"，讨论古人的道德行为，并将这些讨论记录成册。

作为五代花间词派的传人，谢逸的词作风格独特，《溪堂词》被评价为"远规花间，逼近温韦"，他的词既继承了花间派的浓艳风格，又有晏殊、欧阳修的婉约之美。他特别擅长写景，整体风格轻盈飘逸。他的诗风与南朝的谢灵运相似，清新而深沉，被时人誉为"江西谢康乐"。他的散文风格则接近于汉朝的刘向和唐朝的韩愈，气势磅礴，感情真挚。

谢逸的作品包括《溪堂集》20卷、诗集5卷、补遗2卷、诗余1卷等，此外还有《春秋广微》《樵谈》等著作，但遗憾的是，很多作品已经散佚。目前仅存的有《溪堂集》10卷、《溪堂词》1卷，以及诗216首、词62首、散文47篇。他的作品被收录在《四库全书》《江西诗征》等文献中。谢逸曾创作过300首咏蝶诗，因此被人们亲切地称为"谢蝴蝶"。

9. 汪革

汪革（1071—1110），字信民，号青溪，江西临川腾桥（今属江西省抚州市）人，祖籍安徽歙县。他是北宋时期的著名诗人，与饶节、谢逸、谢薖并称为"江西诗派临川四才子"，是江西诗派的重要成员。

少年时，汪革在北宋学者吕希哲门下学习，擅长诗文创作，有很高的文学才华。在宋哲宗绍圣四年（1097）的礼部会试中，他取得了第一名的成绩，被任命为长沙教授。然而，当时他的母亲去世，由于经济困难无法安葬。尽管同僚们集资帮助他，但他坚决拒绝。后来，他转任宿州教授，一边教学，一边著述。他的诗歌风格挺拔，受到了世人的赞誉。吕希哲将他比作后汉时的黄宪、茅蓉，吕希哲的孙子吕本中也经常与他切磋，两人成为莫逆之交。

汪革善诗，与谢逸、饶节等名士时相唱和，其诗骨力遒劲，警拔绝伦。用语屏绝纤秾，洒脱奔放。亦能文，其文直抒胸臆，声情并茂。在生活上，汪革处处节衣缩食，周济亲友，一生提倡吃苦耐劳的精神。他认为"咬得菜根断，则百事可做"，这句话被朱熹认为具有教育意义，并被编入《小学》一书中。明代洪应明的语录体著作《菜根谭》的书名就是取自汪革的这句话。

汪革著有《青溪类稿》《论语直解》《菜根谈》等作品。《青溪类稿》若干卷、《论语直解》10卷、《菜根谈》1卷均已佚失。现今仅存诗5首于《宋诗纪事》和《宋文鉴》中代吕紫阳所作的《毗陵张先生哀辞》一文。

10. 谢薖

谢薖（1074—1116），北宋诗人，字幼盘，自号竹友居士，江西临川（今属江西省抚州市）人。他是江西诗派的重要成员，与兄谢逸并称为"临川二谢",同时与饶节、汪革、谢逸并称为"江西诗派临川四才子"。

谢薖30多岁时参加科举未中,从此对功名淡泊。他与其兄都以诗才出众,受到时人的赞誉。吕本中将他们比作南北朝的谢康乐和谢玄晖。谢薖的诗风清新可喜,多佳句,文字雅洁,风格多样。他的诗歌内容主要描写隐居生活的宁静,艺术风格轻隽清新,但因受黄庭坚影响,也有生硬之处。他的词作虽然存世不多,但被誉为"尤天然工妙"。

谢薖现存的作品包括《竹友集》(又称《谢幼盘文集》)10卷,其中诗7卷,存诗272首,杂文3卷。他的作品被收录在《彊村丛书》等文献中。尽管他的诗名不如其兄谢逸,但他的文学成就仍然被后人所推崇。

谢薖43岁时去世。他与其兄一样,被赞誉为有高节之人。他的事迹被记录在《抚州府志》《江西通志》《四库全书》等历史文献中。

11. 魏玩

魏玩,生卒年不详,字玉如,北宋女词人,出身于邓城的世家,是诗论家魏泰的姐姐,也是北宋宰相曾布的妻子。她天生聪颖,饱读诗书,擅长诗词创作,诗作数量众多,佳句广为传颂。魏玩恪守封建伦理道德,多次受到朝廷褒奖,被封为鲁国夫人。她与曾布夫妻情深,共同钻研诗词,作品语言豪放豁达,意境感人。魏玩善于运用借喻手法,写作技巧娴熟。她的作品以诗词为主,但著作已散失,现存诗仅《虞美人草行》一首,词作则多写闺情,共14首被收录在《全宋词》中。

12. 陆九渊

陆九渊(1139—1193),字子静,号存斋,江西金溪(今属江西省抚州市)人,南宋时期的著名大臣和哲学家。他是"陆王心学"的创始人,与朱熹齐名。

陆九渊在宋孝宗乾道八年(1172)进士及第,之后历任靖安主簿、国子正。他对靖康之变深感痛心,曾遍访勇士,商议恢复中原大略。但在淳熙十三年(1186)上奏孝宗治国策略后,遭人驳斥,被贬为台州崇道观提举。然而他并未灰心,返回故乡后,在象山书院讲学,人称"象山先生"。

绍熙二年(1191),他升任荆门军知军,表现出色,政绩卓著。绍熙三年十二月(1193年1月),陆九渊逝世,享年54岁。嘉定十年(1217),追谥

"文安"。

在哲学上，陆九渊主张"心即理"说，强调发明本心、尊德性、大做一个人、践履工夫等。他认为"宇宙便是吾心，吾心即是宇宙"，并主张学苟知本，六经皆我注脚。他的学说上承孔孟，下启王守仁，形成了"陆王学派"，不仅对中国，也对日本、韩国、新加坡等国的思想和社会变革产生了重大影响。

陆九渊的著作被收录在《象山先生全集》中。他不仅是南宋时期的杰出大臣，更是中国历史上具有重要影响的哲学家。他的生平事迹和文学成就，一直为后人所敬仰和研究。

13. 陈自明

陈自明（1190—1270），字良甫，临川（今属江西省抚州市）人，南宋时期的著名医学家。他出身于医学世家，三世业医，曾任建康府明医书院医谕。

陈自明对前代妇科书籍的不完善深感遗憾，因此他遍访东南各地，广泛搜集医学文献，汲取各家学说之长，并结合家传经验，著成了《妇人大全良方》。该书收录详尽，对妇科证治方法进行了系统总结，成为当时妇科领域的重要参考书。

除此之外，陈自明还精通外科，并于1263年完成了《外科精要》三卷的著作。他在书中提出了"外科疮疡"不仅是局部病变，而且与人体脏腑气血寒热虚实等方面密切相关的观点。他强调治疗外科疾病应注重内外结合、服敷结合、治标与治本结合的方法，对后世外科学的发展产生了重要影响。

陈自明的医学思想和治疗方法对后世医学影响深远。明代王肯堂的《女科准绳》和武之望的《济阴纲目》都受到了他的影响。陈自明以其卓越的医学成就和贡献，被后人尊为妇科、外科领域的杰出代表。

14. 吴澄

吴澄（1249—1333），字幼清，晚字伯清，江西乐安（今属江西省抚州市）人。元朝大儒，杰出的理学家、经学家、教育家。他自幼聪慧好学，南宋末年中乡试。宋亡后，他在家乡隐居，致力于著述，被誉为"草庐先生"。元朝时期，他历任国子监丞、翰林学士、经筵讲官等职。吴澄对《易》《春秋》《礼记》等经典进行了深入研究，同时他还核定了《老子》《庄子》等古籍。他的一生都在致力于儒学的传播与发展，与许衡并列为元朝儒学两大代表人物，有"北许南吴"之称。吴澄逝世后，被封为临川郡公，谥号文正。他的著作被整理为《吴文正公全集》传世。

15. 虞集

虞集（1272—1348），字伯生，号道园，世称邵庵先生，临川崇仁（今属江西省抚州市）人。元朝著名官员、学者、诗人，南宋名相虞允文五世孙。

虞集自少受家学，后随名儒吴澄游学。元成宗大德元年（1297），被荐为大都路儒学教授，历任国子助教、博士、集贤殿修撰、翰林待制等职。文宗时累官至奎章阁侍书学士、通奉大夫。元宁宗驾崩后称病返回家乡。至正八年（1348）逝世，享年77岁。获赠江西行中书省参知政事、护军、仁寿郡公，谥号文靖。

虞集学问渊博，精熟儒家典籍，素负文名，与揭傒斯、柳贯、黄溍并称"元儒四家"。他的诗与揭傒斯、范梈、杨载齐名，并称"元诗四大家"。虞集曾领修《经世大典》，著有《道园学古录》《道园遗稿》等。他擅长书法，尤精楷书。

16. 吴与弼

吴与弼（1391—1469），初名梦祥，字子傅，号康斋，江西崇仁（今属江西省抚州市）人。明代著名理学家、教育家，崇仁学派创始人。吴与弼在明代学术思想界占有重要地位，被黄宗羲列为《崇仁学案》第一人。他创立的崇仁学派影响深远，推动了中国文化教育第二次下移，为中国思想史从朱熹智识主义向内省功夫做出了突出贡献。吴与弼重视心得，不事著述，主要作品有语录体《日录》一卷。其文章风格效仿欧阳修、苏洵父子，认为古文应平易而寓理精深。

17. 邓茂七

邓茂七（？—1449），原名邓云。江西南城县珀玕乡（今属江西省抚州市）人，佃农出身。明代中叶农民起义军首领。

邓茂七年少时即勇悍有智，以豪侠为众所信服，后被推举为总甲，负责地方防务。明正统十三年（1448），邓茂七领导农民起义，自号铲平王，与叶宗留呼应，起义军人数迅速发展到数万之众，并得到了民众的广泛响应，聚众达80余万。起义军所向披靡,控制了大半个福建,并攻破了江西石城、瑞金、广昌等地,震动三省。然而,由于未能巩固后方、补给困难,加上官军的策反和内部叛徒的出卖,起义军最终于明景泰元年(1450)失败,邓茂七与数百名将士惨遭杀害。邓茂七领导的农民起义是明朝开国以来最大的一次起义,其生平事迹和起义经历具有重要的历史意义和研究价值。

18. 罗汝芳

罗汝芳(1515—1588),字惟德,号近溪,江西南城(今属江西省抚州市)人。他是明中后期著名哲学家、教育家、文学家、诗人,被誉为明末清初黄宗羲等启蒙思想家的先驱。罗汝芳从小聪颖好学,稍长则广泛阅读,后专注于理学。他师从泰州学派代表人物颜钧,得其真传。嘉靖二十二年(1543)中举后,自认为学问未成熟,拒绝廷对,退隐故乡达10年之久。期间,他深入研究学问,四处游访,宣讲哲理,教化士民,以发人"良知"和济人急难闻名于世。他在从姑山创办"从姑山房",接纳四方学子从事讲学活动。罗汝芳反对正宗教条,提倡用"赤子良心""不学不虑"去"体仁",颇有创见,一扫宋明理学迂谨之腐气。其学虽源于理学,但持见新奇,对明末清初的启蒙思想家有重要影响。罗汝芳一生致力于宣讲哲理、教化士民,为泰州学派的代表人物之一。

19. 汤显祖

汤显祖(1550—1616),字义仍,号海若、若士、清远道人,江西临川(今属江西省抚州市)人,中国明代杰出的戏曲家、文学家。出身于书香门第,他早有才名,精通古文诗词,同时也通晓天文地理、医药卜筮等多种学问。万历十一年(1583)中进士后,汤显祖在南京先后任职,然而因他目睹官僚腐败,愤而上疏触怒皇帝,被贬为徐闻典史,后调任浙江遂昌知县。在任期间,他政绩斐然,却因压制豪强、触怒权贵而招致非议,最终于万历二十六年(1598)愤而弃官归里,潜心于戏剧及诗词创作。

汤显祖的创作成就尤以戏曲为最,其代表作《还魂记》(即《牡丹亭》)与《紫钗记》《南柯记》《邯郸记》合称"临川四梦",这些作品不仅深受中国人民喜爱,更传播至世界多国,被誉为世界戏剧艺术的珍品。他的专著《宜黄县戏神清源师庙记》在中国戏曲史上也具有重要地位,对导演学起到了拓荒开路的作用。

此外，汤显祖还是一位杰出的诗人，他的诗作有《玉茗堂全集》《红泉逸草》《问棘邮草》等。在当时和后世，汤显祖都有着深远的影响。尽管有人批评他用韵任意，不讲究曲律，但几乎无人不称赞他的《牡丹亭》。他的作品所展现出的个性解放的思想倾向，影响深远，甚至在清代的《红楼梦》中也可看出这种影响。他的事迹和创作成就，使他成为中国文学和戏剧史上一位不可或缺的重要人物。

20. 陈际泰

陈际泰（1567—1641），字大士，号方城，江西临川（今属江西省抚州市）人，明末古文家，"临川四大才子"之一。他思维敏捷，写作速度快，一生作文多达万篇，被誉为八股文大家。崇祯七年（1634）中进士，曾任行人，赴贵州监考。其著述丰富，包括《易经说意》等多部经典解释，文集共29卷。他的散文风格多样，有一定艺术价值。陈际泰享年75岁，在护送已故相国灵枢途中染病去世。

21. 罗万藻

罗万藻（？—1647），字文正。江西临川腾桥人。明末古文家。罗万藻天资聪颖，幼年拜文学家汤显祖为师，万历末与同乡才子结"豫章社"，倡导唐宋派文风，被誉为"临川四大才子"之一。他在制义创作方面独辟蹊径，时文风格坚洁深秀，且能切中时弊，被清代文学家方苞高度赞扬。罗万藻曾任职福建上杭知县、礼部主事，他忧国忧民，对明朝的政治腐败和民生艰难深感忧虑。不幸的是，因挚友去世及国家动乱的双重打击，他在数月后离世。罗万藻学识广博，著述颇丰，包括《此观堂集》《十三经类语》等，均被收入《四库全书总目》。另有《罗文止稿》《制义》专集，体现了他在文学和创作方面的卓越成就。罗万藻的文学才华和为人处世的品格，使他成为明末文学界的重要人物，他的作品和思想影响深远。

22. 章世纯

章世纯（1575—1644），字大力，江西临川箭港（今属江西省抚州市）人，明末古文家。他与陈际泰、罗万藻、艾南英结"豫章社"，力推唐宋文风，与张溥的"复社"齐名，被誉为"临川四大才子"。章世纯博闻强记，善工诗文，读书时探求义理，写文章紧扣论题，融会经史，解释深奥哲理。他还精通天文律历、五行禽迹、阴阳星卜等领域。《四库全书总目》赞扬他运思尤锐，能发前人所未发。天启元年（1621），章世纯中举，后历任天长县教谕、国子监学正等职。崇祯末年，他以70高龄就任广西柳州知府。不久，明朝覆亡，他闻讯悲愤成疾，在柳州任上抑郁而死。在文学艺术方面，章世纯著述颇丰，著有《四书留书》《留书别集》等，被收入《四库全书》和《豫章丛书》。他的诗文作品还有《章柳州集》《章大力集》等。章世纯的才华和成就使他成为明末文学界的重要人物。

23. 艾南英

艾南英（1583—1646），字千子，号天佣子，抚州府临川东乡（今江西省抚州市东乡区）人。明朝末年散文家、文学评论家。

艾南英是天启年间中举人，曾策文讽刺权宦魏忠贤。他对八股文的低劣深感痛心，与临川才子共同致力于振兴斯文，被赞誉为"临川四大才子"或"江右四家"之一。清军入侵江西后，他前往福建投奔南明唐王，被任命为监察御史。隆武二年（1646），艾南英因病去世。他的著作大多散失，仅存《禹贡图注》一卷被收入《四库全书》。艾南英在史学方面有着深入的研究，曾撰写《古今全史》一千余卷，但不幸的是毁于兵火。虽然他的创作模仿欧阳修，但只停留在字句相似，缺乏欧文的韵味和神采。然而，他与人论辩的书信和序文却展现出峻厉爽健的笔力和舒卷自如的文气。更多事迹详见《明史·文苑传》。

24. 李绂

李绂（1675—1750），字巨来，号穆堂，江西临川（今属江西省抚州市）人。清代政治家、理学家、诗文家，被誉为"陆王派之最后一人"。康熙四十八年（1709）进士，历任翰林院编修、内阁学士、左副都御史、吏兵二部侍郎、广西巡抚、直隶总督。雍正时期受到弹劾下狱免官，乾隆时期重新起用，历任户部侍郎、太子詹事、光禄卿、内阁学士兼礼部侍郎。治理陆王学派，著有《穆堂类稿》等。李绂在文学、理学、政治方面均有卓越成就，是清朝时期的重要人物之一。其生平事迹和创作成就对于研究清代历史和文化具有重要意义。

(四)宦游名人

1. 王羲之

王羲之(321—379),字逸少,东晋著名书法家,被誉为"书圣"。王羲之曾任江州刺史,期间在临川郡城东高坡置宅,宅内建有洗墨池,供其练习书法,展现了他对书法的执着追求和深厚造诣。其作品具有极高的艺术价值,对后世书法影响深远。2002年,抚州市政府重建洗墨池,以纪念这位伟大的书法家。

2. 谢灵运

谢灵运(385—433),陈郡阳夏(今河南省周口市太康县)人,世居会稽(今浙江省绍兴市)。出身东晋大族,好学博览,为名将谢玄之孙。袭封康乐公,世称谢康乐。刘裕代晋后,降为侯爵,任散骑常侍。恃才傲物,为权臣所忌,出任永嘉太守,喜游山玩水。元嘉八年(431)任临川内史,体察百姓疾苦,兴修水利、开景、译经,为民谋福。48岁被杀于广州。谢灵运的事迹和创作成就体现了其卓越的文化和政治影响力,是中国历史上不可忽视的重要人物之一。

3. 颜真卿

颜真卿(709—784),字清臣,唐代著名的书法家、文学家、大臣,京兆万年(今陕西省西安市)人。颜真卿开元二十二年(734)中进士,后官至吏部尚书兼御史大夫,以功勋封为鲁郡公。他秉性刚正,不畏权贵,大历元年(766)弹劾宰相元载,因此遭到贬谪。他先后被贬为峡州别驾、吉州司马,大历三年(768)移任抚州刺史,至大历七年(772)离任。在抚州的5年任职中,颜真卿勤政爱民,多有建树,备受百姓拥戴。抚州城内建有鲁公祠、忠孝堂等设施,供奉鲁公菩萨,以纪念这位伟大的人物。颜真卿不仅是一位杰出的政治家,还是一位著名的书法家。他的书法风格独特,气势磅礴,被誉为"颜体",对后世影响深远。同时,他也是一位文学家,其诗文作品亦备受推崇。颜真卿的事迹和创作成就将永远铭刻在中国历史文化的长河中。

4. 陆游

陆游(1125—1210),字务观,别号放翁,越州山阴(今浙江省绍兴市)人,南宋伟大的爱国诗人。淳熙六年(1179),54岁的陆游奉旨赴抚州任职,为期一年。在此期间,他创作了散文 17 篇和诗歌 174 首,其中包括《放翁自赞》等代表作。陆游的诗歌风格豪放,内容深沉,多抒发对国家民生的关心和对人生的感悟。他的作品具有鲜明的个性和时代特色,被誉为"诗史上的一座巍峨的山峰"。

(五)近现代名人

1. 军政人才

(1)朱仙舫

朱仙舫(1887—1968),原名升芹,江西省抚州市临川区人,是中国第一代纺织工业管理专家和实业家,被誉为江西民族纺织工业的奠基人和中国纺织学会的发起人。他长期从事纺织工业管理和纺织科学技术的研究与实践,为中国纺织工业的发展做出了卓越的贡献。

朱仙舫在纺织工业领域有着丰富的实践经验,他编著了我国第一部纺织科技书籍《理论实用纺绩学》,为纺织工业的发展提供了重要的理论指导。他还开创了早期纺织工业教育,培养了大批纺织工业人才,为中国纺织工业的发展奠定了坚实的基础。

朱仙舫不仅是一位杰出的理论家和教育家,还是一位实业家。他设计建设了 2 万锭纱厂,成为江西省民族纺织工业的奠基人,为中国纺织工业的发展注入了新的活力。同时,他也是中国纺织工程学会的前身——中国纺织学会的创始人之一,为中国纺织工业的发展提供了重要的支持和保障。

中华人民共和国成立后,朱仙舫担任了纺织工业部计划司司长和中南军政委员会委员等职务,为中国纺织工业的发展做出了重要的贡献。

(2)周建屏

周建屏(1892—1938),原名宗尧,云南讲武堂毕业,因对滇军腐败不满而辞职,考入黄埔军校。他是中国工农红军和八路军高级指挥员,赣东北根据地和中国工农红军第十军的创始人之一。1926 年加入中国共产党,后参加南昌起义。与方志敏共同组建农民起义团并任团、师、军长。他参加了平型关大战,长征后任陕甘宁边区武装部部长和 115 师 343 旅副旅长。由于战争环境的艰苦和频繁的转战、作战,1938 年 6 月 13 日,周建屏在河北省平山县因旧伤复发去世,遗体安葬在平山小觉镇。

（3）赵醒侬

赵醒侬（1899—1926），原名性和，江西省抚州市南丰县人。他是早期江西地下党、团组织的主要创始人，与袁玉冰、方志敏合称为大革命时期的"江西三杰"。赵醒侬曾在南丰高等小学就读，因家贫失学，之后流落至长沙、上海等地当学徒。1921年，他加入中国社会主义青年团，并很快转为中共党员。次年秋，他受党的派遣回到江西，与方志敏等人一起积极进行马列主义宣传活动。1923年1月，他组建了中国社会主义青年团南昌地方团，并担任执行委员会委员长。1924年2月，他建立了中共江西支部，并担任支部干事会书记。同年11月，他担任中共江西地方执委会组织部部长。1925年7月，他主持召开了国民党江西省第一次代表大会，并当选为常委、组织部部长。1926年3月，他创办了黎明中学，为革命事业培养干部。然而，同年8月他被捕入狱。1926年9月16日，赵醒侬英勇就义，年仅27岁。他是一位杰出的革命烈士，为中国革命事业做出了不可磨灭的贡献。

（4）傅烈

傅烈（1899—1928）原名见贤，化名贺德、贺泽、吁伯凯。江西省抚州市临川区上顿渡人。四川省委第一任书记。革命烈士。

（5）黄火星

黄火星（1909—1971），江西省抚州市乐安县人。他历任多个军队职务，包括第十兵团政治部主任和福建省军区政治部主任，厦门市军事管制委员会主任等。1954年起，他任江苏军省区第二政治委员，后任中华人民共和国最高人民检察院副检察长兼解放军军事检察院检察长等职。黄火星在1955年被授予中将军衔，荣获二级八一勋章、一级独立自由勋章和一级解放勋章，他还是第三届全国人大代表。1971年4月27日因病在北京逝世。

（6）李井泉

李井泉（1909—1989），江西省抚州市临川区人，中共优秀党员，忠诚的共产主义战士，无产阶级革命家，解放军杰出政治工作者。他历任中共川西区党委第一书记、四川省人民政府主席、中共中央西南局第一书记兼原成都军区第一政委等职，展现出卓越的领导才能。李井泉还当选为中共第八届中央委员、第三、四、五届全国人大常委会副委员长，为国家发展做出了重要贡献。

2. 文化名人

（1）李瑞清

李瑞清（1867—1920），字仲麟，江西省抚州市临川区人，清末民初的诗人、教育家、书画家及文物鉴赏家。1895 年中进士后，他曾任翰林院庶吉士、江宁提学使及两江优级师范学堂校长。李瑞清也是著名画家张大千的恩师，书画造诣深厚，以"北李南曾"之称与曾熙齐名。同时，他与吴昌硕、黄宾虹被誉为"海上四妖"。李瑞清不仅是中国近现代教育的改革者和奠基人，更是中国现代美术教育和高等师范教育的先驱，其卓越贡献令人敬仰。

（2）欧阳渐

欧阳渐（1871—1943），字竟无，江西省抚州市宜黄县人，近代著名佛学居士。他一生致力于佛学研究，著述颇丰，晚年自编所著为《竟无内外学》，凡二十六种，三十余卷。欧阳渐继承杨仁山居士遗志，在主持整理、刻印佛经方面做出了重大贡献。他遵照杨仁山居士遗嘱，刻成《瑜伽师地论》后五十卷，并做了一篇长叙，阐发慈氏法相唯识学一本十支的奥义。支那内学院成立后，他继续组织师生校刻佛典，最终编选刻印成《藏要》三辑，总计收入经律论七十三种。晚年他有感于抗战期间文献散亡，更发愿精刻佛藏一部以慰忠魂，亲自选籍五千余卷，可惜不久谢世，此愿未能实现。但他已刊印的两千余卷佛典对近代佛学研究做出了重要贡献。欧阳渐的佛学造诣和贡献被誉为近代佛学界的杰出代表之一。

（3）游国恩

游国恩（1899—1978），字泽承，江西省抚州市临川县人，是一位著名的楚辞研究专家、文学史家，北京大学一级教授。他毕生致力于教学和学术研究，为中国古代文学，特别是楚辞的研究做出了重大贡献，是享誉中外的楚辞学专家和文学史家。

游国恩的成名之作是 1926 年出版的《楚辞概论》，该书约 15 万字，代表了他在东西方学术文化撞击中创造的现代学术成果。此外，他在中国文学史学科建设方面也有卓越贡献。他在 1956 年底撰写的《对于编写中国文学史的几点意见》一文，为规范中国大学中文系中国文学史的教学发挥了重要作用。游先生在北大讲授中国文学史期间，为学生提供了丰富的作品选注，创造了一种新的作品选注体例。

1961年，游国恩被任命为《中国文学史》第一主编和编写组召集人。他总结了中国古代文学的发展，以历史唯物主义为指导，编写了一部较为完整的中国文学史。

（4）舒同

舒同（1905—1998），字文藻，江西抚州市东乡区人，著名的书法大师。他曾任中共山东省委第一书记、陕西省委书记、中国人民解放军军事科学院副院长、中国书法家协会第一任主席、中共中央顾问委员会委员。舒同自幼喜欢书法，创立了著名的"舒体"。他的书法风格宽博端庄，圆劲婉通，用笔老重，藏头护尾，点画润厚通畅，别具一格，是现代书法艺术的杰出代表之一。1920年，他在家乡与进步同学成立"金兰同学社"，传播新思想、新文化。1925年发表《中华民国之真面目》，揭露北洋军阀政府的虚伪性。舒同是中国书法事业的继承和开拓者、中国书法家协会的创始人，毛泽东主席赞扬他是"红军书法家、党内一枝笔"。

（5）萧涤非

萧涤非（1906—1991），江西省抚州市临川区人，是一位杰出的古典文学学者和教育家。他在清华大学毕业后，到山东大学任教，并历任中文系主任、教授、硕士、博士研究生导师。在培养人才方面，他成就卓越，培养过项怀诚等一大批国之栋梁，同时也致力于中青年学者和研究生的培养。在学术研究方面，萧先生对古典文学有着深厚的功底和渊博的知识，尤其在杜甫和乐府研究方面具有杰出贡献。他的讲课内容丰富生动，引经据典，深受学生欢迎。萧先生著有《汉魏六朝乐府文学史》《杜甫研究》等多部著作，并有多部未刊稿和散见于各报刊的文章。他的卓越成就和杰出贡献被誉为卓越学者、一代宗师、乐府及唐诗研究的权威人士。萧先生在耄耋之年仍以多病之躯致力于教育工作，他的敬业精神和学术追求令人敬佩。

（6）盛中国

盛中国（1941—2018），祖籍江西临川，中国小提琴演奏家。5岁开始学习小提琴，后毕业于苏联莫斯科柴可夫斯基音乐学院。其代表作品包括小提琴协奏曲《梁山伯与祝英台》等。盛中国是最早在国际上为中国争得荣誉的小提琴家之一,也是中国交响乐团国家级小提琴独奏家,曾获得中国唱片总公司颁发的金唱片奖。2018 年 9 月 7 日晚,盛中国因心脏病在北京逝世,享年 77 岁。

3. 著名院士

(1) 饶毓泰

饶毓泰 (1891—1968),名俭如、字树人,江西省抚州市临川区人,是中国现代物理学家、教育家的杰出代表。他曾荣获第一届中央研究院院士和第一批中国科学院院士的殊荣,被誉为"中国物理学界泰斗",同时也是南开大学物理系的创建人、理学院的奠基人之一。

饶毓泰在物理学领域的研究成果卓著。他深入研究了气体导电过程,对低压汞弧放电机理做出了重要贡献,并在倒斯塔克效应、分子光谱等方面取得了有意义的研究成果。这些成就彰显了他在物理学领域的深厚造诣和卓越贡献。饶毓泰也是中国物理学教学和科研事业的重要推动者。他毕生致力于培养物理学人才,创办南开大学物理系,并长期担任北京大学物理系主任。他大力建设研究实验室,推动北京大学物理系迅速崛起为国内物理教学和研究的前沿。

饶毓泰的学术成就和贡献在国内外享有盛誉。他在 1948 年当选为中央研究院院士,1955 年当选为中国科学院数理化学部委员(院士),这些荣誉充分肯定了他的杰出贡献和卓越成就。他于 1968 年 10 月 16 日在北京逝世,享年 77 岁。尽管他已经离开我们,但他的学术精神和卓越贡献将永远被铭记在中国物理学的史册中。

(2) 程孝刚

程孝刚 (1892—1977),号叔时,江西省抚州市宜黄县人。铁道机械工程专家和技术教育家。1913 年获美国普渡大学学士及硕士学位。曾担任上海交通大学副校长和教授,1955 年被选聘为中国科学院技术科学部委员。程孝刚在铁路工程领域造诣深厚,尤其擅长机车车辆制造、修理与运用,同时对机车性能和运转有深入研究。

(3) 余瑞璜

余瑞璜 (1906—1997),江西宜黄人,物理学家、凝聚态物理学家。余瑞璜主要从事 X 射线晶体学、金属物理、固体物理理论等方面的研究，1937 年获得英国曼彻斯特大学理学博士学位。1939 年回国后，他先后在清华大学、吉林大学担任教授，为中国的物理学研究做出了杰出贡献。1955 年被选聘为中国科学院学部委员（院士）。1978 年，担任吉林大学物理系第一任系主任，之后改任名誉系主任。余瑞璜一生奉献于中国的物理学教育和研究事业，为中国的物理学发展奠定了坚实的基础，享有崇高的学术声望。1997 年 5 月 19 日，余瑞璜逝世，享年 91 岁。

（4）邓从豪

邓从豪（1920—1998），中国科学院院士，理论化学家，出生于江西省抚州市临川区。曾任山东大学教授、校长。1945 年毕业于厦门大学化学系。1993 年当选为中国科学院院士。多年在量子化学基础理论和微观反应动力学理论两个方面进行研究。1998 年 1 月 17 日逝世。

（5）吴式枢

吴式枢（1923—2009），物理学家，江西省抚州市宜黄县人，中国科学院资深院士，吉林大学教授、物理学科创始人之一。吴式枢主要从事原子核理论研究，尤其在核多体理论方面有着卓越成就。1944 年毕业于同济大学机械工程系并留校任教，1951 年获得美国伊利诺伊大学研究生院哲学博士学位后回国，投身于教育事业。吴式枢不仅参与创建东北人民大学物理系，还历任系副主任、系主任、名誉系主任，为中国的物理学教育奠定了坚实基础。1980 年，当选为中国科学院学部委员（院士）。吴式枢于 2009 年逝世，享年 86 岁。

（6）艾兴

艾兴（1924—2018），江西省抚州市东乡区人，中国切削加工和刀具材料领域的先驱，中国工程院院士，山东大学机械工程学院教授、博士生导师。自 1948 年从厦门大学毕业后，艾兴投身于教育事业，后于 1953 年加入山东工学院（现为山东大学），专注于切削加工及刀具材料的研究。凭借卓越贡献，他在 1999 年当选为中国工程院院士。艾兴的研究领域涵盖超硬材料加工等机械加工领域的理论与技术。2018 年 4 月 7 日，艾兴在济南逝世，享年 95 岁。

（7）邱定蕃

邱定蕃是 1941 年于香港出生的江西省抚州市广昌县人，被誉为"矿浆电解新技术"的开拓者。他是一位有色金属冶金和化工冶金专家，长期专注于这两个领域的研究与开发。邱定蕃成功地研究出萃取分离镍、钴技术，并在中国首次实现工业化。他在资源循环方面也有深入研究，主持和参与了众多工程院咨询战略研究项目。邱定蕃在1962年大学毕业后，于1989年赴加拿大女王大学学习和研究，并担任副导师。他曾在北京矿冶研究总院担任主管科研副院长和博导，1999年当选为中国工程院院士。此外，他还兼任中国工程院化工、冶金与材料学部副主任、常委以及中国有色金属学会副理事长。

四、著名作品人物

（一）杜丽娘

杜丽娘，明代话本小说《杜丽娘慕色还魂记》中的女主角，以其深情厚谊和坚韧不拔的精神，成为中国文学史上一个独特的形象。她的故事被汤显祖巧妙地改编成《牡丹亭》，从而使得她的名字广为流传。

作为南安太守杜宝的独生女儿，杜丽娘原本被期待成为一位恪守传统妇德的贤妻良母。然而，在春香的引诱下，她勇敢地走出绣房，踏入花园，让春天的气息唤醒了她的青春和对爱情的渴望。在梦中，她与柳梦梅在牡丹亭畔幽会，体验到了爱情的甜美。然而，封建礼教的残酷现实使得杜丽娘无法在现实生活中实现她的爱情梦想。在对爱情的深深思念和无尽的痛苦中，她选择了以死抗争。但她的故事并没有结束，她的真情打动了天地鬼神，让她还魂重生。

经历了无数次的磨难和挫折后，杜丽娘最终与柳梦梅走到了一起，用她的爱情证明了"生者可以死，死可以生"。杜丽娘的形象展示了人对爱情的热烈追求，这种追求可以超越生死，具有无尽的力量。

（二）柳梦梅

柳梦梅是《牡丹亭》中的男主角，一位典型的封建社会儒家读书人。他在梦中与女主角杜丽娘相遇，两人在牡丹亭畔、芍药栏边秘密幽会。然而，这段爱情在杜丽娘因相思成疾去世后，遭遇了重重困难。他们再次相见时，已经人鬼殊途。但爱情的力量感动了阎罗判官，让杜丽娘得以还魂复生。

尽管经历了这一奇迹，两人的爱情仍然面临着巨大的考验。柳梦梅出身寒门,与杜丽娘门不当户不对,引发了杜宝等人的坚决反对。即使柳梦梅成为状元,也无法改变他们的态度。最终,这场爱情纷争闹到了金銮殿之上,皇帝亲自作出决定,才让这对有情人得以终成眷属。柳梦梅的故事展示了爱情的力量可以超越生死和封建社会的束缚。

(三)李益

李益,《紫钗记》的男主人公。陇西才子,长安游学期间经人介绍与霍小玉结为夫妻。后来,李益考中状元,但却受到权贵卢太尉的打压和迫害,被远赴边关并软禁在太尉府上,与霍小玉双双分离,心生误会。然而,在黄衫客的帮助下,两人误会得以消除。最终,皇帝降旨加封李益为集贤殿学士和鸾台侍郎,霍小玉为太原郡夫人,郑六娘为荥阳郡太夫人。李益的故事告诉我们,即使遇到重重困难,只要心怀信念和坚持不懈的努力,最终还是会迎来人生的巅峰。同时,他也向我们展示了爱情的力量可以超越任何障碍。

(四)霍小玉

霍小玉,传奇小说《霍小玉传》中的女主角,其身世低微,但她凭借自己的才智和美貌,赢得了李益的心。汤显祖根据她的故事创作了《紫钗记》。霍小玉的爱情故事令人感慨,她为了爱情不惜一切,把生命理想和全部价值都押在了爱情上。她的坚定和执着,令人深感敬佩。最终,她与李益在爱情中得以圆满,展现了爱情的力量和美好。虽然字数有所限制,但霍小玉的事迹和精神内核得以体现出来。

(五)卢生

卢生,唐沈既济《枕中记》中的虚构人物,以其梦中经历享尽荣华富贵的情节而闻名。卢生曾是一个郁郁不得志的读书人,进京赶考却未能成功。然而,在邯郸客店的一场梦中,他的人生发生了翻天覆地的变化。他不仅娶了美丽温柔的妻子,中了进士,还一路高升,最终成为户部尚书兼御史大夫、中书令,封为燕国公。他的五个孩子也都成为高官,嫁娶名门。卢生在梦中享尽了荣华富贵,但醒来后却发现一切只是一场梦,小米饭还没有煮熟。这个故事便是著名的"一枕黄粱"或"黄粱一梦",警示人们珍惜现实,不要过分追求虚无缥缈的荣华富贵。

(六)淳于棼

淳于棼,中国唐代传奇小说《南柯太守传》的主人公,其人物形象在中国戏剧史上较为罕见。他具备多种特质:有能力、有梦想、有功名、有爱情,但同时也带有普通人的贪欲。在面对酒色名利的诱惑时,他无法坚守本心,无论是在世间还是在蚁国,都遭到了群众的冷遇和排斥。

故事中,淳于棼经历了一场大梦。他梦到自己来到了大槐安国,娶了公主,成为南柯郡的太守,享受了无比的富贵荣华。在这个职位上,他勤政爱民,治理有方,深得民心,因此屡次升官,权势滔天。然而,公主去世后,他遭到了谗言的陷害,逐渐失去了权势,最终被遣返回人间。醒来后,他发现自己所经历的一切原来只是一场梦。

汤显祖的《南柯记》便取材于这段故事。在该剧中,淳于棼的人生经历被进一步艺术加工和深化。他的梦想、功名、爱情及贪欲都被淋漓尽致地展现出来,使观众得以一窥人性的复杂和多面。此剧多层面地揭露了朝廷的骄奢淫逸、文人的奉承献媚等社会现象,被多数观众认为是一部讽世剧。同时,淳于棼最后的醒悟和立地成佛,也使《南柯记》被赋予了深厚的佛教内涵。

五、特色艺术表现

(一)戏曲艺术

1. 南丰傩戏

南丰傩,起源于西汉初年,是中国古老而丰富的文化遗产之一。这种独特的艺术形式在历史长河中逐渐发展并成熟,南宋末至元初时期达到盛行。文人隐士刘镗的《观傩》诗"鼓声渊渊管声脆,鬼神变化供剧戏",为我们提供了当时南丰傩戏的具体画面和演出氛围。

在明清时期,南丰傩舞经历了重大的创新,不再局限于传统的"索室驱疫"的傩仪框架。这个时期,民间艺人巧妙地将戏剧表演和武术动作融入傩舞之中,使其表演形式和内容更加丰富多元。如今,在江西省抚州市南丰县的石邮村,南丰傩的传统文化得以完整保存。这里有130多个傩班,收藏了超过2300只傩面具,同时拥有近百个傩舞剧目,因此被赞誉为"民间傩舞艺术之乡"。南丰傩舞的艺术性深厚，它包含了一套完整的祭祀仪式，从"起傩"到"演傩"，再到"搜傩"和"圆傩"，每一环节都充满了神秘和古朴粗犷的色彩。其中，"搜傩"环节尤为核心，傩神角色如"开山""判官""大鬼"会手执神链，进入各家各户进行"搜间"，以驱逐屋内的疫鬼或邪气。

南丰傩的风格古老稚拙、粗犷豪放，它不仅仅是一种表演艺术，更是一种具有深厚历史和文化内涵的祭祀仪式。这种典型的原生态特色和文傩风格，使南丰傩成为中国传统文化中一颗璀璨的明珠。这种驱疫逐鬼的祭祀内容从正月十六夜开始，一直持续到次日清晨，以确保村子里的所有鬼魅都被完全驱逐。这种独特的风俗习惯已经传承了千百年，至今仍然在南丰县的石邮村得以保留和执行。

2. 乐安武傩戏

乐安傩，源自北宋末至南宋初年，至今已发展出三大鲜明流派，各具特色。首先是增田镇东湖村的"滚傩神"，这一流派由古代村民为求神灵庇佑的祭祀仪式演变而来，充满了神秘与庄重。其次是古村流坑的"戏傩"，通常在每年正月或喜庆日子进行表演，主要节目有《钟馗扫台》《天官赐福》等，不仅具有艺术性，还蕴含深厚的文化内涵。再者是鳌溪镇罗山傩舞，表演时有八位艺人面戴古代名将或神话人物面具，配合锣鼓节奏，或起舞、或对打，竞技性极强，场面热烈无比。这三大流派共同展现了乐安傩的丰富多样和深厚的历史文化底蕴。与南丰傩相比，乐安傩更注重武技展示，因此被赋予了典型的武傩风格。这种独特的艺术表现形式，既是一种文化传统，也是一种生活习俗，深深地根植于乐安的土地和人民之中。

3. 古海盐腔

海盐腔是一种历史悠久的传统戏曲声腔，形成于明代成化年间的浙江海盐，与余姚腔、弋阳腔、昆山腔并列为明代南戏四大声腔。根据记载，在成化年间，嘉兴府之海盐县已有"戏文子弟"这一称呼，证明当时海盐腔已经在当地广泛兴起。到了嘉靖、隆庆年间，海盐腔的传播范围更是扩展到了嘉兴、湖州、温州、南京、台州、苏州、松江等地，甚至远及江西宜黄、北京等地，显示了其当时的巨大影响力。

然而，到了清康熙以后，海盐腔逐渐在历史中淡出，以至于几乎被遗忘。

幸运的是，在1980年，江西省的一批声腔研究专家进行了系统的挖掘和整理工作。他们通过深入挖掘和整理大量曲牌，最终在抚州市广昌县的"盱河戏"中发现了一些与海盐的民间音乐"骚子歌"相似的曲牌音调。这一发现初步证实了"盱河戏"中仍然保留着一批"海盐腔"的音乐曲牌。而更令人兴奋的是，在抚州广昌县甘竹镇演出的"孟戏"中，还保留着海盐腔的余韵。

随着这一重要发现的传播，越来越多的艺人前往抚州进行采风，这使得被埋没的"海盐腔"逐渐重新为外界所知。这些艺人的努力不仅为海盐腔的传承注入了新的活力，也为这一古老戏曲声腔的研究和保护提供了宝贵的线索与资料。目前，对于海盐腔的整理和传承工作仍在进行中，希望这一古老的艺术形式能够在现代得到更多的关注和传承。

4. 宜黄戏

宜黄戏，是一款历史悠久的戏曲剧种，也有"宜黄班""大戏""土戏""老二黄"等称呼。这款戏曲剧种是由明末清初时期形成的宜黄腔逐渐发展成型，因为其发源地在宜黄而得名。宜黄戏已经被列为第一批国家级非物质文化遗产代表性项目名录传统戏剧类项目。

宜黄腔的起源可以追溯到西秦腔。在明末清初，当西秦腔在南方扎根后，其在声腔上逐渐发生了新的变化。在江西，出现了以唢呐伴奏的二凡和以笛子伴奏的吹腔。而当它进入宜黄后，原本的唢呐和笛子被胡琴取代，同时将黄梅采茶的"还魂腔"改造为一种"反调"，从而形成了以胡琴伴奏的宜黄腔，其基本曲调为"二凡"。

宜黄腔的音乐丰富多样，包括"二凡"（二黄）、"凡字"（反调）"唢呐二凡"（用大唢呐吹奏的二凡）、"西皮""拨子""吹腔""浙调""南北词"等多种腔调。在演唱特点上，旦行采用小嗓演唱，小生则是真假嗓结合，而其他行当则使用大嗓。演唱时注重吐字清晰、音随字走，且在传统唱腔中大量运用衬字。行腔中常用倚音、波音和下滑音等润腔手法。语言主要采用中州韵，但丑角多使用宜黄方言。

宜黄戏的乐队配置包括胡琴、二胡、月琴和三弦，合称为"十一根弦"。在角色行当上，宜黄戏在弋阳腔的基础上增加了末、二旦和四花，从而发展为"十二行"。宜黄戏的脸谱绘制风格简单而粗糙，仅使用黑、红、白三种对比鲜明的颜色。其传统剧目十分丰富，包括从明代西秦腔继承下来的《清官册》《五雷阵》《四国齐》《闹沙河》等。

5. 抚州采茶戏

抚州采茶戏是江西省抚州市临川地区一种重要的传统戏曲文化形式，以其独特的艺术风格和表演形式而闻名。该戏曲采用抚州赣语进行说唱，具有深厚的地方特色。其旧名为"三脚班"或"半班"。

在清初时期，由于抚州地区连年灾荒，许多民众被迫离开家园，其中一部分人选择以卖艺为生。他们结合当地流行的民歌小调和灯采表演形式，逐渐形成了独立的"三脚班"，并创作了一批单台戏和单台调。抚州采茶戏的发祥地位于宜黄、临川、崇仁、乐安四县的交界地区，这一地区早已流行的宜黄戏为其产生和发展提供了重要的学习和借鉴条件。

抚州采茶戏的唱腔主要来源于江西省的民歌小调，具有鲜明的地方色彩。其传统唱腔采用专曲专用的曲牌体腔调，但经过不断的发展和创新，已经出现了大量板腔体唱腔。唱词一般采用上下对偶的五字句、七字句或十字句乐段。旋律上，抚州采茶戏以字多腔少、简洁明快为特点，每个唱段的行腔与抚州地方语言的音调紧密结合，呈现出一种说唱音乐的风格。

在演唱时，抚州采茶戏要求使用纯正的抚州话。男女分腔均采用本嗓进行演唱，特别注重吐字的清晰和运腔的圆润。其总体唱腔可分为戏曲正调、戏曲杂调和民歌小调三类，展现了丰富的音乐性和表演性。抚州采茶戏以其独特的艺术形式和表演风格，成为江西临川传统戏曲文化的重要组成部分之一。它通过唱腔和表演，展现了抚州地区深厚的历史文化底蕴和独特的地方魅力。

6. 乐安花鼓戏

乐安花鼓戏是江西省抚州市乐安县一种广为流传的地方戏曲剧种，具有悠久的历史和独特的艺术风格。它的发祥地位于谷岗乡火嵊村小港村小组，深受临县宜黄戏等戏曲的影响。

明末时期，乐安花鼓戏的前身是安徽宣城的花鼓，它与小港龙灯、宜黄戏相融合，逐渐形成了特色鲜明的乐安花鼓戏。最初，乐安花鼓戏只有扭单台，即独角戏，演员边打花鼓边唱，采用"十字调"进行表演。随着时间的推移，它逐渐发展成两人对唱的对子戏，主要为夫妻戏，只有一生一旦两个角色，此时引入了锣鼓腔。到了晚清时期，乐安花鼓戏开始有折子戏的形式，加入了丑角，并在清末发展出整本戏的表演形式。

乐安花鼓戏的唱腔以锣鼓腔、花鼓灯歌为主，同时融合了弹腔、西皮、二黄、南北词、川调、扬州调等多种曲调。其表演风格朴实、纯真，注重生活化，没有烦琐的程式化动作。道白通俗生动，大量运用方言土语，使其更贴近当地观众的生活。

乐安花鼓戏的乐队配置包括高胡、唢呐、大锣、小锣、钹、小镲、板鼓、尺、木鱼等乐器，为演出增添了丰富的音乐色彩。目前，乐安花鼓戏能够上演大小剧目五十余出。其内容直接反映了民间生活习俗，如描绘农耕生活的《南山耕田》《一束根栽禾》，以及表现人物性格的《浪子铲豆》《柳英晒鞋》等。同时，它也包括一些传统故事戏，如《梁祝》《绵羊记》《青龙山》《割肉救母》等。此外，乐安花鼓戏还移植了部分宜黄戏的剧目，如《平贵回窑》等。

乐安花鼓戏以其独特的艺术形式和表演风格，深受当地观众的喜爱和欢迎。它不仅是乐安县文化的重要组成部分，也是中国传统戏曲文化中的瑰宝之一。通过乐安花鼓戏的表演，观众可以感受到浓厚的地方文化氛围和民间艺术的魅力。

（二）非物质文化遗产

截止到 2022 年，抚州市共有非物质文化遗产 133 项，其中国家级 7 项，省级 42 项，市级 84 项。

抚州市非物质文化遗产名录

序号	项目类别	项目名称	申报地区	备注
1	民间文学	麻姑仙女传说《沧海桑田》	南城县	省级第一批
2		胡乔仉的故事	南丰县	市级第三批
3		浒湾书铺街灯谜	金溪县	市级第四批
4		金溪徐神仙传说	金溪县	市级第五批
5		临川红色故事	临川区	市级第六批
6		舒同故事	东乡区	市级第六批
7		广昌苏区故事	广昌县	市级第六批

续表

序号	项目类别	项目名称	申报地区	备注
8	民间文学	金溪青蛙神传说	金溪县	市级第六批
9		周建屏的故事	金溪县	市级第六批
10		宜黄苏区民谣	宜黄县	市级第六批
11		南丰苏区故事	南丰县	市级第六批
12	传统音乐	乡射遗乐	乐安县	省级第二批
13		资溪畲族山歌	资溪县	省级第四批
14		乐安民歌	乐安县	市级第三批
15		乐安大华山道教音乐	乐安县	市级第五批
16		黎川苏区歌谣	黎川县	市级第六批
17		乐安苏区歌谣	乐安县	市级第六批
18		资溪苏区民歌	资溪县	市级第六批
19	传统舞蹈	南丰跳傩	南丰县	国家级第一批
20		乐安傩舞	乐安县	国家级第一批
21		崇仁跳八仙	崇仁县	省级第一批
22		手摇狮	金溪县	省级第二批
23		罗汉灯	东乡区	省级第二批
24		马步灯	金溪县	省级第二批
25		资溪九节龙	资溪县	省级第二批
26		临川火老虎灯	临川区	省级第三批
27		东乡车马灯	东乡区	省级第三批
28		崇仁相山板凳龙	崇仁县	省级第三批
29		宜黄禾杠舞	宜黄县	国家级第四批
30		黎川舞白狮	黎川县	国家级第四批
31		宜黄神岗傩舞	宜黄县	省级第四批
32		崇仁扭扭龙	崇仁县	省级第四批

续表

序号	项目类别	项目名称	申报地区	备注
33	传统舞蹈	东乡跳马灯	东乡区	省级第四批
34		金溪矮脚龙	金溪县	省级第四批
35		金溪疏口蚌壳灯	金溪县	省级第五批
36		东乡蛇灯	东乡区	省级第五批
37		资溪猴狮舞	资溪县	省级第五批
38		崇仁尧岗傩戏	崇仁县	省级第五批
39		黎川舞王狮	黎川县	市级第六批
40	传统戏剧	广昌孟戏	广昌县	国家级第一批
41		宜黄戏	宜黄县	国家级第一批
42		抚州采茶戏	临川区	国家级第三批
43		广昌塘坊木偶戏	广昌县	省级第四批
44		乐安花鼓戏	乐安县	省级第五批
45		广昌乱弹	广昌县	市级第五批
46		南丰马仔戏	南丰县	市级第六批
47	曲艺	宜黄扬花	宜黄县	市级第三批
48		抚州话文	临川区	省级第四批
49		南丰香钹	南丰县	市级第五批
50	传统体育、游艺与杂技	东乡杨氏太极拳	东乡区	市级第六批
51		资溪畲族武术	资溪县	市级第六批
52	传统美术	南丰傩面具雕刻	南丰县	省级第二批
53		乐安蛋雕	乐安县	省级第四批
54		乐安袁氏木雕	乐安县	市级第三批
55		资溪竹烙画	资溪县	省级第五批
56		抚州于氏神佛木雕	市直	市级第五批

续表

序号	项目类别	项目名称	申报地区	备注
57	传统美术	抚州木质浮雕	临川区	市级第五批
58		乐安竹衣工艺	乐安县	市级第六批
59		临川剪纸	临川区	市级第六批
60	传统技艺	南丰蜜橘栽培技艺	南丰县	省级第一批
61		金溪雕版印刷手工技艺	金溪县	省级第二批
62		广昌白莲生产技艺与习俗	广昌县	省级第二批
63		金溪藕丝糖传统手工技艺	金溪县	省级第二批
64		南丰泥炉制作工艺	南丰县	省级第二批
65		临川篾编技艺	临川区	省级第三批
66		金溪浒湾油面生产工艺	金溪县	省级第三批
67		南城麻姑酒酿造技艺	南城县	省级第四批
68		南城麻姑米粉制作技艺	南城县	市级第三批
69		黎川灌芯糖制作技艺	黎川县	市级第三批
70		棠阴夏布织造技艺	宜黄县	省级第五批
71		金溪大米微书蜡石镶嵌工艺	金溪县	市级第四批
72		临川白浒窑陶瓷工艺	临川区	市级第四批
73		临川金银錾刻	临川区	省级第五批
74		抚州水碓制作技艺	抚州市	市级第四批
75		抚州木榨油技艺	市直	市级第五批
76		临川毛笔制作技艺	市直	市级第五批
77		乐安牛田范制葫芦雕技艺	乐安县	市级第五批
78		乐安南村仕女扇制作技艺	乐安县	市级第五批
79		乐安罗陂制陶技艺	乐安县	市级第五批
80		南城云市窑陶瓷制作技艺	南城县	市级第五批
81		南城麻姑茶制作技艺	南城县	市级第五批

续表

序号	项目类别	项目名称	申报地区	备注
82	传统技艺	南丰豆腐皮制作技艺	南丰县	市级第五批
83		南丰白舍窑制作技艺	南丰县	市级第五批
84		南丰水粉制作技艺	南丰县	市级第五批
85		临川陶瓷金缮	临川区	市级第五批
86		东乡丝瓜络工艺	东乡区	市级第五批
87		抚州金属丝扎制技艺	临川区、宜黄县	市级第六批
88		广昌荷花鱼制作技艺	广昌县	市级第六批
89		资溪碧水禅茶制作技艺	资溪县	市级第六批
90		资溪法水贡鱼烹调技艺	资溪县	市级第六批
91		乐安果酒酿制技艺	乐安县	市级第六批
92		乐安红薯粉丝制作技艺	乐安县	市级第六批
93		雩山酿冬酒技艺	乐安县	市级第六批
94		雩山糖豆子制作技艺	乐安县	市级第六批
95		临川结绳技艺	临川区	市级第六批
96		临川菜梗制作技艺	临川区	市级第六批
97		宜黄斗米壶酒酿造技艺	宜黄县	市级第六批
98		宜黄古琴斫制技艺	宜黄县	市级第六批
99		宜黄豆腐乳制作技艺	宜黄县	市级第六批
100		黎川圆木制作技艺	黎川县	市级第六批
101		黎川传统钟表修复技艺	黎川县	市级第六批
102		黎川木杆秤制作技艺	黎川县	市级第六批
103		黎川朱氏清汤制作技艺	黎川县	市级第六批
104		崇仁沙藏酒酿造技艺	崇仁县	市级第六批
105		崇仁熟铁锻造技艺	崇仁县	市级第六批

续表

序号	项目类别	项目名称	申报地区	备注
106	传统技艺	抚州刮面剃头工艺	市直	市级第六批
107		抚州铴瓷	市直	市级第六批
108		抚州合香制作技艺	市直	市级第六批
109	传统医药	建昌帮药业	南城县	省级第二批
110		抚州盱江穴位药疗	临川区	市级第五批
111		临川草药识别与采集	临川区	市级第五批
112		危亦林医学	南丰县	市级第五批
113		盱江医派	市直	市级第五批
114		资溪黄精炮制技艺	资溪县	市级第六批
115		乐安药膳	乐安县	市级第六批
116		建昌帮香囊制作技艺	南城县	市级第六批
117		南城乌鸡膏制作技艺	南城县	市级第六批
118	民俗	装故事	乐安县	省级第二批
119		南丰妆迎	南丰县	省级第三批
120		乐安罗陂庙会	乐安县	省级第三批
121		资溪畲族祭祀仪式	资溪县	省级第三批
122		临川康公庙会	临川区	市级第三批
123		乐安打船歌习俗	乐安县	省级第四批
124		驿前莲神灯会	广昌县	市级第四批
125		赤水莲神太子庙会	广昌县	省级第五批
126		黎川三源张王庙会	黎川县	市级第五批
127		南城尧坊攘神	南城县	市级第五批
128		资溪畲族婚俗	资溪县	市级第五批
129		宜黄迎亲嫁女风俗	宜黄县	市级第五批
130		乐安金竹冬至街习俗	乐安县	市级第六批

续表

序号	项目类别	项目名称	申报地区	备注
131	民俗	乐安公溪中秋烧塔习俗	乐安县	市级第六批
132		崇仁草龙	崇仁县	市级第六批
133		崇仁大碗茶习俗	崇仁县	市级第六批

1. 国家级（按批次排序）

（1）南丰跳傩

南丰，江西傩舞之乡，自汉初开始，便承载了傩文化的传承。据传，汉代长沙王吴芮军山传傩，将这一神秘而深沉的艺术带到了南丰，从此傩文化在这里生根发芽。历经千年沧桑，南丰跳傩在明清时期达到鼎盛。南丰跳傩被列为第一批国家级非物质文化遗产代表性项目名录传统舞蹈类项目。

南丰傩事通常在春节期间举行，不仅具有驱疫纳吉的仪式意义，更是一种娱神娱人的活动，充满了欢乐和祥和。傩舞者们戴着各种面具，舞动于乡野之间，形式多样，内容丰富。这些面具形象千奇百怪，包括驱疫神祇、民间俗神、释道神仙、传奇英雄、精怪灵兽、世俗人物等，总数超过180种。

南丰跳傩的节目也十分丰富，既有庄重的《开山》《判官》等单人舞，又有活泼的《和合》《傩公傩婆》等双人舞，还有热闹的《跳竹马》《跳八仙》等群舞。同时，还有一些戏剧节目，如《封神榜》《白蛇传》《孟姜女》等。每个节目都有其独特的文化内涵和艺术魅力，例如，《开山》表现了人类与自然和社会斗争的场景，体现了人类的自强不息精神；《傩公傩婆》则反映了农耕社会对生命和生产的关注，寄托了农民对丰产和丰育的希望。

南丰跳傩既保留了原始的文化元素，又融入了新的时代精神，使其既神秘古老，又具有现代感。在南丰县石邮村的傩神庙，有一副楹联："近戏乎非真戏也，国傩矣乃大傩焉。"准确地揭示了南丰傩的本质特征。南丰跳傩不仅是一种舞蹈艺术，更是一种深深扎根于人们生活中的文化现象和精神寄托。

相关传承人

序号	姓名	简介	备注
1	罗会武	出生于 1939 年 9 月,男,汉族,江西省抚州市南丰县人。因生性机灵,18 岁时就被当时的头人相中进入傩班学习,成为当时年纪最小、排行最末的"八伯"。2003 年 2 月起担任石邮村傩班的"大伯"(领班),负责傩班的管理,主持各项傩仪和跳傩活动,教授传承傩舞艺徒。善跳石邮傩班《开山》《纸钱》《雷公》《傩公傩婆》《钟馗醉酒》《跳凳》《双伯郎》《关公》全部 8 个节目的各个角色,技艺精湛。2010 年在韩国举办的第十三届东亚西亚假面具盛会上,来自南丰的 16 名傩舞艺人以其精湛的演出技艺向观众展示了傩乡独具一格的传统舞蹈	第二批国家级代表性传承人
2	甘永福	1943 年 4 月出生,江西省抚州市南丰县人。任上甘村大傩"正印"(领班),负责整个傩班的管理,熟悉傩班各项仪规程序,主持各项傩仪和跳傩活动,热心传授傩舞艺人 9 人。善跳上甘傩班《判官醉酒》《十八罗汉》《唐僧取经》《福禄寿三星》《张天师召将》等 5 个"大角",熟练掌握本傩班《白祇》《财神》《关公》《傩公傩婆》《和合》《搜除》等 6 个"小角"色及上甘大傩班全部节目的各个角色。技艺全面、精湛、堪称南丰傩乡有代表性的傩舞艺人和传承人。多次率傩班赴南昌、抚州、天津等地表演并获奖	

(2)乐安傩舞

乐安傩舞,起源时间尚无文字记载,据推断至少已有千余年历史。这种神秘而深沉的舞蹈,至 20 世纪 60 年代,已有 200 多位领班被记载在傩书中。这些领班被称为"先生",每一代只有一名,唯有在前任去世后,才会选取新的接班人。2006 年,乐安傩舞被列为第一批国家级非物质文化遗产代表性项目名录传统舞蹈类项目。

乐安傩舞分为三派:玩喜、戏头鼓和滚傩神。其中,滚傩神的历史最为悠久。滚傩神有一套完整的祭祀仪式和表演程序,每年正月初二开始跳傩。在祭祀仪式上，族长会先到傩神庙燃香膜拜，请出傩神。滚傩神的表演包含8个节目，使用18副面具，而在外出行傩时，主要表演"鸡嘴"和"猪嘴"这两个最具特色的节目。这些节目的动作古朴粗犷，刚柔相济，每一个基本动作都具有特定的驱邪意义，变化繁复，展现了原始而神秘的艺术魅力。

滚傩神的面具设计独特，"鸡嘴"和"猪嘴"都由樟木或柳木雕制而成。"鸡嘴"面具上部被称为"额子"，中间挖空以便观视，两边有耳翼，用线绳系在"额子"之上。"下嘴"由两片半圆形的木盒组成，中间挖空以便透气。"猪嘴"面具的"额子"与"鸡嘴"相同，"下嘴"则为一个长圆形的猪嘴形状，中间也是镂空的，以便呼吸。这种面具的结构设计灵动活脱，富有艺术感。

江西省抚州市乐安县东湖村的傩神庙始建于清乾隆八年（1743），庙门上方写有"傩神古庙"的字样，两边的对联为"傩驱瘟疫丁盛畜旺，神佑乡里邑立村宁"。这充分展示了当地人对傩神的崇敬和信仰，也体现了傩舞在乐安文化中的重要地位。乐安傩舞不仅是一种舞蹈艺术，更是一种深深扎根于人们生活中的文化现象和精神寄托。

相关传承人

序号	姓名	简介	备注
1	杨冬香	1977年出生，江西省抚州市乐安县人。1985年11月师承杨毛生。他根据滚傩神的技艺特点，全面掌握和熟练表演"鸡嘴"与"猪嘴"两个主要表演节目的全套动作。他表演的扛步、三关手、五义拳、掌决、剑决、板叉、踢腿蹲裆、反弹射箭等基本动作，形态或动作要领体现滚傩神的独特风格，粗犷、纯朴。在师父的教导下，他深刻领悟到滚傩神有关面具组合和伴奏音乐的精髓实质，从理念上对滚傩神有了全新认识。1996年配合县文化部门，为日本专家考察组表演滚傩神相关节目。1997年后，多次参加市、县组织举办的民俗文化表（展）演活动。2005年，参加南昌举办的"首届江西（南昌）国际傩文化艺术"。2009年11月参加南丰国际蜜橘文化节。2010年2月，江西电视台拍摄《赣风——乐安滚傩神》，积极开展传承活动。他和杨根荣二人担起传承滚傩神的重担，培训村民12人，儿童8人	省级代表性传承人

（3）广昌孟戏

广昌孟戏是一种以专唱孟姜女故事为题材的戏曲，流传于江西省抚州市广昌县境内，被列为第一批国家级非物质文化遗产代表性项目名录传统戏剧类项目。

孟戏的唱腔采用曲牌体，兼容南北曲，当地俗称旴河高腔。在明万历、嘉靖年间，多种戏曲声腔流入广昌，包括弋阳腔、青阳腔、海盐腔、昆曲、陇东调等，这些声腔与当地唱腔相互交融，形成了新老腔并存的特色。万历年间，广昌兴起了一种被称为"神戏"的表演形式，尤其在甘竹镇的赤溪、舍溪、大路背等地最为盛行。每年春节期间，都会上演孟姜女连台大戏，逐渐成为当地的一种风俗，这就是孟戏的雏形。

孟戏由 3 个民间戏班演唱不同的剧本和唱腔，分别是甘竹大路背戏班、赤溪戏班和舍溪戏班。这些戏班仅在正月期间进行演出，目前，舍溪戏班已基本消亡。赤溪曾家孟戏被认为是元本，全剧共 64 场，分为 2 本，一个晚上演一本。剧中孟姜女形象富于反抗精神，哭倒长城，为保贞节而投河自尽。而大路背刘家孟戏是明传奇本，始演于明万历年间，全剧共 69 场，分 3 个晚上演出。在这个版本中，孟姜女因丈夫死于长城下，结果被秦王封为一品夫人。刘家、曾家两路孟戏剧本上标出的曲牌有 140 余支，展示了丰富的音乐元素，这也引起了戏曲音乐界的广泛关注。

广昌孟戏以其深厚的历史底蕴、独特的唱腔和表演形式，以及富有地域特色的剧情，展现了中国传统戏曲的魅力和多样性。同时，它也是广昌县文化身份的重要象征之一。然而，随着时代的变迁和观众口味的改变，广昌孟戏面临着传承和发展的挑战。为了保护和传承这一非物质文化遗产，需要更多的关注和支持，以确保其能够在当代社会中继续传承和发扬光大。

相关传承人

序号	姓名	简介	备注
1	李安平	江西省抚州市广昌县甘竹镇人,江西省抚州市广昌县甘竹镇大路背孟戏剧团副团长、演员。李安平自1985年报名本村孟戏剧团学习孟戏,师从谢传福、刘宗兴、罗金定三位老艺人。1986年春节正式参与本团孟戏彩排演出。农闲和业余时间,他一直参加大路背孟戏剧团的排练活动,现已能熟练演唱出孟戏的所有曲牌。一直以来,他都积极参与剧团每年的孟戏演出活动,随团在本县各乡镇及临近县市巡回演出,同时兼教唱和指导新演员学唱孟戏,并能指导部分古老节目的排练。代表作品有《龙凤阁》《孟戏》等	第二批国家级代表性传承人
2	曾国林	江西省抚州市广昌县甘竹镇人,江西省抚州市广昌县甘竹镇赤溪剧团委员,演员。曾国林自1979年春报名本村剧团学习孟戏,师从曾德祺、曾贵云、曾正文三位老艺人学唱孟戏,并参加全县文艺骨干培训班学习2个月。曾国林的嗓音洪亮,表演扎实,能够很好地把曾家孟戏的韵味和特色表现出来,多年来,一直受到广泛好评。自学艺以来,曾国林一直坚持参加剧团每年的孟戏演出活动,并兼教唱和指导新演员学唱孟戏,并能指导部分古老节目的排练。代表作品有《孟姜女送寒衣》《彩楼配》《回龙阁》《飞龙带》等	第二批国家级代表性传承人
3	曾令书	1957年4月生,江西省抚州市广昌县人。1977年随甘竹镇赤溪村孟戏剧团曾德琪学习孟戏表演,主攻旦行,1996年起任该团会计,2007年至今任该团副团长。他从事孟戏表演40余年,是赤溪村孟戏剧团的骨干,其嗓音洪亮、音域宽、共鸣好、音色丰富、行腔清新,主要担任孟戏中的蒙恬、大公等,表演将民族性和艺术性融合演绎。他积极实践、传承,每年正月带团演出,教授学徒5人,1990年被广昌县剧团请去指导青年演员排演《滴血认夫》,后又克服巨大困难将该团孟戏全部唱腔完整录音	省级代表性传承人(2016)

续表

序号	姓名	简介	备注
4	胡源芳	1956年6月生，江西省抚州市广昌县人。她自小随陈立庆学习孟戏表演，1994年正式加入甘竹镇大路背村孟戏剧团，一直学戏演戏至今。她在孟戏中主要担任孟姜女的角色，另外还可以担任生、末、丑行的表演。她饰演的孟姜女传神动情，其多次参加各地展演，其中参演的孟戏选段《姜女游园》荣获第二届农民艺术节三等奖，曾参加海峡两岸（厦门）文化产业博览交易会并获得好评	省级代表性传承人（2016）

（4）宜黄戏

宜黄戏，源于明末清初的宜黄腔，被誉为"宜黄班""大戏""土戏""老二黄"等，是我国第一批国家级非物质文化遗产代表性项目名录传统戏剧类项目。

宜黄腔由西秦腔演变而来，进入江西宜黄后，经过一系列变革创新，形成了以胡琴伴奏的基本曲调"二凡"。宜黄腔的音乐丰富多彩，包括"二凡"（二黄）、"凡字"（反调）、"唢呐二凡"（用大唢呐吹奏的二凡）、"西皮""拨子""吹腔""浙调"和"南北词"等腔调，其演唱特点为旦行用小嗓演唱，小生真假嗓结合，其他行当用大嗓，讲究吐字清晰、音随字走。

宜黄戏的语言以中州韵为主，丑角则多用宜黄方言，增加了地方特色。其乐队由胡琴、二胡、月琴、三弦组成，合计"十一根弦"。在角色行当上，宜黄戏在弋阳腔的基础上发展出末、二旦和四花，形成"十二行"。脸谱绘制简单明了，仅用黑、红、白三色，对比鲜明。

宜黄戏的传统剧目丰富多样，包括从明代西秦腔继承的《清官册》《五雷阵》《四国齐》《闹沙河》等。演唱时润腔手法独特，常用倚音、波音和下滑音等。在长期的演出实践中，宜黄戏形成了自己独特的艺术风格和表演形式，深受观众喜爱。

然而，随着时代的变迁和观众口味的改变，宜黄戏面临着传承和发展的挑战。为了保护和传承这一非物质文化遗产，我们需要更多的关注和支持，以确保其能够在当代社会中继续传承和发扬光大。

相关传承人

序号	姓名	简介	备注
1	邓义	生于1946年5月,男,汉族,江西省抚州市宜黄县人。1957年成为宜黄戏剧团的一名学员,1962年进入宜黄戏剧团工作任演员,主攻花脸、小丑、老生,嗓音粗犷、洪亮,善于刻画角色的形态和性格。1978年至今,担任宜黄戏的导演及主要演员;1988年导演《紫钗记》中的《圆钗》一折参加电视剧《汤显祖》戏中的拍摄;2001年创新导演《孟姜女》中《上路》一折获市优秀导演奖,演员一等奖;2009年导演《紫钗记》中《坝桥折柳》一折获市表演一等奖,2009年至2010年连续参加"厦门"海峡两岸文化博览会交流演出	第五批国家级代表性传承人
2	邓春晖	1968年3月生,江西省抚州市宜黄县人。她1982年考入江西省文艺学校宜黄戏班,1987年毕业分配到宜黄戏剧团工作;1989年剧团解体后,先后至宜黄县生资公司、宜黄县林业工业公司,2009年调入宜黄县文化馆;2004年以来长年坚持在宜黄县中小学和老年大学担任宜黄戏教学任务。她主攻青衣,兼演小花旦、彩旦、短打武旦,熟悉宜黄戏各种唱腔,嗓音圆润、唱腔婉转,本嗓和小嗓切换自如,她还擅长宜黄戏编曲,能拉京胡,弹中阮、月琴。从艺30余年来,其始终活跃在舞台一线,先后演出《紫钗记》《拾玉镯》等40余部剧目,参加市县以上展演近千场次,2010年制作宜黄戏歌《我爱宜黄戏》荣获抚州展演一等奖,2012年编曲宜黄戏《开证明》荣获抚州市纪检戏曲大赛一等奖	省级代表性传承人(2016)

续表

序号	姓名	简介	备注
3	唐光明	1963年10月生,江西省抚州市宜黄县人。他1973年跟随其叔父学习毯子功,1975年被宜黄县文工团借用出演革命样板戏《杜鹃山》;1980年顶替其父进入宜黄戏剧团,拜应用贤、唐思强、刘细乐、毛乐群等人为师,主攻武丑、武生,兼演老生、小生、花脸等行当,后参加宜黄戏剧团巡回演出,并教授学员毯子功和把子功;1989年宜黄戏剧团解散,调入宜黄县计生委工作,直至2008年调入宜黄县文化馆,其间坚持每年参加业余剧团宜黄戏演出,并辅导业余剧团排练及基本功训练。他精通宜黄戏各类唱腔,尤擅二黄腔和反二黄腔,擅长表演长靠武生、短打武生、大花脸、小花脸和老生,2012年由其编导并主演的宜黄现代戏《开证明》荣获抚州市纪检系统戏曲小品大赛一等奖。2004年以来,长年坚持在华南虎实验剧团、中小学和老年大学教授宜黄戏	省级代表性传承人（2016）
4	应用贤	男,汉族,1939年出生,江西宜黄人。中国戏剧家协会江西分会第四届理事,国家三级演员。1956年6月考入宜黄县剧团,专攻文武小生,后改花脸。历任宜黄县剧团副团长兼书记。熟练掌握宜黄戏诸多声腔,尤以二黄腔较好。得到李五俚、李宗保两位老师表演真谛,特别是起霸、走边、趟马等。对宜黄戏传统剧目《四国齐》中齐王脸谱、表演有创新。将原来齐王脸谱的大刀眉改为锯齿眉。原宜黄戏脸谱忠奸不分,在《四国齐》剧中将原齐王脸谱眉心间加一"？"号以示昏君。根据齐王角色的性格是花脸,表演粗犷,唱腔洪亮;从1960年至1993年,先后主演宜黄戏《四国齐》《天门阵》《薛平贵》《女三战》《青云寺》等剧目,参加多种比赛并获奖。1993年4月宜黄戏剧研究室合并至文化馆任馆长,多次举办各乡镇业余剧团宜黄戏培训班担任授课老师。排练的剧目有《四国齐》《哭殿》《点马》《八仙飘海》《对丹》等。他还培养了不少农村业余骨干,经常和他们同台演出	省级代表性传承人

（5）抚州采茶戏

抚州采茶戏是江西采茶戏的重要分支，源于茶灯戏，经历了单台戏、三角班、半班等发展阶段，至今已有400余年的历史，被列为第三批国家级非物质文化遗产代表性项目名录传统戏剧类项目。

抚州采茶戏以抚州话为标准，运用大量民间俗语和歇后语，充满风趣。其唱腔分为戏曲正调、戏曲杂调和民歌小调三类。表演上，抚州采茶戏擅长描绘小人物，其表演技巧源自生活，小生小丑的扇子功、小丑的矮子步、小旦的手巾功等，既具有民间艺术韵味，又有独特的表演特色。抚州采茶戏的传统剧目可分为单台戏、小戏和整本戏三种。单台戏由一旦或一丑表演，小戏主要反映劳动人民的生活和爱情，整本戏则来源于坊间刊印的戏文曲本或其他剧种的改编。

抚州采茶戏以其独特的艺术风格和丰富的表演形式，深深地扎根于抚州地区，成为当地人民文化生活的重要组成部分。同时，作为中国传统戏曲的一种，抚州采茶戏也面临着传承和发展的挑战。为了保护和传承这一非物质文化遗产，我们需要更多地关注和支持，让它在新的时代中继续传承和发扬。

相关传承人

序号	姓名	简介	备注
1	万安安	女，1941年10月生，江西省抚州市临川区人，国家一级演员。1955年考入抚州市采茶剧团，在老艺人徐奎高、饶寿魁和李德良的指导下学唱本调、抚调和众多的小调、杂调近百首，学习传统折子戏20余出。主攻花旦的她嗓音清亮、音色甜美、发声考究，"茶"味浓郁，娇小玲珑，富有灵气。1961年荣获江西省优秀青年演员奖；同年，在参加江西省委为接待毛泽东主席举办的小型清唱会上，成功表演了抚州采茶戏《芙蓉调》。在她的带领下，抚州采茶剧团继承传统、不断突破，排练新剧目，恢复老剧目，带出了抚州采茶剧团的黄金时期	第四批国家级代表性传承人

续表

序号	姓名	简介	备注
2	汤绍云	1966年11月出生,江西省抚州市临川区人。1980年12月成为原抚州市采茶剧团学徒、演员至2014年剧团改革,期间担任团长助理、副团长、团长(党支部书记)。曾受教于艺术家易兰英、万安安,主攻花旦、青衣。从事戏曲演绎30多年,其中传承、传授10年。对抚州采茶戏的起源、演变、发展、流传等有较全面的认识和了解,对角色、声腔、方言、程式有深入的实践基础,对传承、传播、教育有一定的基础和研究。代表作有大型古装戏、现代戏、折子戏50多件。1988年参加第二届省玉茗花戏剧节以来,多次荣获奖项。在大型古装《牡丹亭》戏曲中饰"牡丽娘",原中国戏剧艺术研究院常务副院长曲润海先生赞誉赠词:"汤翁四百五十载,欣喜新孙名绍云,采茶心曲酿大调,淋漓酣畅唱还魂。"于2017年7月底独立完成传承、教育专访拍摄微电影《永不落幕的牡丽娘》	省级代表性传承人
3	吴岚	1971年4月生,江西省抚州市人,国家一级演员。1985年考入江西省文艺学校抚州分校学习抚州采茶戏,1989年毕业分配至抚州市采茶歌舞剧院(现抚州市文化艺术发展中心)工作至今,一直从事抚州采茶戏的表演工作;期间2002年至2003年入江西师范大学进修声乐,2007年入中国戏曲学院高级研修班进修编导。其主攻青衣、花旦,善于塑造人物,唱念做打功底深厚,尤以唱功、表演见长,唱腔纯正、吐字清晰、表演细腻。她多次获奖,其中2002年因主演《牡丹亭·冥誓》荣获江西省第二届艺术节·第六届玉茗花戏剧节表演一等奖,2009年因主演《紫钗记·怨撒》荣获江西省第四届艺术节·第八届玉茗花戏剧节表演一等奖,先后在《创作评谭》《影剧新作》《大众文艺》等期刊发表论文多篇	省级代表性传承人(2016)

续表

序号	姓名	简介	备注
4	阙青青	1975年7月生，江西省抚州市临川区人，国家二级演员。她1992年至1993年在原抚州市采茶戏剧团学员班学习抚州采茶戏，1993年入临川区抚州采茶戏剧团（现临川区抚州采茶戏传习所）工作，历任团长助理、副团长，2014年以来任所长，期间1995年至1997年在南昌大学中文大专班学习，2009年在中国戏曲学院进修戏曲表演和导演，自1993年起拜万安安为师学习采茶戏表演。她主攻花旦、青衣，基本功扎实，唱腔字正腔圆、柔和甜美，表演声情并茂、动作细腻，2007年因表演《牡丹亭·游园》荣获第三届全国青年才艺大赛金奖，2009年因表演《文昌桥头戏秀才》荣获江西省第四届艺术节·第八届玉茗花戏剧节表演二等奖。自1999年起，随万安安至临川四中、临川四小等学校教授抚州采茶戏	省级代表性传承人（2106）
5	陈维真	1961年3月生，江西省抚州市临川区人，国家二级演员。她1978年至1983年在抚州市采茶剧团学习工作，期间拜易兰英为师学习抚州采茶戏表演；1985年以来在临川区抚州采茶剧团（现临川区抚州采茶戏传习所）从事戏曲表演和导演至今，期间2000年至2002年在中国戏曲学院进修戏曲表演和导演。她主攻青衣、花旦，兼演老旦、彩旦、小生，善于把握人物个性，唱功和表演尤佳，1984年因主演《审父》荣获江西省农民戏曲节演出一等奖，1991年因主演《鸡缘》荣获全国第六届电视戏曲片"金纸"奖二等奖，1999年因主演《残霞》荣获江西省第一届艺术节·第五届玉茗花戏剧节表演一等奖。她2003年至2013年导演了临川区历届传统戏曲节目，2010年以来在抚州市老年大学教授抚州采茶戏	省级代表性传承人（2106）

（6）宜黄禾杠舞

宜黄禾杠舞是一种源于江西省抚州市宜黄县的民间舞蹈，其特色在于以镰刀敲击禾杠进行伴奏。这种舞蹈已有600多年的历史，被列入第四批国家级非物质文化遗产代表性项目名录传统舞蹈类项目。

禾杠是当地挑柴火、禾秆常用的竹竿，其两头削尖以便穿插。宜黄地区多山，人们上山砍柴时常常用镰刀敲打禾杠，吆喝同伴一同上山。最初的敲打方式较为简单，后来逐渐发展为结合山歌节奏，利用镰刀的各个部位敲击禾杠，发出丰富的音色和强度。随着时间的推移，禾杠的运用也变得更加花样繁多，舞蹈动作和队形也越发复杂，形成了现今的宜黄禾杠舞。

这种舞蹈的伴奏音乐是由吆喝声演变而来的山歌，具有抑扬顿挫的特色。其中最具代表性的歌曲是《卓望山上》，通常在上山或休息时演唱。这首歌的节拍为5/8拍，节奏平稳，每个字对应一个音符，没有拖腔。配合禾杠的敲打，使得整个表演更加生动有趣。

宜黄禾杠舞的道具简单，易于学习和表演，因此在宜黄及其邻近的崇仁县一带迅速流传开来。这种舞蹈具有鲜明的民俗特色和农耕文化烙印，是当地人民生活和文化传统的真实写照。通过宜黄禾杠舞，观众能够感受到浓厚的地方风情和人们对生活的热爱与创造力。

相关传承人

序号	姓名	简介	备注
1	邓鲜花	1937年出生，江西宜黄人。从小就爱敲禾杠、唱山歌，放牛或砍茅柴时，常与小伙伴们边舞禾杠边对歌。13岁师从民间艺人李文福学习宜黄禾杠舞。她的技艺特点：敲击的禾杠点子变化多样，脚步较为生活化，多走方步或变换很简单的步伐。她学习禾杠舞动作特别快，领悟深，掌握了全套禾杠舞动作，能演能教，一直为禾杠舞活动主持者。现悉心培养熊瑞云等第四代传承人	

（7）黎川舞白狮

黎川舞白狮是流传于中国江西省抚州市黎川县日峰镇下桥村的一种传统舞蹈，被誉为"西方白狮"。这种独特的舞狮表演也被列为第四批国家级非物质文化遗产代表性项目名录传统舞蹈类项目。

黎川地区共有白狮、黄狮、黑狮、红狮四种舞狮，其中以白狮为王。在黎川的习俗中，只要有喜庆之事，必会放爆竹、舞白狮庆祝。据《黎川县志》记载，舞白狮在晚清时期就已在黎川盛行，特别是春节期间，大年初一清晨便有狮子挨家挨户拜年。

舞白狮的表演需要雌雄白狮各一只，其基本动作包括小跑转球、狮子滚球、打脚球、并头戏球、矮桩、对头轮转、舐毛、扑球、搔痒、双狮抢球等10种。整套动作节奏急缓相间，以地面文争为主，不强调武斗，寓意和谐文明。这种表演活动由掌龙珠人召集和主持，狮队一般由20人组成。每只狮子由两人合作装扮，通过巧妙的配合，模仿出狮子的各种生动形态。在传统舞狮套路的基础上，舞白狮保留了原始形态文化特征，同时吸取了南狮的精华，不断得以传承和发展。白狮的制作也进行了部分改良，提高了技术含量和观赏性。在黎川人民的心中，狮子在门前张大巨口舞弄一番，有驱邪避凶、"旺屋"的作用。

这种具有浓厚地方特色的舞白狮表演，不仅丰富了中国的舞蹈文化，也为观众带来了视觉和听觉的双重享受。通过观赏舞白狮表演，人们能够感受到中国传统文化的魅力和生命力。

相关传承人

序号	姓名	简介	备注
1	邓雅明	1958年8月省，男，汉族，江西省抚州市黎川县人。16岁开始跟随其父邓春生学习舞白狮，能熟练掌握舞白狮全部动作。作为黎川舞白狮的组织者，他在舞狮队伍中属于掌珠人，指挥并且指导所有的舞狮者和配乐者。其多次组织人员参加市和省的民间活动，让更多的人了解黎川舞白狮的特点和历史渊源。除了熟练地掌握舞狮技巧，邓雅明还对一部分动作进行了现代的改良，并且把舞狮的锣鼓点进行了研究和改进。目前，已将全部技艺传授给其子邓先国和其侄邓俊杰	第五批国家级代表性传承人

2. 省级（按批次排序）

（1）麻姑仙女传说《沧海桑田》

麻姑仙女传说是源于中国江西省南城县麻姑山的一种丰富的文化传统，以峻秀奇丽的自然景观和优美的神话传说闻名于世。其中，主峰海拔1176米的麻姑山是这一文化的核心部分。这个传说源自于麻姑，一位在南城出生，后得道升天成为仙女的女性，被誉为中国神话中的女寿仙。她的故事被口耳相传，形成了深厚的麻姑文化。

麻姑文化中，七夕祭拜、抽签问事、祈禳还愿、人生礼俗与神话传说是其重要的组成部分。每年的七月初七，麻姑的成仙之日，大批香客会前来麻姑山祭拜。他们步行或乘船前来，只为在麻姑神像前敬献香烛香资，表达对她的敬仰。此外，抽签问事、祈禳还愿也是常见的活动，人们通过这种方式寻求神明的指引和保佑。

麻姑文化还与许多生活中的礼俗息息相关。例如在南城县的婚礼习俗中，新娘会模仿麻姑仙女的打扮，手捧"麻姑镜"以求美丽动人。在祝寿时，人们会赠送麻姑献寿图，寓意长寿吉庆。优美的麻姑神话传说是麻姑文化的重要组成部分。传说中，麻姑仙能穿着木屐在水上行走，能掷米成丹解救百姓疾苦，并经历了三次沧海桑田的变化，成为吉祥长寿的象征。这些传说故事丰富了麻姑文化的内涵，也增添了其神秘和神奇的色彩。

（2）南丰蜜橘栽培技艺

南丰蜜橘，源自乳橘，因江西省抚州市南丰县独特的亚热带季风气候、丰沛的雨量、松软的土质等优越地理条件，得以周而复始地生长，成为具有独特风味的优良柑橘品种。

南丰蜜橘的历史可追溯至唐代，当时的南丰已出产朱橘。自唐宋以来，南丰蜜橘便被历代朝廷列为贡品，因此有"贡橘"之称。经过千年的精心培育，南丰蜜橘逐渐形成了高糖低酸、香气浓郁的特性，被誉为"蜜橘"。

南丰蜜橘的长势强劲，经济寿命长，成年树株产量高。每年4月开花，11月果实成熟。其果实扁圆、端正、色泽橙黄、肉质柔嫩、籽少汁多、果皮薄滑，具有浓郁的芳香味。在长期的栽培中，更是形成了大果系、小果系、桂花蒂系、早熟系等诸多品系。

南丰蜜橘的优良品质，与其传统的栽培技艺密不可分。从育苗嫁接开始，南丰的果农们便遵循着古老而又实用的方法。他们选择背风向阳、水源充足的南坡低丘地带建园，主张稀植，以春季栽培为主。在土壤和肥料的管理上，他们更是匠心独运，既继承了古老的塘泥培肥法，又引入了现代的深翻改土、填埋有机肥等技术。而在防治病虫害上，他们主要采取人工捕杀和以螨治螨技术，尽量减少对化学农药的依赖。

南丰蜜橘不仅美味可口，营养丰富，还具有很高的药用价值。它的橘皮、橘络、橘核、橘叶等都有很高的药用价值，被广泛用于治疗咳嗽、胸胁闷痛等疾病。同时，它也是上等的加工原料产品。

在现代社会，南丰蜜橘的名声远扬，被誉为"橘中之王"。其独特的口感和优良的品质赢得了广大消费者的喜爱。同时，南丰县也因南丰蜜橘而闻名全国甚至全世界，被誉为"中国蜜橘之乡"。

相关传承人

序号	姓名	简介	备注
1	曾海女	1938年6月出生，江西南丰人。1950年开始随父辈从事南丰蜜橘栽培管理。1984年调回南丰。1993年被县政府聘为南丰蜜橘技术员。1998年12月回家，从事南丰蜜橘栽培技术的传播工作。从小通过父辈曾梅仙传授南丰蜜橘栽培管理技术，后通过不断实践总结，深得南丰蜜橘栽培技术要领。先后在金溪县江拖柑橘试验站、沙岗乡、桑田乡、太和镇等乡镇传授南丰蜜橘栽培技术。四个儿女都是种橘能手	
2	张冬孙	男，抚州市南丰县人，南丰蜜橘栽培技艺传承人	

（3）崇仁跳八仙

崇仁跳八仙是流传于中国江西省抚州市崇仁县巴山镇萱华村前河、里河、詹家三村的一种独特的傩舞，由杨、詹两姓家族世代传承。这种舞蹈俗称"打把戏"，实际上是一种"跳傩"表演。其中，"八仙"中并没有曹国舅，而以刘海代之。

据当地的老人所述，崇仁跳八仙的起源与枧头庙有着深厚的历史渊源。这座庙宇的历史可以追溯到晋代，唐代和五代时期达到鼎盛。然而，在南北宋的战乱期间，庙宇曾一度被毁。到元初，由杨氏家族出资重建，并在庙内供奉了七爷的神像。到了明代洪武末年，由于庙内诸神"显应益甚，倾支远方，故争自修饰，迎赛大神"，于是议定只有杨、詹两姓可以每10年主持一次"迎赛大神"的活动。这种活动通常在农历正月进行，由娶妻嫁女之家、生儿做寿之户或遭遇不幸之家邀请大神，以期求吉星高照，驱除晦气，福寿绵长。

在前河、里河的杨姓和詹家的迎神大赛中，尽管做法大致相似，但由于杨姓有两个跳傩班子而詹家只有一个，因此无法轮换出动。此外，杨姓的祭祀活动为七天，而詹家则为八天，以示专门敬奉八爷。这种祭祀活动的差异也体现了两个家族在崇仁跳八仙传统中的独特地位。

崇仁跳八仙的表演原始而封闭，所扮角色父子相承，世代秘传。所有招式都严格按照传统规定，不得随意更改。道具和面具的制作工艺也十分复杂，选用的材料质地坚硬，如樟木、杂木等进行雕刻或者多种竹子精心制作。面具的表情诙谐、幽默，动作简洁而夸张，形象逗趣引人捧腹大笑深受百姓喜爱。这些道具和面具被视为家族的宝物悉心珍藏。

崇仁跳八仙不仅仅是一种传统的表演艺术，更是一种深深的信仰和敬畏。这种傩舞凝聚了世代的智慧和情感成为当地文化的重要部分也是中华民族非物质文化遗产的瑰宝之一。

相关传承人

序号	姓名	简介	备注
1	杨正孙	1945年出生，江西崇仁人。自小跟从父辈学习跳八仙技艺，熟悉跳八仙舞蹈中的各角色的表演招式。其舞蹈动作保持原生态。整个舞蹈动作古朴、简洁、潇洒、幽默、夸张，与民间武术融汇在一起，以傩舞形式，融于民间祭祀活动。参加多次灯彩文艺调演，深受广大群众的好评	

（4）乡射遗乐

江西省抚州市乐安县牛田镇流坑村的"乡射遗乐"不仅仅是一种音乐传统，更是一段跨越数百年的历史传承。始于明代，由董裕在南京任刑部尚书时引领，这一音乐形式由宫廷乐队学习并带回家乡，经过一代又一代的精心传承，至今仍在流坑村中流传。

这种被称为"小吹会"的乡射遗乐，实际上是一种融合了丝弦乐、吹奏乐和打击乐的综合性音乐表演。在古老的流坑村，小吹会一直享有非常高的地位。它拥有自己的农田和山林，每年各房族都需要为之缴纳一定的钱粮，这为其提供了稳定的经济支持和充足的学习、排练时间。

乡射遗乐的演奏形式独特且庄重。每年的正月初二到十五，乐班的所有成员都会穿上长袍马褂，戴上礼帽，整齐地走到村中的大戏台进行一场盛大的音乐演奏。这种传统在整个县乃至全省都非常罕见。而在其他的重要场合，如村里的喜庆事件、大型节假日或有重要人物来访时，乐班也会进行表演。通常他们会根据场合和客人的要求选择相应的曲牌进行演奏。

值得一提的是，由于乡射遗乐的高贵和独特性，当时只有流坑村的富贵人家才能请得起这样的乐班。而且这一传统音乐从未在村外演奏，因此其流传地至今仅限于流坑一地。乡射遗乐的乐班通常由9至12人组成，使用的乐器涵盖二胡、三弦、琵琶、笛子、笙、箫、唢呐、板胡和月琴等。主要曲牌包括"朝天子""风入松""浪淘沙"等，这些曲目都很好地保存了我国古典民族音乐的精华。从音乐风格来看，乡射遗乐与宫廷音乐中的"朝会乐"或"朝宴乐"有着紧密的关联。

乡射遗乐不仅仅是一种音乐，它是流坑村的历史、文化和传统的结晶，也是明代以来人们对古典宫廷音乐的热爱和珍视的明证。在现代社会，这种古老的音乐形式为我们提供了一个窗口，让我们能够一窥过去，感受那种古老而深沉的艺术魅力。

相关传承人

序号	姓名	简介	备注
1	董丕龙	1936年出生，江西乐安人。从小喜爱音乐，特别是对乐器情有独钟。1963年拜董檐九为师傅，学习唢呐演奏，在师傅的精心传授下，掌握了唢呐演奏所需的各种技能。能熟悉演奏各种曲牌，先后多次参与组织到县内多种表演活动。从1985年开始传授徒弟董财生、董贺立等人。经过努力，他们已全面掌握乡射遗乐全部曲调及其精华，能够独立完成组织、排练、演奏任务。根据客人的要求，演奏出不同内容的曲牌	
2	董善道	1936年出生，江西乐安人。自小喜爱音乐，从1953年拜董冬生为师以来，学习鼓、二胡等乐器，掌握打鼓和拉二胡的演奏技能。2003年后，先后接纳董福贞、陈跃明等人为徒弟。掌握乡射遗乐全部曲调，能够独立完成组织、排练、演奏任务。能发挥特殊演奏之长，演奏不同内容曲牌，满足客人需求	

（5）手摇狮

手摇狮这一深受群众喜爱的民俗表演形式，是江西省抚州市金溪县非常独特的民间灯彩。它源于明末清初的琅琚镇杨村一带，经过劳动人民的反复加工，如今已广泛流传，成为金溪文化的一个重要组成部分。

手摇狮的起源与当地的自然环境紧密相关。据传，在明末清初时期，琅琚山水源紧缺，导致山下禾田干枯，人畜焦渴。为了争夺有限的水资源，村民之间经常发生械斗。为了保护家园和生存权益，人人开始练拳习武，家家特制一种木板凳，上面刻着一个狮石图像，寓意英勇凶猛。这样的传统帮助平息了水源风波，使人们和睦相处。随着时间的推移，这个狮石板凳逐渐演变成了村民练武的传统，并形成了一种眷恋土地、祈望丰收、反抗强权的习俗。

每逢过节或五谷登场时，男人们便要舞弄一番手摇狮，以图吉庆。这种表演形式经历了长时间的演变和发展，逐渐从凳变为了狮，成为民间节日嬉耍的手摇狮灯。整个表演过程中,两狮格斗、中间一位举灯长者劝和等动作,形象地展示了狮子的憨、娇、顽形态。表演者在仪态严肃的同时,展现出动作轻柔潇洒的一面。两狮各由一人操持,通过手臂、腰、肘、脚做下蹲步,模仿狮子扑球的摇、撒、滚、落等一系列动作。

手摇狮的表演过程分为引狮下山、双狮搔痒、单球表演和双狮扑球四个阶段。然而,遗憾的是原有的108套动作现在仅保留下来十余套。尽管如此,这十余套动作仍然能够充分展示手摇狮的魅力和独特性,让观众感受到这一古老传统所蕴含的深厚文化内涵。

手摇狮不仅仅是一种表演形式,更是一种象征和习俗。它承载着金溪人民对土地的眷恋对丰收的祈望,以及对和谐社会的向往。通过手摇狮的表演,金溪人民传递出对传统文化的热爱和对美好生活的追求。同时手摇狮也成为金溪的一张文化名片,吸引着越来越多的人前来观赏和了解。

相关传承人

序号	姓名	简介	备注
1	许文江	1945年出生,江西南丰人。1959年毕业于南丰县艺校。1960年考入抚州歌舞团演员。1960年5月被派到四川省歌舞团学习2年,学习舞蹈创作和编排。1962年7月回金溪县采茶剧团。擅长民间舞蹈创作和编排,其创作的舞蹈动作和编排节目独具特色。在准确把握角色个性和挖掘内在感情上下功夫,他编排舞蹈动作流畅、刚柔相济。20世纪80年代后开始对手摇狮舞蹈动作的搜集、挖掘和整理。多次组织带领手摇狮演员参加省市县举办的各种演出活动,如1984年以来全省第一、二届民间艺术会演,2003年9月全市第二届四进社区演出,2005年5月南昌举办的"江西国际傩文化艺术周"活动,同年11月参加全省第二届四进社区演出。他挖掘搜集所撰写手摇狮乐谱被选入《民间舞蹈集成江西卷》和《民间表演灯彩选集》,获得江西省民间舞蹈集成江西卷二等奖。通过民间文化交流让国内外友人深入了解金溪手摇狮传统民族文化,展现手摇狮民间魅力	

(6) 罗汉灯

罗汉灯，这一源自江西省抚州市东乡区的古老灯彩活动，以其独特的表演形式和深厚的文化内涵，成为当地农民自娱自乐、庆祝丰收、祈福辟邪的重要仪式。这种融合了傩舞、杂耍和武术的艺术形式，配以打击乐的伴奏，通过力与美的叠加造型，展现了人类繁衍生息、与自然和谐共生的主题。

据历史记载，罗汉灯的表演形式可以追溯到明代，至今已有500多年的历史。在20世纪70年代以前，这种表演艺术在东乡区广为流传，然而随着时间的推移，社会的变迁，这种传统的表演艺术逐渐失去了生存的土壤。到了20世纪90年代后，除了小璜镇孙家圳外，其余各乡镇的表演团队相继自然解体。如今，罗汉灯已经成为孙家圳的文化标志，每年正月初一至元宵，由罗汉头组织，各家各户抽出共30余名演员进行表演。

罗汉灯的表演由24人组成，包括大罗汉、小罗汉、罗汉头、领队和乐队。表演主要分为两个部分，前半部分为罗汉头舞蹈，由师傅表演罗汉在庙生子的全部过程的傩舞。这种神秘的舞蹈形式充满了祭祀的氛围，体现了人类对神灵的敬畏和对生命的尊重。后半部分则为众罗汉和童子的表演，通过武打和60多种高难度造型，表现人丁兴旺和众罗汉在民间做善事的情景。这种表演形式既具有浓郁的生活气息，又颇具观赏性和艺术性。

在表演过程中，罗汉灯展现了力与美的完美结合。演员们通过精确的动作控制和身体协调，完成各种高难度的造型和动作。他们的表演既有舞蹈的优美，又有武术的力量感，展现了人类身体的无限可能。同时，配以打击乐的伴奏，使得整个表演更加生动有力，营造出一种热烈而庄重的氛围。

除了独特的表演形式外，罗汉灯还具有深刻的文化内涵。这种灯彩活动通过神秘的傩舞和生动的表演形式，表达了人类对生命的敬畏和对自然的尊重。在表演中，演员们通过模拟人类的繁衍生息和与自然和谐共生的情景，传递了一种对生命和自然的感恩之情。同时，通过众罗汉在民间做善事的情景展示了一种积极向上、向善向美的价值观。

然而，尽管罗汉灯具有独特的魅力和深厚的文化内涵，但它也面临着传承和发展的挑战。随着社会的快速发展和人们生活方式的改变，传统的表演艺术逐渐失去了生存的土壤。因此为了保护和传承这一宝贵的文化遗产，我们需要采取积极的措施来推广和宣传罗汉灯,让更多的人了解和欣赏这种古老的艺术形式。

(7)马步灯

马步灯是江西省抚州市金溪县双塘镇翁塘周家传承近千年的独特灯彩表演艺术。据传,自北宋时期建村之初,便有此项传统。表演者化装成历代忠勇武将,通过精湛动作展示行军、布阵、战斗等场景,全程静默,仅以锣鼓、唢呐等乐器伴奏,充满象征性。每年正月十三至十五,全村欢庆,马步灯表演达到高潮,热闹非凡。表演内容主要包括《三国演义刘关张》和《忠勇报国杨家将》两套节目。周家马步灯不仅在本村演出,还应邀至女甥家表演,以爆竹接送、果品招待,穿街过户,深受观众喜爱。此项传统艺术表演形式独特,欢乐祥和,雅俗共赏,体现了金溪县深厚的历史文化底蕴。

相关传承人

序号	姓名	简介	备注
1	周辉祖	1944年出生,江西金溪人。少年时代跟随祖父周来福学习马步灯和制作马步灯。他精通各种马步灯的舞蹈动作技巧,如跑顺字门、反字门、穿四门、划长鞭、马起纵等。其中划长鞭动作最难。周辉祖对演出乐器(唢呐、锣、鼓、铙)等非常熟练,能独立演奏,在本地享有一定的名气。2003年对马步灯音乐、舞蹈动作进行了整理和保护。多次带领马步灯演员参加全县元宵节灯彩比赛,获得好评	

(8)资溪九节龙

深藏于江西省抚州市资溪县马头山镇昌坪村竹延山村的资溪九节龙,是一种颇为独特的民间文艺形式。这一名字源于其龙灯节数为九节。在这个偏远的山村,九节龙成为村民生活的一部分,为他们平淡的日常增添了色彩。

竹延山村交通不便,与外界的交流有限,村民的生活主要依赖农业生产,因此他们的日常活动相对单调。然而,九节龙却是他们根据日常生活和劳动动作,经过修饰和演变,通过口传身教的方式发展起来的一种文艺形式。从14世纪中后期开始,这一传统一直流传至今。九节龙的道具制作相对简单,但与常见的龙灯在舞动时的神态却极为相似。每个龙节由竹片扎成的圆柱形篾篓作骨架，外罩红布，各节之间通过粗绳穿连。虽然其外形看似简单，但表演起来却需要高超的技巧。每次表演前，都会有一人表演火流星来烘托气氛，然后耍龙者才会开始他们的表演。资溪九节龙表演形式多样，包括"搭仙桥""树牌坊""童子拜观音"等，过去盛行时，一场表演甚至可以达到3个小时以上。

九节龙的把式来源于自然生态、生产实践和日常生活，再融入神化的想象和创造，凸显出浓郁的古百越人巫祝祭祀民俗遗韵特征。这使得九节龙不仅仅是一种娱乐形式，更具有较高的学术文化研究价值。它是竹延山村村民对生活的艺术诠释，也是他们与自然和谐相处的象征。

相关传承人

序号	姓名	简介	备注
1	程东升	1960年出生，江西资溪人。从小看过几次九节龙表演后就能在同辈中表演几招，深得长辈喜爱。凭着儿时的记忆不断完善整理，使该项目技艺传承下来。该项技艺还保留有钻仙柱、猴子钻洞、双跨马、单跨马、正脱靴、反脱靴、白马现腿、画眉跳界、竹竿晒衣、神龙洗澡、龙王献宝、鲤鱼游海、日头过顶等动作。他专舞龙头，动作矫健、干脆利落，步伐轻盈扎实，每一个动作都十分到位。经过十几年的刻苦练习和完善，他组织训练了一批九节龙舞龙爱好者，在训练中不断观察和发掘新一代传承人。九节龙演出队伍曾多次参加县里举办大型活动	

（9）南丰傩面具雕刻

南丰傩面具雕刻是一项跨越千年的传统工艺，始于汉朝，经过唐宋的发展，于明清时期达到繁荣，并一直流传至今。它以风格古朴深厚、造型生动和手法细腻而著称，体现了世代匠人的艺术匠心。

在南丰，傩面具不仅仅是傩舞表演中的装扮，更是傩的象征，没有面具就无法构成完整的傩班。在驱傩仪式中，面具是神祇的载体，通过它，人们与神明沟通，祈求平安和丰收。

南丰傩面具雕刻分为九个精细步骤，从选材取料到最后的装饰附件，每一步都需要匠人的精心制作。明代以后，主要的傩面具雕刻艺人有舒家和杨家，两家各有所长，舒家擅长文相刻，而杨家则擅长武相刻。

南丰傩面具的角色类型丰富，造型奇异，千容百态，无论是神兽结合型、人物肖像型还是动物人格型，都体现了匠人的丰富想象力和高超技艺。这些面具的神情和冠饰都具有特定的文化内涵和意义指向，是研究南丰地方文化和历史的重要载体。南丰傩面具雕刻不仅具有艺术研究价值，还有艺术借鉴和收藏价值。对于开发南丰傩文化旅游产业来说，它更是一座富矿，具有巨大的潜力。

相关传承人

序号	姓名	简介	备注
1	罗春明	1976年2月生，江西南丰人。他从小喜爱绘画，1981年利用课余时间随农民画家揭小华学习绘画，1984年开始从事建筑木工行业并学会简单木雕；1990年随张宜祥学习傩面具雕刻，掌握了传统南丰傩面具雕刻技法，能独自完成各种傩面具雕刻的全部工序；1992年创建了罗春明傩面具雕刻工作室，2011年成立了罗春明面具展览馆，一直从事南丰傩面具雕刻。其技艺精湛，圆雕、浮雕、镂雕、铲雕等雕法得心应手，雕刻的南丰傩面具喜、怒、愁、笑、哭等造型生动，作品多次在全国、省、市民间工艺大赛中获奖，其中作品《傩王》荣获2004年第五届中国民间文艺山花奖，作品《火神》荣获第三届中国国际民博会暨第二届中华（天津）民间艺术精品博览会金奖	省级代表性传承人（2016）
2	张宜祥	男，汉族，1951年出生，江西南丰人。1968年中学毕业后，在家自学刻花板。1972年开始师从南丰傩面具雕刻舒家第十三代传人舒泉孙学南丰傩面具雕刻。学习4年，全面掌握传统雕刻南丰傩面具各种刀法和造型，能独自完成100多种傩面具雕刻包括上色、油漆、点睛全部工序。其刀法技艺精湛，圆雕、浮雕、镂雕、铲雕、块面雕等雕法得心应手，雕刻的南丰傩面具造型生动完整。其为南丰10多个傩班雕刻的300多个傩面具角色众多，造型不一，千容百面，异彩纷呈。有神兽结合型的开山、雷公等；有人物肖像型的关公、周仓等；有动物人格型的白蛇精、青	

续表

序号	姓名	简介	备注
2	张宜祥	蛇精等。雕刻手法细腻,雕刻时能抓住文像、武像、恶像、忠像等面具特征,刻出喜、怒、愁、笑等面具神态。面具作品《啸山》在泰国曼谷第二届"世界华人艺术大奖"评选活动中获国际荣誉金奖。《和平使者》作品参加"纪念中国人民抗日战争胜利60周年,中华当代艺术家作品展"活动三等奖,作品由文化部艺术人才中心收藏。傩面具作品多次在全国、省市、区荣获金奖、银奖、一、二、三等奖。获得抚州市人民政府第二届抚州市优秀高技能人才荣誉称号。被联合国教科文组织和中国民间文艺家协会授予"民间工艺美术家"称号	

（10）金溪雕版印刷手工技艺

金溪浒湾雕版印刷,自明代发源,清代达到鼎盛,形成了前、后书铺街,为当时江西省的印书中心。清乾隆至道光年间,浒湾的书籍遍布全国,各地书商纷纷在此设立分号。盛时,镇内书店堂号多达60余家,刻字和印书工匠上千人。书籍采用梨、樟、荷木刻板,纸张则根据等级采用不同产地纸张。墨汁由松树烟渣制成,每块板可双面刻字,需要时加刻套板。刻字工具和技术丰富,包括分枝凿、平凿两种刻字工具,出门、归身两种刻字技术,以及横刀、侧刀两种刀刻方法。浒湾雕版印刷以精湛的工艺和深厚的文化内涵,成为中国传统文化的重要组成部分。

相关传承人

序号	姓名	简介	备注
1	王加泉	1937年出生,江西金溪人。13岁跟随祖父（王崇祖）开始学做雕版印刷。17岁转金溪文报社印刷厂工作。在职期间能独当一面雕版印刷（出书）。23岁时下放回家单独开展印刷生意,做正式的修谱、印标签和古书、用丝钢板和木雕版印刷,后改铅字排印。深入挖掘和掌握古代雕版印刷技术,使其具有完整性、延续性,恢复原貌,扩大影响,弘扬中华传统文化。传授徒弟3人	

（11）广昌白莲生产技艺与习俗

广昌白莲，一个承载着千年历史和文化的农产品。它的种植历史可以追溯到唐代的仪凤年间，至今已经历了1300多年的沧桑岁月。广昌县志中有"满县花枝放呈祥"的描绘，展示了广昌白莲盛开的美丽景象。每年的夏秋之交，广昌的莲叶连天，荷花别样红，成为这里的一道独特风景线。

广昌白莲的生产技艺，自隋唐时期就已经开始形成，经过历代的传承和发展，已经逐步形成了具有地方特色的传统民间技艺。无论是从白莲品种的选育，莲田的选址，移栽，还是田间的精细管理，都有着一套严格的操作流程和讲究。采收后的白莲，更是需要经过脱籽、去壳、去皮、浸泡、漂洗、通芯、烘焙、退热、包装贮藏等十多道工序才能成为市场上的商品，这些过程同样需要丰富的经验和技巧。

广昌人与白莲有着不解之缘，他们对白莲的崇拜和呵护，形成了一整套与莲相关的民俗。每年农历六月二十六日，广昌的莲农们都会举行盛大的莲神太子庙会，庆祝莲花的生日。庙会以游神、祭神、娱神为主线，吸引周边数省的人们前来参与，场面热闹非凡。英国皇家摄影学会的高级学士马元浩在看到这一情景后，深有感触地说："全国处处有莲花，唯独广昌有莲神。"

此外，广昌的莲花古镇——驿前，也因为盛产白莲和形成白莲集散销售圩市而闻名于世。在这个镇里，至今还保存着五十余栋明清时期的古建筑群，随处可见雕刻精美的莲花装饰图案。这些都让驿前成为中国莲文化的发源地，吸引了大量的游客前来参观。同时，广昌的民间莲花灯彩也十分有名，如手提莲花灯、肩挑莲花篮、莲蓬灯、莲碗灯、莲藕灯等，都充满了地方特色。

广昌白莲不仅是一种农产品，更是一种文化的象征。它承载了广昌人的历史记忆和文化情感，同时也是他们生活的重要组成部分。无论是庙会、古建筑群还是莲花灯彩，都是广昌人对白莲热爱的体现。这种热爱已经融入了他们的日常生活，成为他们身份认同的一部分。而广昌白莲的美丽和独特性也正是吸引无数游客前来探访的原因。

相关传承人

序号	姓名	简介	备注
1	巫庆耀	男，江西省抚州市广昌县人，广昌白莲生产技艺传承人	
2	赖必进	男，江西省抚州市广昌县人，广昌白莲生产技艺传承人	

（12）金溪藕丝糖传统手工技艺

金溪藕丝糖是金溪县的特产，以其洁白细嫩的藕丝外形和芝麻、桂花、橘饼等馅料而闻名。它的口感脆香酥软，甜而不腻，落口消融，余味绵长，深受人们喜爱。每个藕丝糖重量不足10克，如鸽蛋大小，方便携带。据名老中医介绍，金溪藕丝糖具有补中益气、理脾益肺、生津润燥、化痰止咳等功效，是冬令糕点中的营养佳品。

金溪藕丝糖的生产历史悠久，最初由家庭小作坊生产，主要产地在琅琚、浒湾、珊城、秀谷等地。通常在庙会和市集上销售，随制随卖，买后即食。然而其不能长久保存。中华人民共和国成立后，金溪县国营、集体与个体户食品厂开始大规模生产，并改进包装，使其能够运输和储存。现在，金溪县每年生产约60—80吨藕丝糖，并将其远销至北京、天津、上海、南京、广州等大城市。此外，邻近省份的客商也常常前来采购批发。

金溪藕丝糖不仅是一种美食，更是一种文化和传统。它以其独特的外形和口感吸引了无数食客，同时也成为金溪县的一张名片。近年来，金溪县还加大了对藕丝糖的宣传力度，将其列为特色优质产品展销，并参加了首届中国食品博览会等活动，为金溪藕丝糖赢得了更广泛的知名度和声誉。

（13）南丰泥炉制作工艺

南丰泥炉，一款源自江西省抚州市南丰县的传统陶制日用品，以其精湛的工艺、科学的设计和高效的实用性，赢得了广大用户的喜爱。

南丰泥炉选择优质的黏性泥土，这种土质灰白细腻、无沙粒、不易开裂。经过精心制作，炉体式样美观，泥炉表面光洁、色泽乳白、承受力强，高温不裂，经久而耐用。装饰图案精美，包括花、鸟、人物、山水等，工艺精巧，设计科学。其结构包括炉托、炉身、炉门盖、炉面大盖和小盖五个部分，独特的结构使得泥炉在使用过程中，密封严密，热能利用率高达70%以上，既节能又方便。

南丰泥炉的发展历史悠久，品种丰富，包括 1-4 号盖炉、1-3 号普通煤炉、1-7 号柴炉、100 型及 120 型蜂窝煤炉四大类。随着产品的畅销，南丰泥炉的生产逐渐发展成一种较大规模的手工艺产业，早期的生产主要集中在县城，高峰期扩展至十几家，后逐渐扩展到梓和、市山、莱溪等地。

然而，随着人民生活水平的不断提高，引进了液化气、沼气等清洁燃料，南丰泥炉的使用量逐年下降。目前，仅剩下石子山、大坪嵊、原陶瓷厂、渡头等几个个体制作点和县泥炉厂仍在坚持生产。

南丰泥炉不仅是一种日常用品，更是一种文化的传承和历史的见证。它的精湛工艺和独特设计体现了我国传统陶器制作的独特魅力，而它的发展历程也反映了社会生活的变迁和进步。如今，尽管南丰泥炉的使用已经逐渐减少，但它的历史地位和文化价值却永远不会被忘记。

相关传承人

序号	姓名	简介	备注
1	官六根	1941 年 2 月出生，江西省抚州市南丰县人。1954 年起跟随岳父张启孙学习南丰泥炉制作；1956 年南丰县集体手工业成立泥炉合作社，1957 年其转为正式社员，从事泥炉各工序工作，逐渐升至师傅级别，期间主要生产八角盖炉；1997 年从南丰泥炉厂退休后，将毕生的所学传授给了 3 个儿子。他手艺精湛，制作的泥炉炉底厚度均匀、底孔排列有序；盖炉最为关键之处盖炉坯，刨得光滑匀称、不易变形；能精确掌握焙烧的时间和需要的温度。其参与制作的泥炉有盖炉（又称炭炉）、普通煤炉、柴炉、蜂窝煤炉、傩面具礼品盖炉等，1979 年参与研制的"桔城牌"节能八角盖炉，先后于 1979 年、1981 年荣获江西省经济委员会优质产品奖，1985 年荣获江西省政府颁发的优质产品奖	第三批省级代表性传承人（2016）

（14）建昌帮药业

建昌帮药业，中国南方古药帮和中药炮制的重要流派，与樟树帮并列为江西帮，位居全国 13 个大药帮之列。其发祥地为南城县，以精湛的传统饮片加工炮制技艺和药材集散交易而享有盛名。有"药不到樟树不齐，药不过建昌不灵"的美誉。

在饮片炮制方面，建昌帮药业展现了独特的风格。其工艺、工具和辅料的选择都充满了传统韵味，重视形、色、气、味，追求毒性低、疗效高的效果。豚刀和雷公刨是其最具特色的加工工具，在全国享有盛誉。在辅料方面，谷糠的使用尤为独特，为建昌帮中药炮制增添了特色。建昌帮药业在经营方面同样出色，其药店、药栈、药行各司其职，各具特色。药店以零售为主，丸、散、膏、丹样样俱全；药栈则批发兼零售；而药行则从事大批量药材交易。严谨的制药作风和待人接物之道是建昌帮药业得以传承的重要因素。

历史上，建昌帮药业的药材交易十分繁荣，不仅覆盖江西、福建的大部分地区，还扩展至汉口、上海、广州等地，甚至远销中国香港、中国台湾、中国澳门，以及马来西亚、新加坡等地区和国家。经过几百年的发展，建昌帮药业已经完成了质的升华，形成了独具特色的药业文化。其繁荣昌盛的状态和在药界的信誉与地位都是对其传统工艺和严谨作风的最好见证。建昌帮药业不仅是中国的瑰宝，更是世界传统医药文化的重要组成部分。

（15）装故事

"装故事"是流传于江西省抚州市乐安县湖坪乡一带的盛大民俗活动，具有悠久的历史和深厚的文化内涵。据记载，这项活动始于北宋年间，由迁居湖坪的王延年所引入，每年中秋节都会如期举行。

活动在农历八月初九至十五之间举行，村中王氏七房的主事人会提前挑选数十名健康活泼、面貌清秀的1—5周岁男女儿童，精心装扮成各种戏曲角色，绑扎在特制的故事架上。故事架分为上下两层，上层一般是女孩，下层男女不限。孩子们的服饰头盔都是根据角色和身材特制的，非常精美。

装扮好后，游行队伍开始出发。每台故事架前都由10面红、黄、绿三色彩旗开道，乐队随其后伴奏。观众们纷纷向故事架上的孩子们抛掷糕点、水果、红包，以示赞赏和祝福。到了晚上，游行队伍会打上灯笼、火把和"窑笼"，在夜色中显得格外壮观。整个活动在中秋之夜结束，给观众们留下深刻的印象和美好的回忆。

湖坪"装故事"是一项非常有趣、富有文化内涵的民俗活动，展示了当地人民的智慧和创造力。这项活动不仅能够让人们欣赏到精美的戏曲表演和盛大的游行队伍,还能够让人们感受到传统文化的魅力和乐趣。同时,这也是一项有益于儿童成长的活动,让孩子们在游戏中学习到传统文化知识,增强文化自信心。

相关传承人

序号	姓名	简介	备注
1	王明元	1953年2月出生,江西乐安人。20岁起先后师承本村王贵增、王通纲等老前辈学习装故事。结合学习,勇于实践,不断摸索,到22岁就能独立装故事,全面熟悉有关历史故事、传说及有关人物的事迹及其古人物有关舞台形象。能指导演员与人物装扮。有艺术眼光给小演员化妆。有精巧的技艺装扮好每台故事,注意上下人物搭配、突出主题等。2002年湖坪举行故事周活动,担任全村7台故事总导演,活动规模大,影响好	
2	王健生	1950年10月出生,江西乐安人。1963年8月师承祖父王长安。1980年再向父亲王富元学习装故事技巧、道具制作、小演员的挑选以及脸谱化妆、服装穿戴等一整套技艺。1982年又向王元喜师叔学习,共同承担汉上村两台装故事的组织、策划、演出工作。1983年就独自负责本村故事上述工作,相继培养本村王掌生、王华生、王隶生、王志辉等从事该项技艺。经过几十年的摸索,能够得心应手地装出一台台生动有趣的历史故事、传说、经典著作的人物造型、舞台形象。能自制故事当中所缺少的道具、头盔、饰物等,能设计故事人物中的所着服装、脸谱化妆。挖掘、培养农村适合饰演剧中人物的小演员。2002年湖坪举办的装故事艺术周活动中,担任全村装故事的副导演、技术总指导,活动规模宏大,盛况空前	

(16)临川火老虎灯

临川火老虎灯是江西省抚州市临川区一带极具特色的民间灯彩,给人带来耳目一新、独特别致之感。该灯彩由腾桥罗姓族人少年罗聪能创制,参照民间灯彩火龙和爆竹引信工艺,经过精心设计和动作编排而成。

临川火老虎灯初时为一大二小三只虎，后扩大到二大三小五只虎，并增加了引火棍和打击乐等元素，表演者手持火老虎灯追随着火棍奔跑、跳跃、翻腾，展现出各种图案和队形，同时伴有噼里啪啦的响声和流星火雨，场面壮观。该舞蹈需要13人合作完成，包括引虎、送料、表演、伴奏和中途续料等角色。经过多年的发展，临川火老虎灯已形成完整的动作和表演体系。新春佳节时，人们用唢呐和打击乐伴奏，伴随着火老虎灯挨家串户表演，祝福拜年、消灾驱邪。表演结束后，将引虎棍上的香火插在谷仓、猪栏和牛栏门前，寓意着来年五谷丰登、六畜兴旺。总之，临川火老虎灯是一种独特的民间舞蹈表演形式，场面壮观、独具匠心，深受周边群众喜爱，是中国传统文化和民间艺术的重要组成部分。

相关传承人

序号	姓名	简介	备注
1	罗海根	1970年出生，江西临川人。从小受村里影响，喜爱玩火老虎灯。1981年临川火老虎灯参加原全抚州地区灯彩比赛获奖回来后，正式拜师学习打灯，勤学苦练，全面掌握火老虎灯演出的全套动作、套路和火老虎灯的道具制作，并将其发扬光大。临川火老虎灯原来演出时，出场前的"引虎棍"是从打龙灯的"引龙珠"演变而来，他大胆创新，将"引虎棍"两端装扎上香火，舞动起来火球翻滚，似"火龙"腾跃，演出时与场上"火老虎"相映成辉，增强演出效果。多次参加区里灯彩会演，取得优异成绩。授徒罗涛文等人	

（17）东乡车马灯

江西省抚州市东乡区五桥村的东乡车马灯是一种集舞蹈、小戏于一体的民间灯彩艺术，其创作背景源于三国时期刘备、关羽、张飞等历史人物的故事。这项艺术表演形式已经拥有超过600年的历史，创始人为该村的饶宗鲁。车马灯不仅是一种具有浓郁地方特色的文化表演，更是一种象征聪明智慧和团体精神的劳动人民的艺术创造。

车马灯表演分工严格，合作柔和，要求演员具备较高的素质。在表演过程中,演员们充分运用中国传统戏曲舞台上的虚写实艺术表演形式,使得整个表演充满象征意义。同时,车马灯的造型新颖,动中有静,静中有动,型中有型,配合民间打击音乐和吹奏乐,可以给观众带来强烈的视觉冲击力。

除此之外,车马灯的表演内容健康,风格独特,道具简洁、古朴。每年正月初一至正月底,五桥村的车马灯表演团队会在本村及外地巡回演出,深受广大劳动人民的欢迎和喜爱。

东乡车马灯是一项集历史文化、民间艺术、劳动人民智慧于一体的独特文化表演形式。它不仅丰富了当地的文化生活,弘扬了优秀的民间艺术传统,同时也展示了古代劳动人民对美好生活的追求和人与人之间的团结精神。

相关传承人

序号	姓名	简介	备注
1	饶春荣	1942年出生,江西东乡人。1970年正式拜饶顺发为师学习车马灯。掌握车马灯"灯"与"戏"的结合,能唱能演。在表演中夹唱民间小调,吸纳传统戏剧舞台以"虚"写"实"的表演形式,掌握制作车马灯技术,改进后的车马灯在视觉上让人赏心悦目。在他的积极组织下,车马灯团队到各地演出,产生了广泛的影响。2000年率灯彩队参加本县首届农民艺术节,获得大奖;在2008年全县老年体育运动会灯彩调演时获三等奖。农历十三发灯,正月十四、十五到各村玩灯,农闲时传承许多弟子。他创新许多表演动作和新曲牌,增加许多新元素,赢得了群众好评	

(18)崇仁相山板凳龙

崇仁相山板凳龙,又被称为"桥灯",是江西省抚州市崇仁县相山镇林头村一种源远流长的传统舞蹈。据祖谱记载,这种舞蹈在清乾隆时期已经相当盛行。每年正月十四至十六,村民们会举行盛大的打龙灯活动,由族长主持,各房轮流主办,以此庆祝元宵佳节,体现了村民们的团结和人丁兴旺。

崇仁相山板凳龙的制作工艺独特,每节灯的长度、宽度、高度都有严格的规定。这种桥灯与其他地方的不同之处在于,其灯笼呈方形,寓意天圆地方。龙头和龙尾的制作也颇为讲究,形态栩栩如生。

这种舞蹈的表演规模宏大，舞龙者近170人，配备有锣鼓手、旗手、放鞭炮人等，场面十分壮观。据村里的老者讲述，清朝时村里就举行过盛大的板凳龙灯会，每家都要出灯，整整热闹三天。2000年后，村里修复了六座祠堂，激起了村里一些老者欲恢复祖先板凳龙灯会的想法，于是桥灯逐渐恢复了往日的盛况。

崇仁相山板凳龙不仅是一种传统舞蹈，更是一种文化的传承和弘扬。它体现了古代劳动人民的智慧和创造力，同时也展示了当地人民对传统文化的热爱和尊重。如今，这种舞蹈已经成为当地文化的一张名片，吸引了越来越多的人前来观赏和体验。

相关传承人

序号	姓名	简介	备注
1	方勇标	男，江西省抚州市崇仁县人，崇仁相山板凳龙传承人	
2	方亿高	男，江西省抚州市崇仁县人，崇仁相山板凳龙传承人	

（19）临川篾编技艺

临川篾编技艺，源于古老的民间竹编技术，是一种融合了传统竹编技术和工艺美术的民间手工技艺。这项技艺以其复杂的制作工艺和高难度的编织技术要求而闻名，深受群众喜爱。临川篾编技艺的作品以吉祥的文字和图案为主，传达着人们对美好生活的追求和向往。

在临川篾编技艺中，竹编用具成为一种独特的载体，通过匠人的巧手编织出各种精美的文字图画。这些作品以黄色为基调，或配以红色表现吉祥喜庆，或配以黑色展现古朴凝重。字体方圆有致、粗细合体，人物形象逼真、惟妙惟肖，充分展示了临川篾编技艺的细腻。

临川篾编技艺历史悠久，但具体产生年代难以详考。清朝后期，临川地区已有一些著名的篾编作品问世，如《老子对弈图》和《麒麟送子图》等。这些作品作为书房壁画或竹席，不仅具有实用价值，更是一种艺术的体现。临川篾编技艺采用了一种独特的"取雨点"画法进行创作。通过在竹编经纬篾上间隔取雨点形成画面，使得作品呈现出一种独特的视觉效果。为了精细地刻画人物和场景，匠人们对篾条的粗细要求极高，细的篾片甚至细若发丝，使得画面的细微处得到细致的表现。

如今，临川篾编作品已经成为一种珍贵的工艺美术品，深受收藏家和艺术爱好者的喜爱。临川篾编技艺不仅体现了古代劳动人民的智慧和创造力，更是中华民族传统文化的重要组成部分。通过传承和发展临川篾编技艺，我们可以更好地弘扬中华民族优秀的传统文化，为当代社会增添更多的艺术瑰宝。

相关传承人

序号	姓名	简介	备注
1	徐建元	男，汉族，1967年出生，江西临川人。从事篾编技艺30多年，他刻苦研习篾编技法，曾先后多次参加全国各地文博会、艺术展并获奖，《毛主席像》2015年在江西省优秀工艺品评选中并荣获金奖。他秉承传统编织技法，开创性地运用"四六"雨点法编织，整个流程包括选材、破竹、分篾、铡篾、煮篾、刨篾、编织等多项工艺。他的编织技术功力深厚，其篾编作品色彩古朴，线条流畅，工稳圆润，气韵生动，形体饱满且富有装饰性，有着鲜明独特的个人风格，作品具有很高的观赏价值和经济价值。作品有《百福迎奥运图》《五牛图》《虎啸山林》《八仙过海》《云游普度图》等竹编画上百幅。大型篾编作品《清明上河图》长达20.13米，历时36个月完成，曾在省以上各大展览中得到领导和观众的一致好评。在政府各相关部门的大力支持下，他积极开展传授技艺活动，招收学徒10多名，同时积极筹划将临川篾编形成一个传统技艺产业，扩大临川篾编的社会影响，提高经济效益，使这一传统技艺不断发扬光大	

（20）金溪浒湾油面制作技艺

抚州油面是一款拥有深厚历史背景和精湛制作工艺的传统食品，以其独特的口感和丰富的营养价值深受民众喜爱。又称挂面、圆面、须面、寿面等，这款面条的起源可以追溯到明朝末期，浒湾出产的油面更是被誉为贡面，被选为宫廷食品。

抚州油面的包装也颇具特色，采用红漆木盒，盒外雕刻有龙凤呈祥、百年好合、锦绣河山等吉祥图案，并配以描金品名和作坊字号、烹调说明，既体现了精致的工艺，又彰显了传统文化的韵味。

在原料选择上，浒湾油面十分讲究，严格挑选上等的优质面粉、茶油、精制薯粉、食盐等，按照不同季节进行配方调整。经过三期发酵，手工精制，微风晾干等多个步骤，才形成这款外观圆细均匀，色白条长，烹调不糊不浑的油面。烹饪后的抚州油面滑润细腻，爽口，食之清香，更具有健脾胃、降血压、发伤感、祛风寒、催母乳等功效。

历史上，浒湾生产油面的作坊有很多，如森和兴、美芳斋、利芳福、何源和等。公私合营后，这些作坊全部收归浒湾粮油加工厂。自1982年开始，浒湾油面厂专门生产龙须贡面，同年荣获江西省粮食局授予的传统食品优胜奖。在接下来的几年里，浒湾龙须贡面连续获得江西省商业厅评为的优质产品奖，以及抚州地区行政公署、地区粮食局授予的优秀产品证书和产品质量奖。1988年，在中国首届食品博览会上，浒湾油面在上海展销会上深受上海市民的青睐，被评为博览会优质产品。

如今，抚州油面已经成为深受民众欢迎的走亲访友、馈赠亲朋的佳品。其独特的口感、丰富的营养价值及深远的历史文化背景使得它在面食市场中占有重要地位。抚州油面的成功也体现了传统食品在现代社会中依然具有巨大的潜力和市场价值。

相关传承人

序号	姓名	简介	备注
1	叶永光	男，抚州市金溪县人，金溪浒湾油面制作技艺传承人	

（21）南丰妆迎

南丰妆迎，这一深深根植于南丰土地上的民俗活动，源于对军峰"三仙"的祭祀和谒拜，是南丰人民对自然、历史和文化的尊重和传承。

军峰山以其"翠压五岳"之美被誉为一邑之"镇山祖龙"，不仅是方术之士潜心修炼的名山，更是南丰人民心中的神山。而"三仙"真君的传说，更为这座山峰增添了神秘色彩。自北宋宰相曾布奏请皇帝诏封军峰山之神开始，南丰妆迎便应运而生，成为南丰人民每 10 年一次的盛大庆典。

南丰妆迎的表演形式丰富多彩，风格古朴粗犷。神铳和蟒锣的开道声、凉伞档伞彩旗乐器的随后声、各类神话剧中妆扮人物的迎盘（轿）声，"三仙真君"的神轿坐阵中间，各种民间古乐声、鞭炮声、欢呼声震天动地，气势浩大。这种独特的表演，是南丰人民对民间艺术的精湛技艺和对民间故事的生动演绎的体现。南丰妆迎不仅是民间祭祀活动，更是多元宗教文化、民俗文化和音乐、艺术文化的融合体。它是南丰人民对自然崇拜、图腾崇拜和巫术意识的体现，同时也承载着他们调理四时阴阳、以求风调雨顺、五谷丰登、人畜兴旺、国强民富的美好愿望。它与南丰傩舞的历史及初衷相近，希望通过一定的仪式达到与神的交流，以求得到神的保佑和恩赐。

千余年来，南丰妆迎活动代代相传，逐渐淡化了迷信色彩，形成一种独具南丰地方特色的民俗活动。这种活动不仅丰富了南丰人民的文化生活，也为他们提供了一个共同的精神寄托和文化认同的平台。同时，南丰妆迎也是南丰文化的重要组成部分，是南丰人民对历史和文化的独特贡献。

相关传承人

序号	姓名	简介	备注
1	肖长生	1960 年 2 月生，江西省抚州市南丰县人。1979 年从南丰一中毕业后从事个体经营，2000 年以来任南丰县道教协会副会长，2006 年起同时兼任南丰县琴城镇瑶浦三仙行宫主持；2006 年联合民间组织潜心挖掘、整理旧时六都四甲妆迎民俗文化，2007 年成功组织策划了南丰县自中华人民共和国成立以来首次"妆迎"民俗文化活动，2009 年成功策划组织了以"妆迎"为主要内容的踩街活动，2011 年成功策划组织并参与了以"妆迎"为主体内容的江西（南丰）文化艺术节。他熟练掌握了南丰妆迎的迎祭仪式，熟悉设坛、请神、迎神、送神等仪式基本构成；善于策划妆迎活动，为主要以踩街形式进行的南丰妆迎，策划组织了《七仙女》《蜜桔仙子》等丰富多彩的节目	省级代表性传承人（2016）

（22）乐安罗陂庙会

乐安罗陂庙会是拥有数百年历史的盛大民俗活动，在江西省抚州市乐安县的西南部，与永丰县交界的罗陂乡，每10年举办一次。乐安罗陂庙会也称"朝神庙会"，是当地一项有着数百年历史的民俗活动，规模盛大，远近闻名。罗陂庙会不仅是当地民众的商品交流与娱乐的重要平台，更是道教文化、民俗艺术和历史传承的生动展现。

据罗陂古村的兆兴房草谱记载，庙会的历史可以追溯到明崇正年间，当时陈氏三十一世的惟荣因为家境衰败，经过道士的指点，修建了神台，雕塑了菩萨，并选择黄道吉日演神游街，从此家族兴旺，这一传统也世代延续至今。

庙会期间，邻县的各路客商都会云集于此，人数之多、场面之热闹，可谓人山人海。活动不仅规模宏大，内容和形式也十分丰富。活动开始前，道士会为菩萨进行"招兵"和"点光"仪式，确保菩萨拥有保护村民的神灵。正式开始时，数十支神铳、上百面旗帜、八乘精美的神轿以及各种案器和"故事戏""秋千"等都会参与到盛大的巡游中，边走边表演，场面壮观、震撼人心。

值得一提的是，罗陂庙会的"秋千"十分有特色。它像一个巨大的可转动风车，四个方向都绑有体重相等的儿童，转动起来就像是在荡秋千，别有一番情趣。整个活动结束后，菩萨会被放回神厅归位，各种器具都会被妥善保管在祠堂中。

罗陂庙会不仅是乐安县历史悠久的一项民俗活动，同时也是一项保存得相对完整的道教祭祀活动。其中的道士为菩萨"招兵"和"踩碗仔"等仪式对于深入研究当地的道教文化具有非常重要的价值。此外，庙会中的可转动秋千是一项创新，这种秋千在江南一带相当少见。庙会中的伴奏音乐都是民间流传的古曲经典，当地很多人都会演奏，这也为研究罗陂文化的历史提供了重要的依据。

罗陂庙会是一个融合了历史、文化、宗教和艺术的盛会。它展现了乐安人民的信仰、传统和创新精神。这个有数百年历史的庙会不仅是一个让当地人和外来游客都能感受到的盛大庆典，更是一个让人们深入了解乐安历史和文化的重要窗口。

相关传承人

序号	姓名	简介	备注
1	陈有生	1937年出生，江西乐安人。1953年拜陈满堂为师，开始学习庙会所演奏的大吹、小吹，全面掌握活动所需演奏的各种曲牌。能独立演奏《风入松》《八极》《换袍》《纺线介宝》《麻婆子》《钻山龙》《吉水调》《糜风细雨》等大、小吹的曲调，组织指导的乐队演奏与活动开展配合默契。熟悉庙会活动的组织和策划工作，能指导其他人执行庙会的各种程序，做到合理安排、有条不紊。能将掌握和熟悉的操作程序与庙会的技艺特点，一一讲解和传授给徒弟们。他参与组织、策划和指导整个庙会活动，受到全乡村民的一致好评。1999年后，他积极开展传承活动，带有徒弟8名，均能独自开展活动	
2	陈大眼	1940年4月生，江西乐安人。师承陈满堂，传授徒弟有：陈财根、陈辉辉等人。1950年拜陈满堂为师，学习庙会所需演奏的大吹、小吹。掌握锣鼓、笛子等乐器的演奏技能。能演奏《风入松》《八极》《换袍》《纺线介宝》《麻婆子》《钻山龙》《糜风细雨》等大小吹的曲调。1976年开始配合师傅参与庙会的组织、策划。1989年后，独立承担罗陂庙会的组织、策划工作，全面掌握罗陂庙会所需演奏曲牌。2013年12月去世	

（23）资溪畲族祭祀仪式

资溪畲族每年农历三月初三举行隆重的祭祀仪式，由族长或名望最高的法师主持。前一日，庙堂被整扫，器皿、用具洗涤一新，牲礼供品精心备办。到日子时，铳声一响，成年男子捧香烛供品赴祠堂，女性则旁观。进祠堂需半跪蹲行，供品整齐摆于供桌，人们则两旁肃立。随后三声炮响，配乐人员敲响锣鼓，法师设坛，持刀念咒，半蹲跳跃，转动龙角，甩动令刀，请神仪式开始。接着，法师操练兵马，造城墙，起火架锅，手入沸油，脚踩油锅，头顶米筛翻跟斗，为村民祈福。最后念咒烧香纸送神。户主带走香烛供品半跪退出，摆于家中祖龛。参祭者共享盛宴，观赏庆丰舞、对山歌、武术表演，欢庆至黎明。此传统仪式既体现畲族对祖先的敬仰，也展示了他们的坚韧和勇气。

相关传承人

序号	姓名	简介	备注
1	蓝启东	1966年出生，江西资溪人。从小跟随父亲习武，具有一定的道家天赋，被族人推选为该祭祀活动的传承人。初中毕业后便参与学习祭神仪式，并多次前往福建、浙江、广东等道教圣地学习提高个人基本技能，成为新月畲族村颇具名望的法师之一。祭祀仪式活动主要分为：请神、调兵、练兵、造城墙、起火、开雪门、破火坑、踩火、送神、畲族对山歌、板凳功夫表演等。表演时法师表情虔诚严肃、唱腔铿锵有力，步伐矫健，动作敏捷，一气呵成。从1994年开始，蓝启东主持每年的三月初三、八月初一等大型的祭神日。畲族祭神仪式里的几种特殊技艺（如上刀山下火海、板凳功夫等）曾多次出现在县里举办大型活动。蓝启东曾参加两届景宁畲族自治县举办的"中国畲族民歌节"比赛，取得了优异的成绩	

（24）资溪畲族山歌

畲族，一个拥有深厚文化传统的民族，其最具特色的代表之一就是资溪县的畲族山歌。这种口头艺术形式不仅是畲族人民生产、生活斗争中的真实写照，也是他们情感、思想和历史的重要载体。

由于畲族只有语言没有文字，他们便通过口头传授的方式，将历史和文化传承下来。这种传统已经持续了上千年，形成了畲族独有的文化现象。畲族山歌的歌词内容丰富，包括叙事歌、风俗歌、劳动歌、情歌、生活歌和杂歌等，涵盖了畲族人民生活的方方面面。畲族山歌的格律独特，一般以四行、七言体式韵文为一条，四句为一首。其押韵规律严格，一、二、四句尾声字同韵，且定要押畲语的平声，第三句末字则要用仄声。在演唱时，歌手还会根据地区不同，借用一些有音无义或带有特殊含义的虚词，如"哩""罗""噜"等，来增强语气和丰富韵味。

作为畲族传统文化的重要组成部分，畲族山歌具有独特的艺术价值。它不仅是畲族人民生活、风俗习惯和思想情感的真实记录，更是他们展现智慧、惩恶扬善及沟通感情、传递知识的重要方式。在过去，畲族人民常常通过歌唱来参与上山劳动、接待来客、婚丧喜事等活动，形成了一种特有的文化习俗。

畲族山歌是畲族人民的精神支柱，也是他们文化身份的重要标志。这一口头艺术形式以其独特的艺术手法和深刻的社会洞察，成为丰富的民族民间艺术中的宝贵遗产。对于研究畲族历史和文化的人来说，畲族山歌更是一个不可或缺的宝贵资源。

（25）宜黄神岗傩舞

神岗傩舞是一种源于江西省抚州市宜黄县神岗乡的民间舞蹈，以其原始、古朴、稚拙的舞蹈动作和深厚的文化内涵，赢得了世人的广泛关注。这种舞蹈以祈福祛邪逐疫为主旨，体现了人们对生活的热爱和对自然的敬畏。

据《宜黄县志》记载，神岗傩舞的历史可以追溯到明代初期，至今已有600多年历史。每年正月初一开始，神岗乡的舞者们就会戴上面具，拿起锣鼓，开始他们的傩舞表演，一直持续到正月十五。这种舞蹈分为长枪和短棍两大类型。长枪舞蹈动作粗犷，意在驱邪；短棍舞蹈则悠闲、文静，主要用于祈福纳祥。

在神岗傩舞的表演过程中，面具、锣鼓、服装等都是不可或缺的元素。每个舞者都需精心装扮，通过舞蹈表现出驱鬼逐疫和祈求五谷丰登、猪肥牛壮，人人平安的内容。这种舞蹈用打击乐伴奏，节奏根据节目不同而变化，给人以强烈的视觉冲击和听觉享受。神岗傩舞不仅是一种舞蹈表演，更是一种文化现象和精神象征。它体现了人们对神灵的敬畏、对美好生活的向往和对邪恶力量的驱逐。这种舞蹈的传承和发展，不仅有助于弘扬中华优秀传统文化，也有助于增强社区的凝聚力和文化认同感。

如今，神岗傩舞已经成为江西省乃至全国知名的文化品牌，吸引了众多游客和学者前来观赏和研究。这种古老而神秘的舞蹈形式，以其独特的魅力和文化内涵，为现代人提供了一个了解传统文化和民间艺术的重要途径。

相关传承人

序号	姓名	简介	备注
1	黄国祖	1949年5月生,江西省抚州市宜黄县人。1964年至1965年师从应自然学习跳傩舞,晚上参加业余剧团表演古装戏;1966年至1968年参演业余剧团宣传戏,同时表演傩舞;1971年退伍后继续参加宣传队,1977年参与恢复傩舞,并参加业余剧团演出,白天跳傩舞,晚上演古装戏;1981年至今一直在跳傩舞,1984年参加了宜黄县花灯节。他身材较高,并曾在业余剧团学习了武打等基本功,故在宜黄神岗傩舞中以跳《关公显圣》为主,表演的"杀四角"长枪动作粗犷、干净利落。近些年,他传艺于唐光明、吴任龙、熊金龙等人	省级代表性传承人(2016)

(26)崇仁扭扭龙

崇仁扭扭龙,一种承载着深厚历史文化底蕴的民间祭祀性灯彩。崇仁扭扭龙起源于清同治年间的崇仁相山镇苔洲村(今属江西省抚州市),以其独特的形态和富有神秘感的起源故事,深受当地村民的喜爱。

这种灯彩的独特之处在于,它是以一条大龙背负两条小龙的形象呈现,舞动时龙体悬空颤抖和扭动,给人一种生动且震撼的视觉体验。关于它的起源,有一个富有神秘色彩的传说,讲述的是水火双龙争夺彩珠,引发大水灾,村民扎龙祭祀,最后感动火龙,使龙潭恢复安宁的故事。这个故事既体现了古代村民的智慧和勇气,也传递出了他们对自然的敬畏和对生活的热爱。

随着时间的推移,崇仁扭扭龙的制作工艺和表演形式也发生了变化。从最初的村民用禾草扎成一条龙并插上香烛,到后来发展成三龙,小龙在大龙的头尾之上,一根木棍绑大龙腹中段,供人操动。表演形式也逐渐丰富,从最初的跟随长龙灯进行表演,到最后演变成一种独立的灯彩形式。这种变化既体现了民间艺术的创新性,也展示了崇仁扭扭龙的生命力和魅力。

如今,崇仁扭扭龙已经成为崇仁县相山镇苔洲村的文化名片,也是中国传统文化的重要组成部分。它以其独特的形态和富有神秘感的起源故事,吸引了无数人的目光和关注。同时,它也承载着当地村民的祈愿和希望,是他们心中的守护神和象征。

相关传承人

序号	姓名	简介	备注
1	方更新	男，江西省抚州市崇仁县人，崇仁扭扭龙传承人	

（27）东乡跳马灯

江西省抚州市东乡区浯溪村的跳马灯，历经600余年的传承，至今仍然熠熠生辉。这一民间灯舞表演，以古代劳动人民在春节期间祈求新年平安幸福、增添吉祥如意气氛为主题，将舞蹈、音乐、说唱融为一体，呈现出独具地域特色的艺术魅力。

跳马灯以四匹名马——赤兔马、黄骠马、白龙驹和乌骓马——的传奇故事为创作素材，通过跑马步、翻、滚、牵马、驯马、护马等杂耍表演，展现古代劳动人民的喜怒哀乐以及对美好生活的向往。整个表演过程中，舞步与音乐和谐配合，打击乐和吹奏乐交织成美妙的旋律，为观众带来愉悦的视觉与听觉享受。

每年农历正月十三，浯溪村的跳马灯便拉开序幕，俗称"头灯"。正月十四、十五达到高潮，表演者走村串户，将祝福传递给各地群众。这种岁末迎春的演出形式，深受人们喜爱。而在农闲时节，村民们亦会自练自演，以娱乐健身，为生活平添情趣。

跳马灯作为东乡区浯溪村的文化瑰宝，不仅具有深厚的历史底蕴，更在历代人们的表演与传承中，不断汲取民间艺术的精华。这一独特的民间灯舞，已经成为当地群众喜闻乐见的文化盛宴，充分展示了东乡区浯溪村的文化魅力。

（28）金溪矮脚龙

金溪矮脚龙是江西省抚州市金溪县何源镇彭家村的一种民间彩灯舞蹈，具有深厚的历史和文化底蕴。矮脚龙这种舞蹈源于贵溪市与金溪县交界一带，由于历史的变迁，此舞在贵溪逐渐失传，但在金溪县何源镇彭家村却得以流传，并成为全县以至全省别具一格的无双之舞。矮脚龙以其独特的表演形式和特点广受群众喜爱，具有重要的文化价值。

矮脚龙的表演时间一般是在农历正月初一至十五，主要针对耍龙者的女婿村和女婿家，为他们带来喜庆、幸福之兆。在表演过程中，龙头、龙身、龙尾各节必须协调动作，整个队伍必须训练有素、配合默契。掌珠者负责舞蹈动作的指挥，多由熟悉龙灯表演程序、体力好的高手担任。此舞的套路必须交叉重复两遍，而且全过程分为四个方面平均表演，其特点环环相扣，变化多端，动作矫健，节奏明快，气势雄伟。音乐主要是打击乐，用鼓、锣、钹、喇叭协同演奏，其乐分为慢板、快板（急板），可根据表演需要反复演奏。

（29）广昌塘坊木偶戏

广昌塘坊木偶戏是江西省抚州市广昌县塘坊乡的传统艺术，具有悠久的历史和独特的魅力。塘坊木偶戏由木偶、操纵演员、配音演员和乐队四部分组成。木偶选用优质樟木雕刻而成，工艺精良、风韵各异，每个木偶象征一个剧中人物。人物形象生动活泼，个性鲜明，喜、怒、哀、乐表情丰富。有趣的是，木偶的头、眼睛、嘴角、手、足等部位都能自如活动，动作敏捷逼真。

塘坊木偶戏以其栩栩如生的表演形式广受群众喜爱，在民间流行甚广。演出内容以歌颂祖国、祝愿平安和祈福迎祥等为主。费用则由当地群众采取AA制按人丁认捐；遇上哪户人家有喜事，也有全部出资请村民免费观看的情况。塘坊木偶戏现有两个剧团，演员数十人，参与演出时间大都在20年以上。70岁的黄祖禀是剧团年龄最大的演员登台表演已满31年主要负责木偶操纵。

相关传承人

序号	姓名	简介	备注
1	谢延发	江西省抚州市广昌县人，广昌塘坊木偶戏传承人	
2	谢家胜	江西省抚州市广昌县人，广昌塘坊木偶戏传承人	
3	谢帮银	江西省抚州市广昌县人，广昌塘坊木偶戏传承人	

（30）抚州道情

抚州道情，起源于明代以前，是江西省抚州市临川地区一种特有的民间曲艺形式，被当地人亲切地称为"打嘭嘭"。最初，这种艺术形式是盲人为了乞讨和算命而创造的一种手段，因此也被群众称为"瞎子过街"或"花郎爬街"。然而，经过几个世纪的发展，抚州道情已经发展成为一种具有独特魅力的曲艺形式。

抚州道情的表演形式主要为单人坐唱，艺人通过自拉自唱或者鼓筒竹板伴奏进行演唱。这种曲艺形式既可以演唱民间小曲小调，又可以演唱整本甚至连台大戏，展示出其极大的表现力和艺术魅力。同时，抚州道情也具有丰富的地域特色和民俗风情，深受当地群众的喜爱。在历史的长河中，抚州道情以其独特的艺术形式和深刻的社会洞察力，成为临川地区文化的重要组成部分。

相关传承人

序号	姓名	简介	备注
1	刘德兴	男，江西省抚州市临川县人，抚州道情传承人	

（31）乐安蛋雕

乐安蛋雕，一项源自中国明清时期民间传统的优秀美术工艺，以其独特的艺术形式和深厚的历史文化内涵，赢得了世人的广泛赞誉。这门艺术最初源自民间的送"彩蛋"习俗，后经过鳌溪镇邹氏祖传的独门技艺的演绎，逐渐发展出一种选料讲究、造型生动、雕刻手法细腻的独特艺术风格。

乐安蛋雕主要分为山水、动物、人物三大类，其表现内容丰富多样，形象栩栩如生。无论是人物蛋雕中的古代帝王将相，还是现代名人，个个都形象逼真；动物蛋雕作品造型生动，仿佛能跃然而出；山水蛋雕作品则巧妙地融名山大川于方寸之间，让人有身临其境之感。这种独特的艺术表现形式，充分展示了乐安蛋雕的精湛技艺和深厚文化内涵。

在民间，乐安蛋雕被赋予了丰富的寓意和祝福。每逢端午节或嫁娶添丁的喜事，亲朋好友、邻里之间都会互赠"红蛋"，寓意"喜事同享、圆圆满满"。后来，人们为了创新，开始在蛋壳上进行彩绘和雕刻，逐渐形成了具有独特魅力的"蛋雕"艺术品。这种艺术形式不仅具有丰富的文化内涵，还具有很高的欣赏价值。

乐安蛋雕在世界工艺美术舞台上也有着重要地位。由于蛋壳工艺品在正常的状态下可以保存上百年，因此"蛋文化"在世界各地都非常流行。即便是现在，彩蛋在西方的复活节、圣诞节等节日中，仍然是吉祥、祝福的象征。而乐安蛋雕由于其独特魅力和精湛技艺更是被誉为"中国最美的雕刻艺术之一"。

乐安蛋雕技艺是一项流传民间的珍贵工艺美术，具有较高的研究和收藏价值。自从参加了上海世博会等重大展览以后，乐安蛋雕更是引起了中外游客的极大兴趣。如今，这门古老的艺术形式已经走出国门，成为中国文化的一张独特名片。

相关传承人

序号	姓名	简介	备注
1	邹兆庆	1969年6月生，江西省抚州市乐安县人。他1977年至1988年随其父邹文清学习蛋雕技艺，1988年创建邹兆庆蛋雕工作室，此后一直从事乐安蛋雕，期间1990年至1991年在石家庄文学艺术函授进修学院学习绘画等，1992年至1996年跟乐龙耀学习国画。他继承了传统乐安蛋雕技法，有意识地将中国画的技法融入其中，作品选料讲究、构思精妙、雕法细腻、造型生动，同时引入西方绘画技法。其作品无论人物肖像、花鸟虫鱼，还是山水风景，无不精妙绝伦、栩栩如生。他参加了上海世博会、首届中国非物质文化遗产博览会等众多展演活动，作品《江西风景名胜图》被上海世博展览馆收藏。其传艺邹俊瑶、占腾娇、谢立婷等人，邹俊瑶已被认定为乐安蛋雕县级代表性传承人	省级代表性传承人（2016）
2	邹俊瑶	乐安蛋雕传承人	县级代表性传承人

（32）南城麻姑酒酿制技艺

麻姑酒，一款承载着江西丰富历史文化的传统名酒，以其独特的酿造工艺和深厚的文化内涵，赢得了世人的广泛赞誉。这款酒拥有2000多年的酿造历史，被明代李时珍在《本草纲目》中详细记载，其酿造技艺更是经历了数百年的发展与升华，成为我国酒文化中的瑰宝。

麻姑酒属甜黄酒类，采用麻姑山独特的银珠糯米为主要原料，汲取麻姑山的清泉，融入传统工艺精心酿制。此外，酒中还添加了麻姑山芙蓉峰特产的首乌、灵芝等20余味中药材，经过陈年封缸3年以上的时间，酿造出香味浓郁、味美甘甜、酒性柔和、醇度适中的佳酿。

据传，麻姑酒曾是麻姑仙女为修道而酿造的，因其美味且具有神秘色彩，在蟠桃会上被敬献给瑶池王母庆寿，使众神仙醉到百日方醒，从此便有了"麻姑献寿"的美好传说。这款酒也因此成为历代酒家进贡皇室的珍品，赢得了"寿酒"之美誉。麻姑酒的文化价值品牌影响力深远。其精湛的酿造技艺闪烁着祖先智慧的光芒，而博大精深的文化内涵则为世人所瞩目。唐代大书法家颜真卿曾为其题诗："三杯可祛病，久服能益寿。"如今，商标上的"麻姑酒"三字为著名书法家舒同所题，更彰显了这款酒的历史底蕴与文化魅力。麻姑酒不仅在国内享有盛名，还曾在清光绪年间开始向南洋各国出口。1951年，在南洋国际赛酒会上荣获银质奖章的麻姑酒更是成为江西名酒和省优产品的代表。此外，它还荣获中国首届黄酒节一等奖、首届中国食品博览会金牌，被中国食品协会推荐为名牌产品。

品尝麻姑酒不仅是品味美酒，更是一种文化的传承与体验。这款酒以其独特的口感和药用价值深受消费者喜爱。其性温滋补、舒筋活血、清脑提神、祛风壮骨、祛病延年之功效，更是为人们所津津乐道。如今，麻姑酒已经成为江西的骄傲和中国的瑰宝。它承载着深厚的历史文化底蕴，独特的酿造工艺和无法抗拒的魅力，继续在国内外酒类市场上闪耀光芒。

相关传承人

序号	姓名	简介	备注
1	罗俊勇	男，江西省抚州市南城区人，南城麻姑酒酿造技艺传承人	

（33）乐安打船歌习俗

乐安打船歌习俗是流行于江西省抚州市乐安县西南部牛田、万崇等乡镇一带的独特民俗。这个习俗起源于乌江南畔的水南村，由张姓始祖世延公在唐开元年间传入，已有1300多年的历史。

由于乐安地处山区，陆地交通不便，历史上的内外交流运输主要依赖境内的主要河流——牛田河。每年一度的"交皇粮"和靠撑船放排出外谋生的活动，涉及了千家万户。为了确保船队的安全和顺利，当地群众在船队出发前，会进行一场隆重的祈神仪式。

仪式首先在供奉神像的祠堂和庙宇中进行，然后人们抬着7尊神像在村中的主要巷道进行巡游。家家户户都会参与其中，燃香点烛放鞭炮，跪拜敬神，场面壮观。巡游结束后，村民们会围坐在一起唱"船歌"，即当地俗称的"打船歌"。这些歌词大多表达的是对神灵的祈求，希望年年风调雨顺、五谷丰登、国泰民安。曲调具有船工号子的特征，粗犷、大气、尾音悠扬。伴奏乐器主要为鼓和锣，围观群众的吆喝声和阵阵神铳鸣响，形成了一种独特的气氛和韵味。打船歌活动在每年的农历正月十三至十六进行，连唱三晚。第四天凌晨，全村人都会到村口送船队出发，道士会画一幅船形图进行"化舟"仪式，然后村民们敬上壮行酒、平安茶和思乡粥。船工们喝完这些象征祝福的食物和饮料后，就出发了。乡亲们敲锣打鼓、燃放鞭炮、挥手送别，整个打船歌活动就此结束。

这一传统习俗不仅富有地方特色，而且深深扎根于当地的历史和文化之中，是当地人民对于生活、对于神灵的独特理解和表达方式。如今，打船歌已经成为乐安文化的一个重要组成部分，被当地政府和社会各界广泛关注和积极保护。

相关传承人

序号	姓名	简介	备注
1	张冬生	男，江西省抚州市乐安县人，乐安打船歌习俗传承人	

（34）金溪疏口蚌壳灯

金溪疏口蚌壳灯是流传于江西省金溪县琅琚镇疏口村的一种民间灯彩，通常在农历正月初一至十五日进行表演。这种灯彩的来源与一个美丽的传说紧密相连，相传明代时期，一个贫穷的渔翁得到千年蚌壳精的仗义相助，为感恩，他将这个故事告知乡邻，乡邻们便创作了蚌壳灯舞蹈来纪念这位蚌姑。表演中，4位青年女子扮演蚌壳精，在竹制的蚌壳内舞蹈，呈现出各种优美的体态。一名男子则装扮成渔翁，通过不同的动作表现出观蚌、涉水、理网、撒网等场景。整个表演形成一个完整的故事情节，给观众带来视听的双重享受。

（35）东乡蛇灯

东乡蛇灯是江西省抚州市东乡区的一种民间灯彩，具有悠久的历史和深厚的文化内涵。据《吴氏宗谱》记载，蛇灯的历史可以追溯到元末明初，至今已有600多年的历史。这种灯彩的来源有两种说法，都与巨蟒有关。一种说法是巨蟒精心呵护蛇仔坑的故事，另一种说法则是巨蟒修炼过程中见义勇为、救助界头村的故事。蛇灯的表演以巨蟒护村为主题，通过高难度的舞蹈动作，不仅展示了劳动人民的勇敢和智慧，同时也弘扬了巨蟒为人类幸福献身的高贵品质。表演通常由14至18人的团队完成，包含8套动作，整场表演约20分钟。这种灯彩在农闲时进行操演，也可在正月期间赴外演出，为农民送上祝福。东乡蛇灯在东乡区乃至全省都有广泛的影响，曾多次应邀参加省市县的灯彩调演和文艺演出。

（36）资溪猴狮舞

资溪猴狮舞是源于江西省抚州市资溪县乌石镇横山村的一种古老民间舞蹈，据传起源于三国时期，至今已有千百年的历史。每年正月初一至十五，猴狮舞团队会挨家挨户上门表演，为村民们带来欢乐与祝福。这种舞蹈是西域狮舞的一个分支，体现了横山先祖对智慧与力量的崇尚。猴面具和狮子均由毛竹编织，涂彩按戏曲脸谱，伴奏只有锣鼓，无固定旋律。表演流程严密，正月初一各角色需到神庙及村中各福主公神祭拜、请神，再上门表演。猴狮舞现有10个剧目，内容生活气息浓郁、喜庆热闹，表演夸张且跳跃幅度大，夹杂武术动作，由猴子主导狮子舞动，整套动作可持续2—3小时不重复。

（37）崇仁尧岗傩戏

崇仁尧岗傩戏是流传于江西省抚州市崇仁县相山镇尧岗村的民间舞蹈，每年正月初一至十五为村民表演，旨在祈福消灾。从清末至今，已成为当地的民俗活动之一。傩戏仪式完整，由8位弟子完成，其中6位分别扮演不同角色，其余2位负责挑箱和接收村民供奉的财物。表演时需鞭炮迎送，通常为村民祈福禳灾，但如果村民要求入厅堂表演，则会上演"面里公"全套。全套包含3个故事，动作与唱词相结合，颇有趣味性。

（38）乐安花鼓戏

乐安花鼓戏是江西省抚州市乐安县地区广为流传的地方小剧种，起源于谷岗乡小港村，受临县戏曲影响，明末逐渐形成特色鲜明的乐安花鼓戏。最初为独角戏，后来发展成对子戏，晚清时期开始有折子戏，清末才有整本戏表演。唱腔融合多种曲调，表演朴实、纯真，道白通俗生动，大量运用方言土语。目前，能上演大小剧目50余出，内容直接反映民间生活习俗或传统故事。

（39）资溪竹烙画

资溪竹烙画结合传统美术与技艺，具有200年不褪色变形的特质。烙画源于西汉，曾一度失传，后被重新发现整理并传入资溪。资溪竹烙利用碳化原理，通过控温技巧在竹木等材料上勾画烘烫作画。观赏性强、收藏价值高，是现代家居装点的珍稀品。

（40）棠阴夏布织造技艺

棠阴夏布织造技艺是一种源远流长的民间织布手工技艺，主要流传于江西省抚州市宜黄县的棠阴镇，并影响到周边的中港、圳口、神岗、凤冈、南源、梨溪、新丰等乡镇。据历史记载，棠阴夏布在唐朝时期就已盛行，并在明清时期达到其鼎盛状态。在清末，宜黄县全县的夏布年产量最高达到惊人的40万匹，其中大部分产于棠阴镇。

棠阴夏布的生产流程既复杂又细致，包含原麻处理、绩纱、织造、漂染四大工序，每个大工序又进一步细分为若干小工序，总共有超过50道工序。这种精湛的工艺使得棠阴夏布具有精、细、光、滑、软等独特品质。值得一提的是，棠阴镇采用的是高机生产夏布，这与其他地方如万载、分宜、广丰等地采用的矮机生产方式形成鲜明对比。

棠阴夏布的名声在国内商界颇高，素有"药不过樟树不全，夏布不到棠阴不白"之说，足见其卓越的品质和广泛的影响力。棠阴夏布不仅是当地文化的重要载体，更是中国传统工艺的一颗璀璨明珠。

（41）临川金银錾刻

临川金银錾刻是一项深受临川地区人民热爱的传统金银加工技艺。根据

《张氏族谱》的记载，这种独特的艺术形式在清朝时期开始显现出其雏形，并在晚清和民国时期达到了艺术的巅峰。

临川金银錾刻的制作过程充满了繁复与精细，从选材到熔化，再到锤击和塑造初胎，一共需要经历九个阶段，每个阶段都需要艺人们的极度专注和细心。他们对材料的挑剔，对工艺的尊重，使得临川金银錾刻成为雕刻艺术、美术和模具制造技艺的完美结合。

据老艺人们介绍，临川金银錾刻的灵感来源于唐朝时期的金银加工专业书籍，同时仿制了部分出土文物，经过一代又一代艺人的持续改良和创新，逐渐形成了今天我们所看到的这种精致而唯美的艺术形式。临川金银錾刻的产品中，雕龙画凤，栩栩如生，其品位高雅，风格古朴，气韵典雅，无论是古代还是近现代的艺术元素都能在其中找到完美的融合。

（42）赤水莲神太子庙会

赤水莲神太子庙会是广昌县赤水镇大禾村一项历史悠久的民俗活动，据说已经沿袭上千年。每年的农历六月二十，村民们开始筹备，从六月二十四到六月二十六，举行盛大的庆祝活动。

这个庙会的起源与一段神话传说紧密相连。相传，在隋末唐初，大禾村的莲农们正在辛勤栽培白莲，然而却遭遇了强梁之害，他们不得不逃往山林。就在那时，莲神七太子从天而降，他不仅给莲农送去了食物和药品，还施展法术，帮助莲农重新种好了白莲，于水深火热之中拯救了他们。

为了感谢七太子的帮助，莲农们决定将他降临的那一天，也就是农历六月二十四定为"莲花生日"。而在两天后的六月二十六日，他们建起了莲神太子庙，供奉七太子的神像。

从那时起，每年的农历六月二十四至二十六，大禾村的村民们都会聚集在一起，举行莲神太子庙会。这个庙会的主要活动集中在六月二十六，包括娱神、游神、祝神等一系列仪式，旨在酬谢莲神、祈求福祉和庆祝丰收。庙会期间，村民们还会进行各种商贸活动，使得整个活动充满了民俗文化与商品经济的融合气息。

（三）文物古迹

截至2023年，抚州市有全国重点文物保护单位16处，省级文物保护单位

88处。这些文物建筑80%左右都集中在名镇名村中。

1. 国家级

（1）流坑村古建筑群

流坑村，建于五代南唐升元年间，是一个董氏单姓聚居而成的血缘村落，到明代中叶，形成了七横一竖八条街巷。现存的500余幢建筑中，明清古建筑及遗址有260余处。2006年12月，流坑村古建筑群被列为第五批全国重点文物保护单位。

（2）龙图学士和刺史传芳牌楼门

龙图学士和刺史传芳牌楼门，位于江西省抚州市乐安县罗陂乡水口村，坐北朝南，毗邻并排而立，中间隔一小巷。龙图学士牌楼门始建于明洪武元年（1368），明成化九年（1473）重修，是水口村彭氏后裔为纪念先祖彭彦昭而建的。刺史传芳牌楼门始建于元代，清乾隆十六年（1751）重修，是水口村彭氏后裔为纪念祖先彭玕被封为安定王而建。

龙图学士和刺史传芳牌楼门两坊并排屹立，表现不同材料、不同年代的历史气息，龙图学士牌楼门是我国南方明代木结构和木雕刻建筑重要的实例，刺史传芳牌楼门则突显了清代成熟的砖雕技艺。

2013年5月，龙图学士和刺史传芳牌楼门被列为第七批全国重点文物保护单位。

（3）宝山金银矿冶遗址

宝山金银矿冶遗址位于江西省抚州市金溪县秀谷镇北门村委会第四、第五村小组和县华侨农场金窟林场分场。宝山又称银山，包括紧密相连的金窟山、老虎垅、铁屎墩（山）、羊石山四处，为云林山支脉。因其蕴藏贵重金属矿而被称为"宝山"。

宝山金银矿冶遗址北面部分是金窟山，金窟山分里金窟、中金窟、外金窟，有竖矿洞7个。遗址中间部分是老虎垅和铁屎墩。老虎垅位于金窟山与铁屎墩之间，有斜矿洞和竖矿洞各5个。铁屎墩为面积20 000平方米、体积约38 000立方米的乌黑山丘，有垂直、先竖后斜和先斜后竖矿洞遗址共12处。铁屎墩后山上有斜型浅井式矿洞遗址8处，炉基26座；宝山金银矿冶遗址南面部分是羊石山，山上有一自然巨石，旧称"白面坞"。岩石高2.9米，宽3.6

米,底长4.5米,白面坞上保存《金溪场银坑记》摩崖石刻一处,碑全文195字,连标题共12行,字大如拳,楷体带隶意。大意为古人对银矿生成的认识和"肇兴此坑"的时间。文献记载:"唐穆宗长庆三年(823),肇兴此坑,在宝山采金炼银。"为其断代提供了铁证。

2013年5月,宝山金银矿冶遗址被列为第七批全国重点文物保护单位。

(4)浒湾书坊建筑群

浒湾书坊建筑群,位于江西省抚州市金溪县浒湾镇老街区,分布于浒湾镇前书铺街、后书铺街两条巷道,巷道两侧与刻书相关的建筑比肩而立。旧学山房、漱石山房等堂号依然清晰可见,漕仓、当铺、烟馆、会馆等错落其间[①]。浒湾书坊建筑群是中国保存下来的基本保留原貌的因雕版印刷而形成的古建筑群,浒湾书坊建筑群包括大夫第、许家祠堂、红杏山房刻印书作坊、付氏节孝坊、黄氏商会会馆、三十六都四图漕仓、瑞兴祥绸布行等共16栋古建筑。

2019年10月,浒湾书坊建筑群被列为第八批全国重点文物保护单位。

(5)万年桥和聚星塔

万年桥位于江西省抚州市南城县东北十里的武岗潭上,横跨盱江两岸。这座桥全长411米,高10米,拱圈跨度14米,共有23孔,24墩。它建于明崇祯八年(1635),竣工于清顺治四年(1647),迄今已有300多年的历史,为江西省的古代石拱桥之一。

聚星塔是一座砖石结构的风水塔,始建于明万历四十二年(1614),初名启元塔。崇祯十一年(1638)塔顶遭雷击倾塌,后修复。因其处于盱江、黎滩河交汇处的山岗上,清康熙元年(1662)曾易名双江塔。乾隆十五年(1750),塔身因年久失修,知府姚文光募资修建,改名聚星塔。

2014年7月,万年桥和聚星塔被列为第七批全国重点文物保护单位。这些历史遗迹不仅见证了古代的建筑技艺和历史文化,也是研究古代社会和经济发展的重要资料。它们的保护和传承对于我们了解和认识中国的历史文化具有重要意义。

---

① 浒湾书坊建筑群[N/OL].光明数字报,2019-11-3. https://epaper.gmw.cn/gmrb/html/2019-11/03/nw.D110000gmrb_20191103_2-12.htm.

（6）大司马牌坊

大司马牌坊，位于中国江西省抚州市宜黄县城东北12千米处的凤冈镇桥下村王家场巷口，于明万历二年（1574）开始建造。这座牌坊以全石材为基座，榫卯结构精雕细琢，是一座纪念性的牌坊。

大司马牌坊不仅是中国历史和古代建筑艺术的珍贵实物，还是研究谭纶人物生平的重要实物资料。其历史、艺术及科学价值极高。因此，2019年10月，大司马牌坊被列为第八批全国重点文物保护单位。

（7）棠阴古建筑群

棠阴古建筑群位于江西省抚州市宜黄县棠阴镇的宜水河畔，距离宜黄县城14千米。该古建筑群展现了赣派建筑的典型风格，且建筑类型丰富多样，包括祠堂、官邸、店面、门楼、牌坊、砖塔、廊桥、路亭以及民居等近100处，不仅保存了明清盛时的建筑风貌，同时也充分体现了棠阴镇深厚的历史文化底蕴和建造者的审美情趣。这些古建筑被国内的建筑学者誉为"明清建筑史的缩影"，为研究中国古代，尤其是南方地区的古代砖木结构建筑，提供了宝贵的实物资料。因此，于2019年10月，棠阴古建筑群被列为第八批全国重点文物保护单位。

（8）抚州玉隆万寿宫

抚州玉隆万寿宫位于江西省抚州市临川区大公东路南侧，面朝东方，长80米，宽54米，占地面积达4320平方米。这座建筑始于清光绪年间，经过精心的规划和施工，最终呈现在我们眼前的是一座具有深厚历史文化底蕴的古建筑。

抚州玉隆万寿宫的建筑结构独特，分为前、中、后三进。前进部分是一座戏台，后进部分则是二、三层建筑。中进部分是大殿，大殿又分为左、中、右三个部分。从正门进入，左侧是火神庙，右侧是文兴庵，这两个地方都是人们祈求平安和人才昌盛的场所。

2013年5月，抚州玉隆万寿宫因其重要的历史、艺术和科学价值，被列为中国全国第七批重点文物保护单位。这座古建筑不仅见证了抚州的历史变迁和文化传承，也是研究中国古代建筑艺术和宗教信仰的重要实物资料。

（9）驿前石屋里民宅

江西省抚州市于昌县驿前镇拥有超过50座的明清古建筑，这些古建筑中的石雕、木雕和砖雕作品被誉为江南古文化的杰作。"石屋里"民宅因其独特的材料使用和精湛的石雕工艺，成为这群古建筑中的佼佼者。

"石屋里"民宅建于清朝康熙五十五年（1716），其结构深远且宏大，占地面积达1075平方米。由于整栋房屋由石门坎、石墙体、石地板、大石柱等石材构建而成，因此得名"石屋里"。这座石屋不仅用材独特，其建造工艺更是精湛至极，石块与石块之间衔接得天衣无缝，被誉为江南建筑的一大奇观。

民宅内的石雕也是别具一格。两个门楼正对着正厅，上面雕刻着"双凤朝阳"和"龙凤呈祥"的图案，刀法细腻，层次清晰，栩栩如生。石础座上雕刻着各种精致的图案，包括狮、象、鹿、鹤、文房四宝、花卉等，具有典型的徽州雕刻的特征，生动逼真。

多年来，"石屋里"民宅受到了国内外学术界的广泛关注。专家学者们一致认为，"石屋里"民宅对于研究明清社会、思想、文化、民俗风情、建筑艺术等方面具有极高的价值。

2013年5月，驿前石屋里民宅被列为全国第七批重点文物保护单位，这是对其独特的历史、艺术和科学价值的肯定。

（10）奎璧联辉民宅

奎璧联辉民宅位于江西省抚州市广昌县驿前镇下街，始建于清乾隆八年（1743）。这座民宅坐西向东，庭院大门则坐南朝北。其建筑占地面积为1881平方米，拥有大小庭院2处、天井11处、绣花楼1处，主体房间34间，以及6间店铺。这所民居内是住宅，外则是商铺，是典型的商住合一的建筑。

2019年10月，奎璧联辉民宅因其独特的建筑风格和重要的历史价值，被列为第八批全国重点文物保护单位。这座古建筑不仅见证了驿前镇的历史变迁和文化传承，也是研究中国古代建筑艺术和商业文化的重要实物资料。

（11）明益藩王墓地

明益藩王墓地位于江西省抚州市南城县洪门镇洪门岭，是明代皇帝朱见深之子益端王系的家族墓群。这个墓群在万历二十九年（1601）被划定为益王家族的墓区，方圆20里，上至徐田、庄上，下至铺前。

据南城县志介绍，益王家族墓群包括益端王朱祐槟、益庄王朱厚烨、益恭王朱厚炫、益末王朱慈炱及其子孙的历代墓茔。这些王墓的墓室是规模宏大的"地下宫殿"，有的为砖室结构，有的为石灰结构，上面盖以数吨重的石板，再用石灰糯米汁浇浆封固。

墓前设有神道及神道碑，神道两旁竖有文武官吏、石人石马。还筑有护墓围墙，竖有"益王墓葬地方，百姓不准在此葬坟放牧狩猎"的禁牌，设有专人看管。

在20世纪70年代，该墓群被发掘，出土器物中，除一批金、玉器之外，还有全副仪仗俑110件，为研究明代藩王礼制规模提供了珍贵参考资料。

2013年5月，明益藩王墓地被列为第七批全国重点文物保护单位，显示出其在中国历史和文化中的重要地位。

（12）谭纶墓

谭纶墓位于江西省抚州市宜黄县二都乡帝前村鹿塘以北的山上，建于明万历七年（1579）。这座墓葬的主体部分是一个面积约1000平方米的墓区，其中设有神道、牌坊和墓堆，而祭台则位于坡地上。尽管谭纶墓的原始风貌在过去的岁月中遭受了严重的破坏，但经过当地政府的努力修复，这座重要的历史遗迹得以保存并部分恢复其原有的风貌。如今，谭纶墓已成为当地一个颇受欢迎的旅游景点。

谭纶墓的布局十分独特，主要由祭道、神道和墓体三部分组成。入口处是一对石狮守护的双层歇顶门楼，给人以庄重的感觉。祭道长约300米，由砖石镶嵌而成。门楼的正额挂有一块由皇帝御赐的"文武忠孝"横匾，显得十分尊贵。进入门楼后，可以看到一个摆放着谭纶塑像的亨堂。

谭纶墓的石雕和石刻工艺精湛无比，每一件作品都显得栩栩如生。石人、石马、石羊和石虎的雕刻精细入微，仿佛能够将它们从静止中唤醒，给人一种活灵活现的感觉。特别值得一提的是一块新出土的"神道碑"，碑文字体小而多，这在当时的石刻工艺中无疑是一个巨大的奇迹。这块青石质的碑高87厘米，宽54厘米，厚3厘米。碑文采用直书正楷阴刻的方式，共33行，每行62个字，全文总计2046个字。内容详尽地叙述了谭纶的生平事迹以及他去世后朝廷对他的哀悼之情。这块神道碑是一份极其珍贵的史料，对于研究和了解谭纶的一生具有重要意义。

2013 年 5 月，谭纶墓被列为第七批全国重点文物保护单位。

（13）白舍窑遗址

白舍窑遗址位于江西省抚州市南丰县西南侧的红土山岗上，具体位于南白舍村。该窑始于晚唐五代时期，在北宋中期达到兴盛，至元代初期开始逐渐衰落，至今已有一千多年的历史。白舍窑是"江西五大名窑"之一，遗留有 32 座古窑遗址和 20 余座窑体堆积物。这些窑址广泛分布在瓦子山、符家山、对门排等地，绵延约 2 公里。在这些窑旁，可以发现大量的瓷片、窑具、垫器、匣钵和炭灰等遗存，这些遗存为我们提供了丰富的历史信息。

2013 年 5 月，白舍窑遗址被列为第七批全国重点文物保护单位。

（14）锅底山遗址

锅底山遗址位于江西省抚州市宜黄县棠阴镇解放村太坪上组东北，由台地、城墙、壕沟及外壕堤四部分组成，现存总面积约为 42000 平方米。台地（含城墙）高出四周农田 2—5 米，平面呈长方形，长 105 米、宽 65 米，地势南北高中间低，面积约为 6800 平方米。该遗址对于重新认识江西及南方片区先秦时期的文化面貌、深入研究展现早期中华文明多元一体格局、推进早期中国区域文明模式研究提供了新的视角，具有重要的历史与考古价值。

2019 年 10 月，锅底山遗址被列为第八批全国重点文物保护单位。

（15）中央苏区第四次"反围剿"战役遗址

中央苏区第四次反"围剿"战役遗址位于江西省抚州市金溪县左坊镇后龚村和乐安县谷岗乡登仙桥村，包括左坊红一方面军总部旧址和登仙桥大捷旧址。1932 年 12 月，国民党发动了对中央苏区的第四次"围剿"。为了争取反"围剿"的胜利，红一方面军在黎川县誓师，朱德总司令率领红军发起了金溪战役，总部驻扎在金溪左坊镇后龚村一带。这次战役是红军第四次反"围剿"的先声战，也是老一辈无产阶级革命家周恩来、朱德等灵活运用毛泽东军事思想的典范之作。金溪战役打通了中央苏区与赣东北革命根据地的联系，壮大了红军队伍，被中央军委称为"粉碎国民党四次'围剿'的先声"，是毛泽东军事思想的伟大胜利，在中国人民革命斗争史上写下了不朽的一页。

1933 年 2 月，周恩来、朱德率领红一方面军依照毛泽东灵活机动的战略战术，从战争实际情况来确定红军的行动。在作战中，他们充分发挥地方红军、群众武装和人民群众的伟大力量，袭扰敌人，配合主力红军作战。利用敌人寻找红军主力决战的骄纵心理，迷惑调动敌人，集中主力，选择有利战场，首创红军大兵团伏击战战法，以优势兵力先后展开了登仙桥——黄陂战役并取得了重大胜利。这次反围剿战争的胜利进一步丰富了红军的作战经验，表明了毛泽东的战略战术思想的正确性，体现了周恩来、朱德等老一辈无产阶级革命家卓越的组织和指挥才能。

2019年10月，中央苏区第四次反"围剿"遗址被列为第八批全国重点文物保护单位名单。

（16）湖坊中共闽赣省委、省革委、省军区旧址

湖坊中共闽赣省委、省革委、省军区旧址，位于中国江西省抚州市黎川县。1933年5月，中共闽赣省委、省革委在此成立，并设立领导机关，驻地设在湖坊桥头龚家大屋；同年6月4日，闽赣省军区也在湖坊吴氏家庙宣告成立。闽赣省苏区作为中央苏区的重要组成部分，不仅承担着保卫中央苏区的重任，还扮演着连接中央苏区和赣东北革命根据地的纽带和通道角色，被喻为"中央苏区的战略钥匙"。

在历史长河中，闽赣省历经两年时间（1933年5月至1935年5月），其管辖范围涵盖了现今福建省、江西省的多个地区，包括三明、南平、抚州、鹰潭等5市21个县市的部分或全部区域，总面积约2万平方公里，人口超过100万。在土地革命时期，闽赣省苏区广大军民为革命胜利付出了巨大的努力和牺牲，他们进行了艰苦卓绝的斗争，为中国的革命事业做出了重大贡献。

湖坊中共闽赣省委、省革委、省军区旧址作为闽赣省领导机关的最初创立地，具有重要的革命纪念意义和保护价值。这里见证了中国共产党领导下的革命力量在江西黎川县的聚集和发展，也见证了革命先烈们为了民族独立和人民幸福而进行的不屈不挠的斗争。因此，保护好这个旧址，对于缅怀革命先烈、教育后人有重要意义。

2019年10月，湖坊中共闽赣省委、省革委、省军区旧址被列为第八批全国重点文物保护单位。

2. 省级

（1）万魁塔

万魁塔位于抚州城西北约 10 公里的金石山，是一座宏伟壮观的古塔，也是临川区域内唯一被保存下来的古塔。它始建于明朝万历三十八年（1610），但在清乾隆四十四年（1779）塔顶倒塌后，多处出现剥蚀。到了道光十九年（1839），政府进行了重修，使得这座古塔能够长久保存下来。2006 年 12 月，万魁塔被列入第五批江西省文物保护单位，成为一个具有重要历史和文化价值的建筑。

（2）文昌桥

文昌桥，位于中国江西省抚州市临川区大公路，横跨抚河两岸，始建于南宋乾道元年（1165），是抚河上的首座桥梁，拥有超过 800 年的历史。这座桥的桥长为 255.4 米，宽达 11 米，高度约为 13 米。

在历史上，文昌桥曾一度更名，被称作"行易桥"和"解放桥"，并多次遭受战火的洗劫。然而，在清朝嘉庆八年（1803）至十八年（1813）期间重建时，人们专门为其编撰了《抚郡文昌桥志》这一专志，其成为各地建桥的蓝本。

中华人民共和国成立后，抚州人民政府对文昌桥进行了多次维修和扩建。2002 年，政府再次对大桥进行重修。在这次修复中，每个桥墩上都雕刻了十二生肖属相，并重新加固了大桥。

如今，文昌桥不仅是抚州市的重要历史文化遗产，也是当地旅游的一大景点。2018 年 3 月，文昌桥被列为第六批江西省文物保护单位。

（3）梦港石桥（含梦港石桥、桥亭）

梦港石桥位于中国江西省抚州市临川区嵩湖乡下聂村旁，是临川区保存完好的明代古桥之一，具有极高的研究价值。这座古桥拥有 9 个桥墩和 10 个孔洞，全长 100 米，宽约 2 米。桥面由 7 根长约 8 米的麻石铺砌而成，是当时抚州通往南城方向的交通要道。

在离桥头 50 米的地方，还建有一座休闲亭。亭中的石柱上雕刻着一副对联："半壁青山茅店倚，一溪流水石桥横。"这副对联与周围的青山绿水相映成趣，为古桥增添了一抹诗意。

梦港石桥不仅是交通历史的见证，也是中国古代桥梁建筑的杰出代表之一。它承载着丰富的历史信息和文化内涵，对于研究中国古代桥梁建筑和交通发展史具有重要的价值。2018年3月，梦港石桥（含梦港石桥、桥亭）被列为第六批江西省文物保护单位。

（4）河埠周家民居群（含爱莲第、川岳呈祥、平园世泽、理学名家、双溪汇秀）

河埠周家民居群位于江西省抚州市临川区河埠乡田南叶家，保存着完好的明清古建筑群。这些建筑由砖木石材料建造，面宽58米，进深48.5米，高6米。自东向西分别为爱莲第民居、川岳呈祥民居、平园世泽民居和理学名家民居。周家古村中有很多幽深的小巷，这些建筑是当地商人发家致富后为兴崇文尚礼之风而建的。受先人熏陶，村里读书之风浓厚，出了不少有文化的人。中华人民共和国成立后，也出过全国闻名的高级工程师。

2018年3月，河埠周家民居群（含爱莲第、川岳呈祥、平园世泽、理学名家、双溪汇秀）被列为第六批江西省文物保护单位。

（5）荣山十字街古建筑群（含登科第、日升川至宅、儒林第、州司马第、外翰第、花六庄民居）

荣山十字街古建筑群，位于江西省抚州市临川区荣山乡新街村，其历史可以追溯到明末清初。这些古建筑由吴氏家族出资修建，共建有20余幢砖木石结构的住宅，形成了长约1000米纵横交叉的明清古建筑群，因此得名"十字街"。

古十字街的街道狭窄而幽深，宽度仅为1.5米，两边是老宅，多为砖木结构，墙高门阔，雕梁画栋。每个建筑前都刻有青石兽面图腾和书法四字横匾，建筑大多采用两厅一堂的设计，两边附有厢房。

村中的明清古建筑数量众多，规模宏大，结构整齐且富有变化。特别是其中的雕刻作品种类繁多，门窗格扇都十分精美，花卉、祥禽瑞兽、人物故事等元素在古建筑上栩栩如生，充分展示了明清民居雕刻的杰出成就。

其中一座名为"基接武陵"的古宅更是别具一格。它有三进三回的建筑规模，并分别设有"登科第"和"天地君亲师位"的门楣和牌位。屋内天井开阔，厅堂宽敞明亮，门窗镂花烫金，梁椽处处浮雕，整栋建筑用材精致，做工考究。这里曾是清朝名臣李绂的居所。

2018年3月，荣山十字街古建筑群（含登科第、日升川至宅、儒林第、州司马第、外翰第、花六庄民居）被列为第六批江西省文物保护单位。

（6）腾桥牌坊群（含黄作牌坊、曾栋牌坊、厚源节孝坊）

黄作牌坊始建于明万历二十年（1592），已有410多年历史，为亭阁式麻石结构建筑，四柱三门四层，最上层嵌有"圣旨"和"钦建"石刻龙纹匾额，第二层正面刻有"尚义坊"，背面为"节孝"二字，第三层镌刻有"旌表功国郎官黄作"阴文大字及黄作简介。下层中间两石柱上刻有4只石狮，其他为镂空图案及各种人物造型。

曾栋牌坊又叫"进士牌坊"，位于江西省抚州市临川区腾桥镇兰溪曾家村，建于崇祯十三年（1640），为表彰曾家培养了十几个国家栋梁而建。高7层，宏伟壮观，由巨石柱按品字形矗立，牌坊前后共有高2米的石雕巨狮4座，全由巨石镶嵌而成，上雕各形态人物、鸟兽形象，第一层镶嵌一块长6米、宽1米巨型石匾，上刻"父子兄弟叔侄同朝"八个大字。

厚源节孝坊坐落在一片田野中，夕阳下显得神秘沧桑又带着些许凄凉。该牌坊建于清道光十三年（1833），为道光皇帝为表彰该村黄兴龙之妻曾氏贞节而建，为牌楼式半红石半青石牌坊，结构为四柱三间通天式，坊额及石柱镌刻有建坊铭文等。上端有牌匾"圣旨"二字并刻有"节孝"二字。上有各式花鸟虫鱼等变化万千的图案。

2018年3月，腾桥牌坊群（含黄作牌坊、曾栋牌坊、厚源节孝坊）被列为第六批江西省文物保护单位。

（7）王氏宗祠

王氏宗祠位于江西省抚州市东乡区黎圩镇上池村，为王安石弟王安上后裔所建，始建于北宋末期，明朝后期第四次重建。建筑面积757平方米，分上、中、下三进，砖木石结构，坐北朝南，门前有半月形池塘。左原为花园，内有荆公井。各级地面高出0.6米，寓意"步步登高"。下进天井左右设吊楼、厢房、走廊。中进两侧设耳门，上进西侧有耳门进入厨房。木料较粗大，尤以中堂柱子、桁、梁木为甚。柱下石磉二层，雕有花纹的圆鼓形和莲花瓣形花纹。下设正方形石座，高10厘米，八面均雕莲花瓣纹图案。后靠后龙山，背景为兔峰和东岭。面宽18.7米，进深40.5米，高8.3米。四周墙为"斗砖"砌成，无窗户。大门门框、门梁由经过雕刻的石术、石板组成，"木本""水源"字样阴刻于大门左右两侧。

2000年7月，王氏宗祠被列为第四批江西省文物保护单位。

（8）浯溪村古建筑群（含王廷垣官厅、奕世甲科门楼、贞孝牌坊）

浯溪村古建筑群位于江西省抚州市东乡区黎圩镇浯溪村，距东乡城区28.5千米。该建筑群由明清时期官吏府、儒林第、状元路、绣花楼、贞孝坊、商贾宅院、宗祠、牌楼、民居等59栋建筑组成，古建筑群面积1.49万余平方米。王安石之弟王安国第四世孙王子春于宋宁宗庆元元年（1195）自黎圩镇上池村搬迁至此建村，已有809年历史，繁衍了44代子孙。浯溪村文化底蕴深厚，书香绵延，自明至清有1人中状元、13人登科及第、21人中举。该古建筑群具有江南园林式建筑风格与地方特色，展示着昔日的繁荣和辉煌，为中华民族古代民居建筑的瑰宝。

2018年3月，浯溪村古建筑群（含王廷垣官厅、奕世甲科门楼、贞孝牌坊）被列为第六批江西省文物保护单位。

（9）世宦祠

世宦祠位于江西省抚州市东乡区王安石故里上池村的核心区域，是一座经典的江南宗祠，其砖、木、石构造精良，工艺考究。这座宗祠尽显中国传统建筑的韵味，三厅三开间，面宽12.2米，进深30.4米，高6米，占地面积366平方米。

正大门石匾之上，刻着"世宦祠"三个楷书大字，笔力遒劲，笔锋舒展。两侧大门上，也有匾额，镌刻着"登科"与"及第"的字样，展示着科举功名的荣耀。三大门两侧各有一个石墩，人们称之为"三门六墩"，给人以庄重之感。

这座宗祠的建筑布局十分独特，前厅、中厅、后厅的进深依次递减，分别为7.65米、12.3米和6.9米，形成了一种后高前低的趋势。在建筑之中，设有两天井，封火山墙，这种设计是明代建筑的典型特征。

上池村曾经有一个传统习俗，那就是在每年的正月初三日，村民们会组织学子们聚集在世宦祠内，向他们的祖先王安石的遗像表达敬意和崇敬。这个活动被人们称为"尊学校",寓意着对文化的尊重和传承。

2018年3月,世宦祠被列为第六批江西省文物保护单位。

(10)驿前古建筑群(含清汲盱源民宅)

驿前古建筑群位于江西省抚州市广昌县驿前镇,是明、清赣派建筑的代表。该建筑群由53幢单栋古建筑构成,主要集中于驿前街道东面一线,是江西省保存较完整、规模较大的民居古建筑群之一,其中包含赖巽家庙、赖瑛宗祠、清汲盱源、君子攸宁、奎璧联辉、亦忱甫居、龙峰拱秀、奉先思孝、石屋里等9处古建筑。其中奎璧联辉、清吸盱源、石屋里民宅被列为江西省省级文物保护单位。驿前镇被评为"省级历史文化名镇"。

清汲民宅源又名"船形屋",临江而筑,形状酷似一艘逆水前行的古时官船。这座建筑为明代云南按察使赖巽的探亲别墅,坐北朝南,占地面积650平方米。房屋采用穿斗式结构,共有36间厢房。门额书有"清吸盱源"四字,寓意着此屋吸收抚源之精华,孕育出千万名臣、才子、佳人。整座船屋用杉、桉、桦接合,柱梁楚楚,古朴庄重,雕工精湛,剔透有致。因水路交通方便,气候宜人,景色优美,后改为"青楼"。

2006年12月,驿前古建筑群(含清吸盱源民宅)被列入第五批江西省文物保护单位。

(11)雯峰书院

雯峰书院位于中国江西省抚州市广昌县甘竹镇龙溪村饶家堡,由明代史学家、教育家饶秉鉴(号雯峰)于成化六年(1470)建造。该书院拥有飞檐翘脊的古朴建筑和占地5032平方米的宽敞院落,分为上、中、下三厅,拥有56间读书号房和3处大小庭院。院中有院,园中有园,有池有楼,建筑古朴典雅,与山水楼轩相映成趣。

在明代,教育家、状元罗伦经常在此寓居并授课讲学,他撰写了《雯峰书院记》。在抗战时期,陈鹤琴率国立幼稚师范学校迁至此处办学。此外,还有位于湖南衡山的雯峰书院,其原名是"文昌书院",曾被命名为"文峰"或"雪峰"。

2018年3月,雯峰书院被列为第六批江西省文物保护单位。

（12）金鳌鱼民居

金鳌鱼民居位于中国江西省抚州市广昌县驿前镇驿前村，是一座清乾隆早期的建筑。该民居因其门斜楼撑上雕刻有8处木刻圆雕鳌鱼穿莲造型，同时门楼屋脊两端也饰有砖雕龙头鱼身的鳌鱼形象，因此得名"金鳌鱼"。该民居的主体建筑呈长方形，附属建筑分布在不规则的形状内，整个建筑结构为砖木结构，占地面积为920.84平方米。

金鳌鱼民居的布局独特，制作工艺精湛，其中的木作和石作文化内涵丰富。特别是鳌鱼穿莲的雕刻，为莲文化提供了实物依据。整个民居的建筑风格和装饰细节充分展示了中国古代建筑工艺的精妙和丰富的文化内涵。

2018年3月，金鳌鱼民居被列为第六批江西省文物保护单位。

（13）奉先思孝祠

奉先思孝祠位于中国江西省抚州市广昌县驿前镇驿前村，是一座清乾隆五年（1740）的建筑。该祠的名称"奉先思孝"四字被刻在大门门额上，字体浑厚有力，给人留下深刻的印象。门楼的砖雕工艺精湛，图案繁多，包括凤穿牡丹、锦纹、鲤鱼嬉水、蛟龙捣海、异形莲瓣等，细致入微，令人赞叹不已。

2018年3月，奉先思孝祠被列为第六批江西省文物保护单位。

（14）太平桥

太平桥位于江西省抚州市南城县东门外盱江上，原名"万寿桥"，始建于宋嘉祐五年（1060），原为浮桥，后改建为石桥，为半圆形石拱桥，共14孔。明万历八年（1580）桥毁后，明益藩捐金首倡重建，改名"东郭虹桥""虹桥"。清康熙《南城县志》载，太平桥即东郭虹桥，在郡东门外江之上。明嘉、万间，益府诸王对太平桥迭圮迭修，"厚藏以助"地方"佐驾太平之桥"，使得南城东江诸桥皆"朱家造就"。专家考证，此实为明益藩江东"洪门"茔山墓事而为。太平桥后屡毁屡修，清顺治二年（1645）、康熙元年（1662）迭毁于火。清同治二年（1863）全邑捐资修复，改名为"留衣桥"。

2006年12月，太平桥被列入第五批江西省文物保护单位。

（15）临坊王氏宗祠

临坊王氏宗祠位于江西省抚州市南城县，是抚州市保存较完整的古代宗祠。该宗祠始建于明朝洪武十三年（1380），总占地面积为580平方米。在宗祠门前矗立着一座四柱三间五楼石质门楼，正中圣旨牌竖刻有"龙光"二字，下面横刻有"王氏宗祠"四字。门楼立柱和额坊上刻有双龙戏珠、仙鹤以及各种花卉图案，牌楼雕刻工艺精湛，书法浑厚有力。

祠堂分为前院和正屋两部分。前院的西门上书有"三槐名第"四个大字，东门则书有"临坊世家"四个大字。在宗祠的东侧还保存着一座完好的古戏台。这座临坊王氏宗祠不仅是一处具有历史价值的文化遗产，更是一个家族传统与荣耀的象征。

2018年3月，临坊王氏宗祠被列为第六批江西省文物保护单位。

（16）南城尧坊大夫第

尧坊船形屋位于江西省抚州市南城县天井源乡尧坊村段上村小组，是清代中晚期的建筑，由两栋大夫第组成，占地约10亩。房屋结构布局为正厅三进一廊，配有偏厢，共有大、小天井20多个，百余间房间。门窗有精美木雕，梁椽处处浮雕，形态各异。上厅设木雕神龛，屋内方砖铺地，廊道错落其间。前有大院，院内两侧各有一栋附属房，大门正对面有一处红石旗杆石。两栋大夫第门额均有人物故事、花草石雕，造型生动，雕刻精美。整个建筑形状独特，从屋后西山东瞰，只见古宅如船形迎水向南行驶。该屋为宁姓叔侄两人所建。除"船屋"外，尧坊村还有多处古建筑群和完好的书屋、古樟、古井等，村里还保留着传统风俗习惯。

2018年3月，南城尧坊大夫第被列为第六批江西省文物保护单位。

（17）琴城古建筑群（含大夫第、太守第、分转第、二铭轩、选青别墅、秋雨名家宅、彭家大屋、饶氏宗祠、谦豫书舍）

位于江西省抚州市南丰县琴城镇的琴城古建筑群，包括大夫第、太守第、分转第、二铭轩、选青别墅、秋雨名家宅、彭家大屋、饶氏宗祠、谦豫书舍等。琴城镇两岸风光秀美，美食文化独特。曾巩纪念馆和读书岩历史底蕴深厚，地藏、南台、寿昌等古寺佛寺令人流连。七层宝塔居山临水，蜜橘园春华秋实，美食新村汇集南北小吃。

2018年3月，琴城古建筑群（含大夫第、太守第、分转第、二铭轩、选青别墅、秋雨名家宅、彭家大屋、饶氏宗祠、谦豫书舍）被列为第六批江西省文物保护单位。

（18）石邮傩神庙

石邮村的傩神庙，位于村西南口，历史悠久，建筑独特。这座清代建筑由青砖砌成，三开间格局，元代建筑风格。据村谱记载，傩神庙初建于明代，明嘉靖四十年（1561）毁于火灾，清乾隆四十六年（1781）重建。1985年春节期间，因火灾导致傩神神像、面具被毁，仅存石刻庙门。后来村民集资按照原样修复。现在的傩神庙朱红大门八字朝外开，上方刻有红底黑字的"傩神庙"三字，两侧有一对武将砖雕，一人执斧，一人握锤，脚踏狮形瑞兽，背插翎旗。檐口线脚有一对形制较小的文官砖雕，各手执"平安吉庆""天官赐福"竖联。檐口外侧下方亦有两对人物砖雕，似是戏文故事。门畔有一副石刻楹联："近戏乎非真戏也，国傩矣乃大傩焉。"

殿内约30平方米，正中有神台，傩神太子端坐其上，脸涂金粉，口角含笑，金冠龙袍，年轻俊俏。傩神太子身后有红幔，平时放下，正月十六搜傩晚上掀起，里面有12位傩神的小塑像（大神有两尊），对应11个面具角色。正中坐一小偶人，活手活脚，为"傩崽"，白脸朱唇，金冠红袍，亦十分俊美。最左边有近年村民后加的一个观音神像。神台上方高挂匾额"浩气光天"，匾额下有锦幅"正法久住"。神台左右分别是吴姓支祖太尹公像和土地神。殿内两侧各有一间耳房，东边放条凳、蒲团等杂物，西边庙祝居住。面具平时藏在神台上的格子里，跳傩时取出，挂于傩神太子上方。日常的清洁、上香等任务由庙祝负责。

石邮村的傩神在远近乡人心目中异常灵验，经常有信士来上香许愿、占卜问事。以至民间流行的观音、如来在此地供奉的人并不多，傩神成为石邮村和附近百姓信仰的主要神祇，常年香火不断。除了逐疫驱邪，傩神太子和傩崽还兼有送子的意味，被当作送子神。石邮村的傩神包括傩神太子、傩崽和面具。村民尊称面具为"圣像"，共13个。村民认为，傩崽是傩神太子的替身，而圣像是地位较低的傩神，它们都受傩神太子的统领，就像打仗有主帅和大将一样。面具摆放的位置有严格规定，在傩神庙中，傩神太子坐于神台，13个面具分两排挂在神台上方。

2018年3月，石邮傩神庙被列为第六批江西省文物保护单位。

（19）洽湾胡氏宗祠（含胡氏宗祠、仁寿宫）

洽湾胡氏宗祠位于江西省抚州市南丰县洽湾村头，明朝万历年间耗时16年建造，占地面积1750余平方米，共256柱落地。全祠砖木结构，为三厢进宫殿式，上厅供奉历代祖宗灵位，中厅为议事大厅，左右房为藏祭器、书籍之用。下厅前的大天井中栽有400余年树龄的丹桂，至今枝叶茂盛，花香四溢。宗祠右有仁寿宫、关帝殿相连，左有季仁祠、信祠相依，前有沧浪河为镜照，后有毛公山为依靠。其气势恢宏，雄伟壮观，被誉为"江南第一祠"。此外，宗祠内还保存着一块明代石刻圣旨碑，见证了当时的皇恩浩荡。

2018年3月，洽湾胡氏宗祠（含胡氏宗祠、仁寿宫）被列为第六批江西省文物保护单位。

（20）港下关帝庙与卡亭

港下关帝庙与卡亭位于江西省抚州市南丰县。2018年3月，港下关帝庙与卡亭被列为第六批江西省文物保护单位。

（21）南丰城墙（含崇秀门、文明门、上水关、下水关、城墙）

南丰古城位于江西省抚州市南丰县，是保存最完整、古城肌理清晰的明清古城之一，具有重要文物保护和历史研究价值。古城内集中了4个省级历史文化街区，2018年南丰县被公布为省级历史文化名城。古城拥有1630余米明清古城墙、161处文物保护单位和200余栋明清古建筑，保存了自唐代以来各朝各代的历史文化信息，承载了赣闽文化的交流与碰撞，具有两地文化的特征。

2018年3月，南丰城墙（含崇秀门、文明门、上水关、下水关、城墙）被列为第六批江西省文物保护单位。

（22）相山石塔

相山石塔位于江西省抚州市崇仁县相山镇苔州村，原名普庵定光古塔，建筑风格为明代建筑，因露出"皇清雍正九年"字迹，确定为清雍正九年（1731）建筑。石塔7层，高6米，由花岗岩石料建成，上部小下部粗，每层由两块石片合成，外表下部有如意带花纹图饰，上部錾刻文字。6层竖念文字分别为："皇清雍正九年；普庵定光古塔；救苦地藏王佛；释迦牟尼岁佛；灵应观音王佛；南无阿弥陀佛。"每层面另有"风调雨顺"四字。

1988年1月，相山石塔被列为第三批江西省文物保护单位。

（23）石经幢

石经幢位于江西省抚州市崇仁县相山镇山斜罕浒村南西宁河南岸边，建于明朝万历辛丑年（1601）。这座石经幢也被称为"罕浒径幢"，由花岗岩石质制成。经幢的顶部设计类似六层塔，每层高21.7米，宽46.4厘米。顶部是一个葫芦形状，高39厘米，直径24厘米。下部中柱是一个正方柱，宽3.4米，宽33厘米。底座也是正方形的，宽66厘米，高37厘米。整个经幢通高5.2米。中柱朝南一面刻有佛像，朝北一面刻有"腌佛……元无量"等字样，并刻有"万历辛丑年（二十九）"的纪年。这座石经幢是明朝时期的珍贵文化遗产，具有重要的历史和文化价值。

1988年1月，石经幢被列为第三批江西省文物保护单位。

（24）三川桥

三川桥位于江西省抚州市崇仁县许坊乡三川桥村，保存完好。这座古桥由青石建成，引桥有着30至40度的斜坡，由十多级石级组成。三川桥呈单孔状，跨度约为4米，最大高度达到3米多。古桥两旁还建有3段木廊，与当地民居的建筑结构类似。从远处看，它就像一座伏在河道上的古建筑，给人留下深刻的印象。

2018年3月，三川桥被列为第六批江西省文物保护单位。

（25）塅家车村节孝坊

塅家车村节孝坊位于江西省抚州市崇仁县河上镇，建于清代光绪四年（1878），为一间二柱三楼式牌坊，保存完好，历经130余年未做维修。牌坊雕刻细腻，形象逼真，采用浮雕、透雕、圆雕等手法，展现了清末当地的建筑风格和雕刻工艺水平。牌坊上字碑刻有建坊人名号、年代、步骤，展现了清代牌坊的制度格式。牌坊旁还有一口古井，井水清澈。塅家车村节孝坊是抚州市少有的精品佳作，具有重要历史文化艺术科研价值。

2018年3月，塅家车村节孝坊被列为第六批江西省文物保护单位。

（26）水南"继序其皇"坊式门楼

水南"继序其皇"坊式门楼位于江西省抚州市乐安县牛田镇水南村，是清顺治十年（1653）为丁诰所建的。牌坊高11米，宽20米，厚0.8米，为庑殿式四柱三间三楼单檐歇山顶建筑，五层如意斗拱，层叠起檐，顶部置宝瓶刹。中门横额上刻有"继序其皇"四个镏金大字，背面刻"陟降自天"。4只鲤鱼鲜活地在牌坊的四个方位跳跃。小石条打磨成"工"字形状，层层叠叠往外倾斜相码。6块镂空的浮雕分别对称镶嵌在左右两边。牌坊后是丁家大祠堂的正厅，有4根大圆柱，气宇轩昂。该门楼历经360余年风雨侵蚀，至今保存完好。

2006年12月，水南"继序其皇"坊式门楼被列入第五批江西省文物保护单位。

（27）科甲丛芳牌坊

科甲丛芳牌坊位于江西省抚州市乐安县龚坊镇同富村，是三间六柱五楼式的建筑，并且保存得较为完整。这座牌坊是由同富村黄氏子孙为纪念族人世代引以为荣的黄昭而建立的。黄昭，号观澜，是元至顺年间的进士，因为在朱元璋打败陈友谅的战斗中贡献了出色的计策，而官至兵部尚书。另一种说法是，这座牌坊是由村民为纪念他们的始祖黄中浼建立的。牌坊上有明确的纪年，清晰地写着"皇明隆庆己巳秋吉旦裔孙重建"。隆庆己巳年指的是公元1569年。

2018年3月，科甲丛芳牌坊被列为第六批江西省文物保护单位。

（28）上罗邓氏祠

上罗邓氏祠位于江西省抚州市乐安县万崇镇上罗村小学旁，为纪念开基始祖邓君民而建。上罗村邓氏原本姓李，属南唐后裔，为躲避宋朝廷追杀，更姓为邓。祠堂始建于明朝宣德戊申年（1428），增建于正德丁丑年（1517），重修于清朝康熙甲寅年（1674）和民国十三年（1924）。该祠为硬山式建筑，坐西向东，带门坊、庭院，内置前后天井三进。前天井呈方形，两侧建钟楼、鼓楼，后天井横向长方形，中间置步桥，两侧建畔池。

2018年3月，上罗邓氏祠被列为第六批江西省文物保护单位。

（29）蓝科进公祠

蓝科进公祠是江西省抚州市乐安县保存完好的畲族古建筑，1842年新建，1866年复创，1868年建成。光绪十年（1884）蓝振葵立碑，其子蓝科进高中进士后，畲族人为了纪念他，改名为蓝科进公祠。对联表达了乐安畲族对第一位进士蓝科进的敬意。建筑具有浓郁的民族特色,对研究畲族历史文化、民风民俗、生活习性具有独特价值。建筑主体采用卵石、杂土砌建而成,绚丽精美,图腾崇拜的民族特色明显。前厅有天井和祭天石案桌,后堂为祭堂,有畲族特色的祭案桌和八仙彩绘壁画,雕刻各种花卉、动物,畲族人民以独特的方式传达着对幸福生活的祈愿和追求。

2018年3月,蓝科进公祠被列为第六批江西省文物保护单位。

(30)仰山书院

位于金溪县城王家巷的书院,始建于1737年,是崇正书院的遗址。先儒祠是清代生员祭祀乡贤陆象山先生的场所。书院的建筑面积为1078平方米,构架保存完整,是江西省的省级保护文物,也是金溪县文博所的办公地点。

书院最初被改建为义学,后来由善士李庭藻等人拆除旧的建筑并建立了48间房的书院,同时请求江西学政王鼎赠写"仰山书院"的门额。在书院的东侧,有一个名为"先儒祠"的建筑,这是学子们在春秋两季开学时祭祀先儒陆象山的地方。

然而,书院曾在战乱中被焚毁,后来由城西的善士王履亨、王履泰、王履恒三兄弟捐钱重建。到了1902年,书院被改为金溪县官立小学堂,后来又被改为县立高等小学。

1992年,仰山书院被划归由县文物管理所管理,并进行了维修。1996年4月,金溪的"陆象山研究会"在书院内设立了办公室。

2000年7月,仰山书院被列为第四批江西省文物保护单位。

(31)金溪宗祠(含贵和公祠、周家祠堂、镇川公祠、文隆公祠、步云公祠、溢祠、胡氏祠堂、傅氏祠堂、大耿麟阁世家祠堂、东源曾氏祠堂、陆坊陆氏祠堂、谷家谷氏祠堂、后林林氏祠堂)

金溪是抚州地区最具代表性的历史遗存地,保存了许多古老的祠堂,包括宗祠和公祠。其中最珍贵的是明代的祠堂。

2018年3月,金溪宗祠及其他多个祠堂被列为第六批江西省文物保护单位。

（32）金溪明代牌楼门（含蒲塘名荐天朝牌楼、小耿南州高第牌楼、澳塘大夫第—文光牌楼、孔坊圣裔门楼、黄通忠义世家牌楼）

金溪的牌坊主要分为表彰个人和家族两大类。这些牌坊的功能在于表彰那些具有高尚品德、科举功勋及具备"忠、孝、节、义"等优秀品质的人或家族。这些牌坊的建筑风格独特，雕刻精细，具有极高的艺术价值和历史价值。

蒲塘名荐天朝牌楼位于江西省抚州市金溪县蒲塘村，建于明洪熙元年（1425），是皇帝为表扬当地商人的赈灾义举而赐建的。它是金溪县现存年代最早的牌坊，坐北朝南，整体为全石结构，以整方石柱建造，4柱5楼，宽6米、高7米，每楼都以花砖砌成斗拱，用以支撑瓦面。牌楼为硬山顶，正中横刻"名荐天朝"四字，右题"洪熙元年"。牌楼造型古朴，用材粗大，年代久远，结构稳定，保存完整，为少见的保存完整且具有明确纪年的明代牌楼。牌坊雕刻细致精美，十分讲究，上面的龙纹、凤纹、鱼纹和花卉等纹饰都华丽至极。

小耿南州高第牌楼是一座明中晚期的建筑，位于金溪县琉璃乡小耿村。这座牌坊坐北朝南，采用青石材质，三间四柱三楼式设计，连接有八字墙。当心间开门，成为村落里巷的通道。门框上雕刻着带花纹的雀替，额楣左右是人物石雕短柱，两侧有方形瑞兽花鸟纹石雕，下方是龟锦包袱纹样，底纹是连续云纹图案。三楼屋顶檐下施石砌镂空雕刻斗拱，斗拱间有精美花草纹雕刻。

澳塘大夫第—文光牌楼位于江西省抚州市金溪县琉璃乡澳塘村南古道北侧，周家宅旁，坐北朝南，高5.15米，建于明嘉靖二十一年（1542）。牌坊正面额楣正中横刻"大夫坊"三字，背面额楣正中横刻"文光"二字。牌楼为硬山顶青石牌坊，背面两中柱上连接两个侧楼，与正立面的边楼垂直，且构造相同。正立面两侧与院落围墙相连，侧楼与街巷两侧墙体相连。屋顶檐下施石砌斗拱，雕刻精美。牌坊主楼东侧屋面部分脱落，局部斗拱损坏；西侧边楼瓦面损毁，东侧边楼屋面与斗拱全部损毁。额楣左右是竹子样式的石雕短柱，两侧有方形镂空石雕，右首图案为"双龙戏珠"，左首图案为"双狮戏球"。门额下额枋上有3颗门簪，已遗失2颗。边楼两柱间用石板封砌，额枋与檐枋之间有装饰性月梁。正面柱根部施抱鼓石，中柱上的高约2米，两侧的抱鼓石略小，整体造型优美。

孔坊圣裔门楼位于何源乡孔家，也是一座三间四柱三层五楼式的牌坊。最上一层中间刻有"圣旨"二字，二层额坊分两排刻有"南京崇仁卫指挥孔俊卿，北京宛平县知县孔宗鲁"。虽然牌坊的雕刻精美，但遗憾的是其中的人物已经损毁。中心间门洞两旁各立一座石狮，左右对望，形态十分生动。

黄通忠义世家牌楼位于黄通镇黄通村口总门楼，是一座三层式结构的石雕大牌坊。牌坊上层石匾镌刻"恩荣"二字，中层镶嵌有"忠义世家"的大石匾，下层是粗大的方形横青石门梁。中心间在双龙戏珠和长鹿衔芝两个石雕梁枋间增加了一面门额，刻有"乙丑进士邓昌丙戌进士邓成"字样。这座牌坊有2处纪年，建于明隆庆元年（1567）。这些牌坊的存在不仅见证了金溪的历史和文化传承，同时也为后人提供了宝贵的历史文化遗产。

2018年3月，金溪明代牌楼门（含蒲塘名荐天朝牌楼、小耿南州高第牌楼、澳塘大夫第—文光牌楼、孔坊圣裔门楼、黄通忠义世家牌楼）被列为第六批江西省文物保护单位。

（33）金溪古庙群（含下宋玉泉行宫、东源豢灵护应庙、周家隆兴古庙）

2018年3月，金溪古庙群（含下宋玉泉行宫、东源豢灵护应庙、周家隆兴古庙）被列为第六批江西省文物保护单位。

（34）金溪官厅群（含岐山大夫第与中宪第、游垫总宪第、东岗逊志斋官厅、洛城村王家大院、东源曾家中议世第宅与绣启南丰第、东风巷卢官厅、水门巷65号官厅）

2018年3月，金溪官厅群（含岐山大夫第与中宪第、游垫总宪第、东岗逊志斋官厅、洛城村王家大院、东源曾家中议世第宅与绣启南丰第、东风巷卢官厅、水门巷65号官厅）被列为第六批江西省文物保护单位。

（35）竹桥村古建筑群（含品字三井、总门楼、上门楼、中门楼、下门楼、苍岚山房、余氏大屋）

竹桥古村，位于江西省抚州市金溪县双塘镇，占地约2.8平方千米，历史悠久，始建于元末明初。这个江右民系聚居的古村，完整地保存着明清时期的建筑风格和格局。古村里，有150余座古建筑，其中包括100余座古祠堂、8座明代牌坊、30余座清代牌坊和1万余幢古民居。此外，还有一条古驿道、2处雕版印刷遗址、3口古井、3个晒场、4座门楼、5座祠堂、6条街道和 8 方水塘。古建筑群组包括完好的十家弄和八家弄建筑群组、六座祠堂以及养正山房、公和堂、怀仁书院、赐福庙等古建筑。在竹桥古村内，还有"文林第""十家弄""八家弄"三组建筑群。总门楼建于元末明初，由风水师廖禹先生的后人所定。总门楼前有"品"字形排列的古井三口，寓意喝了这"品"字井的井水，无论是为人、为学还是经商都要讲究品德。上门楼又叫谏草传芳门楼，位于竹桥古村中心，用以纪念南宋先贤余昌言。苍岚山房是竹桥的大房书院，又是雕版印刷作坊，始建于乾隆二十三年（1758），是培育村中学子的学堂。

2018 年 3 月，竹桥村古建筑群（含品字三井、总门楼、上门楼、中门楼、下门楼、苍岚山房、余氏大屋）被列为第六批江西省文物保护单位。

（36）浒湾古建筑群〔含恒门、四友堂（前书铺街 20 号）、旧学山房（前书铺街 23 号）、文德堂（后书铺街 22 号）、文奎堂（后书铺街 23 号）、善成堂（礼家巷 15 号）、世著江州民居（礼家巷 10 号）、京兆世家民居（礼家巷 42 号）、彩云栈（礼家巷 41 号）、天水旧家民居（江夏第 25 号）、通和典典当行（江夏第 34 号）、姑娘院（黄家井 27 号）、太宗旧第（黄家井 33、34 号）、古准提阁民居（篾器街 26 号）、烟馆（篾器街 35 号）、染布行（篾器街 39 号）、瞭望楼（篾器街 4 号与 5 号之间）、德珍堂（胜利路 97 号）、品芳栈（红星路 57 号）、银楼（红星路 135 号）、可久堂（红卫路 37 号）、码头仓（红卫路 86 与 88 号）、树铺家（州头上 41 号）、彭城世第民居（州头上 57 号）〕

浒湾是明清时期四大雕版印书基地之一，自明代开始便涉足雕版印书行业，并在清乾隆、嘉庆、道光等几朝达到了鼎盛。这个行业在浒湾持续了 100 多年，见证了我国出版业的繁荣。其中，一些享有盛名的印书堂号，如大文堂、两仪堂、善成堂、三让堂、文奎堂、旧学山房和红杏山房等，从康熙时期一直印书到光绪年间，从业时间长达两个世纪。

浒湾印制的书籍销售遍及全国，被人们称为"赣版"或"江西版"。现在，这个古建筑群仍然保存着 201 家店铺，是我国唯一一处基本保留原貌的雕版印刷遗址。

2018 年 3 月，浒湾古建筑群被列为第六批江西省文物保护单位，得到了应有的保护和尊重。

（37）洲湖大夫第

位于江西省抚州市黎川县城 40 多公里外的华山垦殖场洲湖村山坳中的"洲湖大夫第"，也被称为"船屋"或"船形古宅"，建于 1844 年，其建筑规模十分宏大。从高处俯瞰，这座古建筑呈现出明显的三角形，东窄西宽，犹如一艘船的形状，由"船首""船身""船尾"三部分构成。船首呈锥形，朝向东方；船身为正方形，坐北朝南；船尾则为长方形，整体显得四平八稳。

更为独特的是，"船形古宅"的总体走向与周边山谷的走向完全一致，呈现出北偏西的角度。这种走向不仅顺应了山谷的局部气候环境，顺风顺水，更有利于在冬季避风取暖，夏季通风凉爽。而"船形古宅"内的房屋则坐东朝西，这样的布局有利于采纳山谷的阳光。

2006 年 12 月，洲湖大夫第被列为第五批江西省文物保护单位。

（38）黎川孔庙

黎川孔庙，又称为文庙，位于江西省抚州市黎川县老城区中心、黎川二小旁边，占地面积超过 2600 平方米。这座标志性的古建筑始建于北宋天禧元年（1017）。黎川孔庙由大成门、名宦祠、乡贤祠、东西庑、俯台和大成殿组成，整个建筑群采用平行轴线布局。在大成门和大成殿之间，利用东西庑和名宦祠、乡贤祠，将屋面连成一片，形成了一个花园式院落。特别是大成殿东侧的景色非常秀美，是游客们留影的好地方。

2018 年 3 月，黎川孔庙被列为第六批江西省文物保护单位。

（39）资福塔

位于江西省抚州市黎川县荷源乡资福村西面山丘、东川河畔的资福塔，始建于宋嘉定辛巳十四年（1221），是黎川唯一仅存的古塔。全塔为砖石结构，通塔粉白，塔身七层四面，高约 23 米，每层迭线挑檐，每面中凹假门为佛龛，绘有佛像。塔顶为浮屠顶，传说为黄铜浇铸而成。塔顶有野生小树一棵，据传是桂圆树。塔身下部中空，可容一人内攀至第三层。该塔曾于清雍正年间进行大规模修缮。

2018 年 3 月，资福塔被列为第六批江西省文物保护单位。

（40）洵口张氏家庙及照壁

洵口张氏家庙及照壁位于黎川县，占地面积 364 平方米，纵深 26 米，横宽 14 米，是三进式古院落建筑，砖木结构，宽敞古朴，格调雅致。家庙是张家的宗祠，由张氏九世祖张槚所建，供奉祖先牌位。始建于明万历二十一年（1593），由张槚自捐俸禄筹建。清康熙三十七年（1698）后续建，3年后动工，至康熙四十三年（1704）完工。清咸丰七年（1857）毁于粤寇。清同治九年（1870），张氏十九世祖金诰公重建，同治十一年（1872）竣工。照壁是整座宗祠的经典所在，保存完好，高4米、宽14米，由4根直立的石柱和数根石横梁构成，石横梁上雕刻有花、鸟、鱼、虫等多种吉祥浮雕，正中上方内嵌石匾，上书"建言召用"四个楷体字，昭示祖先曾建言朝廷被采纳而得此嘉奖。

2018年3月，洵口张氏家庙及照壁被列为第六批江西省文物保护单位。

（41）高云塔

高云塔位于江西省抚州市资溪县高阜镇高阜村以北1000米处，左侧紧邻泸溪河，右侧依靠狮子山。该塔初建于明天启甲子年（1624），并在清朝乾隆九年（1744）重修，已有超过400年的历史。塔高30米，底层面积27.3平方米，每层有两扇拱门。第一层正门刻有"高云塔"三字，第二层西门刻有"罗金"二字，北面刻有"悒贵"二字，第三层西门刻有"斗拱"二字。塔的第二层立有重修时的青石碑。原来的塔顶已不存在。2008年，在省文化厅支持下，社会人士筹资修缮，高度恢复为31.5米，塔内木梯可上至第七层。

2006年12月，高云塔被列入第五批江西省文物保护单位。

（42）南坑仁和仙桥

江西省抚州市宜黄县南源乡夺中村的南下村小组位于芙蓉山下，拥有茂密的植被和美丽的风景。这个地方是国家一、二级保护植物——千年银杏和红豆杉的产地。在村口，坐落着南坑仁和仙桥。这座廊桥造型优美、古朴飘逸，建筑工艺精湛，是宜黄县独一无二的古廊庙桥。据当地人介绍，南下村是古时宜黄到临川和南城的驿道，往来的人络绎不绝，十分繁华，仁和仙桥便建在驿道上。过去廊桥中一般都设有供乡民祭祀的神龛，但面积较小，菩萨也不多。仁和仙桥祭祀面积很大，几乎占据了整个廊桥，行人只是在两旁的廊道上行走。

2018年3月，南坑仁和仙桥被列为第六批江西省文物保护单位。

（43）迎恩塔

迎恩塔位于宜黄棠阴镇建设村龟山，是一座六边形七层空心古塔，始建于1628年，高36米，直径8米，有两扇门可入塔，塔内有石阶梯螺旋至塔顶，有18个瞭望口，从第二层开始每层建有3个通风采光的四方窗口。石阶共有588级。

2018年3月，迎恩塔被列为第六批江西省文物保护单位。

（44）欧阳竟无宅

欧阳竟无（1871—1943），江西宜黄人，佛学家、教育家，梁漱溟称其为"时之泰岳"，熊十力曾求学于他，章太炎称其"独步千祀"。欧阳景无宅位于宜黄县城南门路10号，原为金斗颗巷3号。

2018年3月，欧阳竟无宅被列为第六批江西省文物保护单位。

（45）汤显祖墓

汤显祖墓是汤显祖及其三位夫人的合葬墓，位于江西省抚州市临川区灵芝园汤家。1903年，临川知县江召棠对其进行过大修，并撰写一联："文章超海内，品节冠临川。"中华人民共和国成立前，墓地几次被破坏。1957年进行过培修，1982年迁至人民公园。汤墓占地5000平方米，有牌坊和围墙，围墙上刻有"临川四梦"的戏文图像。墓顶呈亭子状，有"汤显祖之墓"的碑文和圆形框内的"日""月"二字。墓碑上有一副对联："文章超海内，品节冠临川"。墓旁边，有一座后人建造的"牡丹台"。

1957年7月，汤显祖墓被列为第一批江西省文物保护单位。

（46）乐史墓

乐史，字子正，号月池，北宋崇仁人，著名地理学家、文学家，著作等身，其中《太平寰宇记》开创我国写地方志之先河，被收入《四库全书》。乐史墓，宋墓而清修缮，位于江西省抚州市崇仁县三山乡张家官山村凤凰窠，背靠石山，左右两侧，野草丛生，小涧潺潺，稻田碧绿。乐氏后裔现仍年年有人扫墓。

1987年12月，乐史墓被列为第三批江西省文物保护单位。

（47）董裕墓

董裕墓，也称董尚书墓，位于江西省抚州市乐安县招携镇鹿源村白鹤形山，是明代墓葬。董裕，号扩庵，是流坑董氏二十一世孙，也是乐安招携港田村人，明代学者和大臣，官至刑部尚书。该墓经工部、礼部修建并有皇帝"敕葬"碑刻。在墓前，有一条由大条石叠起的神道，其两旁屹立着石吏、石马、石羊等石像，这些石像保存得非常好。接着，需要登上九级台阶，来到三块大石碑前。中间的那块石碑上刻着"明故资政大夫、刑部尚书、赠太子少保董扩庵先生墓"，这是由吏部尚书、大学士新建张位题写的。墓顶立有四围雕满龙云图案的神宗皇帝"敕葬"石碑。

1987年12月，董裕墓被列为第三批江西省文物保护单位。

（48）陆象山墓

陆象山墓位于江西省抚州市金溪县陆坊乡陆坊村青田桥旁的东山岭上，是"陆王心学"代表人物陆九渊之墓，始建于南宋绍熙四年（1193），后经各代修葺，占地面积60平方米。墓为圆锥形石砌结构，墓基用宽阔麻石石板筑砌。明嘉靖年间曾敕建神道碑，已佚。墓前有清乾隆年间刻的"宋儒文安公陆象山墓"碑以及民国时立的石碑，但都已残缺不全。山下原有明代敕建的附属建筑"祭祠"和"下马亭"。

1957年7月，陆象山墓被列为第一批江西省文物保护单位。

（49）妙法寺塔墓群（含普同塔、优婆夷暨比丘尼塔、质彬禅师塔、□堂禅师塔、无名塔一、惟觉禅师塔、亢脈禅师塔、卓颖禅师塔、无名塔二、桂谷禅师塔、梦回禅师塔）

妙法寺塔墓群，明崇祯六年（1633）建，占地1000多平方米，共10座塔墓，由砂砾岩建造，塔后有石质碑铭。妙法寺塔墓群对研究明、清佛教墓葬制度有重要参考价值。

2018年3月，妙法寺塔墓群（含普同塔、优婆夷暨比丘尼塔、质彬禅师塔、□堂禅师塔、无名塔一、惟觉禅师塔、亢脈禅师塔、卓颖禅师塔、无名塔二、桂谷禅师塔、梦回禅师塔）被列为第六批江西省文物保护单位。

（50）曹山寺墓塔群（含本寂禅师墓、宝积禅寺高僧塔）

曹山寺墓塔群（含本寂禅师墓、宝积禅寺高僧塔）位于江西省抚州市宜黄县。本寂禅师在曹山传法达31年，门下弟子超过百人，信徒数以千计。公元901年，本寂禅师在此圆寂，享年62岁，遗体安葬于曹山寺西侧的凤形坑。

1743年，清雍正皇帝追封其为"定藏元证禅师"，祖师塔于1983年修复。然而，寺庙自清初以后一直处于衰落状态，民国时期只有部分殿堂和少数佛像存在，而在1969年，殿宇全遭焚毁。自1982年开始，曹山寺逐渐复苏，揭开了中兴的新时期。1999年以来，寺院陆续从国内外请进了20多座汉白玉佛像，使曹山寺成为江西玉佛最多、最全的寺院。

2018年3月，曹山寺墓塔群（含本寂禅师墓、宝积禅寺高僧塔）被列为第六批江西省文物保护单位。

（51）白浒窑遗址

白浒窑，位于中国江西省抚州市临川区红桥镇白浒窑村东南700米的白浒渡，因此得名"白浒窑"。该窑炉的烧造年代可追溯到南朝至宋代，是江南古陶瓷生产史中的重要环节之一。

白浒窑与丰城罗湖窑在隋唐时期同属于洪州较大的窑业基地。主要产品包括碗、罐、缸等，其中以碗为主。这些器物大多为平底，底部稍微向内凹陷，也有部分为圈足器。它们的胎骨大多粗糙、厚重，胎土呈现灰色。釉色多为青绿、酱褐，也有少量豆青色。

这些器物内部施加全釉，外部施釉大多不到底。釉面常常出现细小的冰裂纹，如果釉水不均匀，就会呈现出泪痕状。纹饰相对简单，大多为葵花形纹饰，而在罐类器物的肩部，常常使用"铺首"作为装饰。

白浒窑所生产的器物古朴大方，技艺纯熟，釉汁光润，具有鲜明的时代特征。同时，它们的制作造型和工艺纹饰也具有鲜明的地方特色，因此在江西地区享有盛名。

2006年12月，白浒窑遗址被列为第五批江西省文物保护单位。

（52）相山道观遗址（含相山老殿、四仙祠）

相山道观遗址，位于江西省抚州市崇仁县的相山顶峰，始建于南宋时期，占地面积达到5538平方米。该遗址的建筑风格独特，以石料为主要建材，且未使用卯榫或其他黏合物，与周边自然环境完美融合。其建筑结构以石质拱券为屋顶，墙体和岩石上还留有精美的摩崖石刻。

相山道观遗址的建筑规模宏大，呈金字塔状，是江西省现存体量最大的道观遗址之一。该遗址充分展示了古代工匠高超的建筑艺术与技巧，同时也体现了建造者追求天人合一的思想。

值得一提的是，相山道观祭祀的是4位现实生活中的凡人，分别是梅福、栾巴、邓紫阳和叶法善。这些人物在历史上有着丰富的民间传说和故事。梅福和栾巴曾为官并深切关心百姓疾苦，邓紫阳和叶法善则通晓阴阳地理，率领百姓修渠筑堰。这些人物的形象和事迹与百姓生活息息相关，因此相山道观的这种以凡人作为祭祀对象的做法，也体现了与一般道观不同的特色和文化背景。

2018年3月，相山道观遗址（含相山老殿、四仙祠）被列为第六批江西省文物保护单位。

（53）里窑窑址（含后龙山窑址、瓦子岭窑址、排前窑址、福水源窑址、石子坑窑址、窑家岭窑址、徐家源窑址、傅家山窑址、鸡公山窑址、张家边窑址、里窑源窑址、沈家牌窑址）

里窑窑址位于江西省抚州市金溪县左坊镇清江村东北方向的山坡上，为宋元间古瓷窑遗址。从所采取的标本来看，产品主要有裂纹瓷、印花白瓷、黄釉瓷、黑釉瓷、莲花形的隐纹瓷片等。在窑村东西方向分布着里窑源窑址、后龙山窑址等十多个古窑包，瓷窑沿山而筑，与土丘混成一片。

1981年，江西省文物工作队和金溪县文化馆考古人员在窑村发现碎瓷与窑具，有明显的龙窑迹象。如张家边一古窑窑床长40余米，窑门朝南，堆积厚度高达6米。在窑门南端，村民开荒时曾发现过制瓷作坊遗迹，其中有砖砌的釉料坑。古里窑村是一个经济繁茂的集镇，相传瓷器市场就在村内。

2018年3月，里窑窑址（含后龙山窑址、瓦子岭窑址、排前窑址、福水源窑址、石子坑窑址、窑家岭窑址、徐家源窑址、傅家山窑址、鸡公山窑址、张家边窑址、里窑源窑址、沈家牌窑址）被列为第六批江西省文物保护单位。

（54）李井泉故居

李井泉（1909—1989），出身于江西省抚州市临川县唱凯镇仓下村的一个农民家庭。他曾先后担任中共川西区党委第一书记、四川省人民政府主席，以及中共四川省委第一书记兼省军区第一政委。此外，他还曾担任中共中央西南局书记、第一书记兼原成都军区第一政委。在党内，他当选为中共第八届中央委员、中央政治局委员，第十、十一届中央委员，中共中央顾问委员会常务委员。在国家层面，他担任过第三、四、五届全国人大常委会副委员长。值得一提的是，2000年8月，李井泉故居被官方认定为"抚州市爱国主义教育基地"。2018年3月，李井泉故居被列为第六批江西省文物保护单位。

（55）万石塘红十军指挥部旧址

万石塘红十军指挥部旧址位于江西省抚州市东乡区瑶圩乡万石塘村，原为清代建筑"冠美祠"，坐西朝东，砖木石结构，占地面积275.8平方米。1932年7月邵式平在此视察，1933年红十军驻扎5天，镇压大恶霸等，指挥部设楼内，墙壁上留有标语。红军撤离后，人们仍称此指挥部为"红军楼"。

2018年3月，万石塘红十军指挥部旧址被列为第六批江西省文物保护单位。

（56）红一方面军总前委会、高虎脑战役红军指挥部旧址

红一方面军总前委和毛泽东旧居位于江西省抚州市广昌县沙子岭邱家祠堂。1931年5月27日，毛泽东和红一方面军总部在此宿营。次日，毛泽东主持召开了红一方面军总委第二次反"围剿"期间的第三次会议，作出了攻打建宁的战略决策，为彻底粉碎敌人的第二次"围剿"，指明了正确的方向。高虎脑战役是中央苏区第五次反"围剿"主战场之一，包括大寨脑、高虎脑和万年亭三场战斗。1934年7月至8月，彭德怀、杨尚昆指挥的红军在这三场战斗中歼敌500余人，为红军主力和中央机关的战略转移赢得了时间，是红军长征前的最后一场激战。至今仍保留有红军所挖堑壕、掩体工事遗迹及弹坑、红军标语。

2000年7月，红一方面军总前委会、高虎脑战役红军指挥部旧址被列为第六批江西省文物保护单位。

（57）尖峰红一军团指挥部旧址

尖峰红一军团指挥部旧址位于江西省抚州市广昌县尖峰乡双湖村中屋下，据廖氏八修族谱记载，这座宗祠建于清嘉庆年间。该建筑坐北朝南，采用砖木结构，占地面积198平方米。其大门门额上刻有"明远公祠"四字，正门柱簪上则刻有马、蜂、猴等吉祥动物图案，雕刻精美。1931年，红一军团指挥部在此驻扎，利用廖氏宗祠进行军事部署，为打破敌人的第三次"围剿"做好了充分的准备。

2018年3月，尖峰红一军团指挥部旧址被列为第六批江西省文物保护

单位。

（58）罗家堡红九军团指挥部旧址（含世科第民居、罗知县别墅）

罗家堡红九军团指挥部旧址位于江西省抚州市广昌县甘竹镇罗家村，建于清同治十年（1871），为广东清远县知县罗玉珊所建。占地面积600平方米，门楣石匾刻"世科第"三字，石匾周边刻人物故事图案，正门两侧檐口有人物、花卉及几何纹砖雕。1934年3月至4月间，红九军团指挥部在此驻扎，指挥红军部队进行第五次反"围剿"战斗。现保存红军标语多条。

2018年3月，罗家堡红九军团指挥部旧址（含世科第民居、罗知县别墅）被列为第六批江西省文物保护单位。

（59）驿前红四军指挥部旧址（含秘书裘庆民居、云衢公厅堂、迎熏民居）

在江西省抚州市广昌县的驿前镇，有几处依然矗立的旧址，它们见证了当年红军的英勇历程和革命精神。这些旧址是秘书裘庆民居、云衢公厅堂和迎熏民居，皆位于广昌县驿前镇驿前村。

秘书裘庆民居在1934年7、8月间曾是红四军指挥部的驻扎地。这座建筑的大门两侧，留有红军用毛笔书写的标语，其中一条写着"活捉何应钦"。这座民居采用坐西朝东的布局，由砖木结构构成，占地面积594平方米。

云衢公厅堂被称为双门楼。这座建筑有八字形大门，看起来气势恢宏，照壁影墙则用水磨石菱形镶嵌，精致大方。石质门簪上刻着麒麟送子等故事。1934年7、8月间，成为红军与国民党激战的重要场所，现存有墨书"天下为公"等痕迹。

迎熏民居坐东北向西南，占地面积379.4平方米。在这座建筑上，保存着多条红军标语，其中一条大型标语"红军中官兵伕薪饷穿吃一样，一里将军校尉起居饮食不同"，这条标语的内容对状工整，在江西省较为罕见。这些标语在当时为瓦解地方武装、瓦解敌军士气、争取革命力量、鼓舞红军士气起了较好的政治宣传鼓动作用。

这些历史遗迹不仅是红军奋斗的见证，也是我们今天缅怀先烈、珍惜和平的重要历史资源。

2018年3月，驿前红四军指挥部旧址（含秘书裘庆民居、云衢公厅堂、迎熏民居）被列为第六批江西省文物保护单位。

（60）下关中革军委会议旧址

下关中革军委会议旧址位于江西省抚州市广昌头陂镇下关冯家祠，是清代建筑。1934年4月28日，广昌弃守后，中国革命军事委员会在此召开会议，总结教训，讨论下一步行动。这是第五次反"围剿"期间的重要军事会议，中央红军各军团以上干部参加，主要与会人员有博古、李德、朱德、顾作霖和各军团领导杨尚昆、林彪、聂荣臻等。会议决定红一军团、红九军团东进参加建宁保卫战，红三军团阻击国民党军南进。

2018年3月，下关中革军委会议旧址被列为第六批江西省文物保护单位。

（61）高虎脑战斗遗址群（含高虎脑红军烈士纪念碑、戏台下厅堂红军宿营地、万年亭红三军团战斗司令部遗址及标志牌、大岭隔红军战场遗址战壕、蜡烛形红军战场遗址、红军将领陈阿金烈士墓）

高虎脑红军烈士纪念碑位于广昌县驿前镇贯桥村，坐东向西，由砖石水泥构筑而成，高11.6米，占地145.4平方米。该纪念碑于1988年8月5日建成，正面镌刻着"高虎脑红军烈士纪念碑"的碑名，此由当时国家主席杨尚昆题写。在左侧，有题词"向高虎脑战斗顽强作战英勇杀敌光荣献身的烈士们致敬"，由当时的中央军委副主席张震题写。右侧则有题词"长征前夕的激战"，此由当时的解放军政治学院院长刘志坚题写。这座纪念碑是为了纪念1934年7、8月间在高虎脑一带阻击战中英勇牺牲的红军将士而建立的。

2018年3月，高虎脑战斗遗址群（含高虎脑红军烈士纪念碑、戏台下厅堂红军宿营地、万年亭红三军团战斗司令部遗址及标志牌、大岭隔红军战场遗址战壕、蜡烛形红军战场遗址、红军将领陈阿金烈士墓）被列为第六批江西省文物保护单位。

（62）驿前大跃进壁画

赖巽家庙是一座位于广昌县驿前镇的历史悠久的古建筑，它保存有隆武元年（1645）的一通施田碑。该庙宇曾是明永乐十三年（1415）进士赖巽的府邸之一，他在明朝时期担任过御史和云南按察使等职务。

在赖巽家庙内，有一幅驿前大跃进壁画。这幅画作描绘了当时社会上所发生的一系列事件，包括农业生产和人民生活等方面，反映了当时社会的风貌和人们的价值观。

总的来说，驿前大跃进壁画是广昌县驿前镇历史文化遗产的重要组成部分，具有较高的文化价值和历史意义。

2018年3月，驿前大跃进壁画被列为第六批江西省文物保护单位。

（63）磁圭红三军团指挥部旧址

磁圭村在宋明两代繁荣，战乱后建筑和木雕仍保存完好，是红军根据地，有红军高级将领旧居和大量红军标语，是古色、红色和绿色旅游胜地，磁圭红三军团指挥部旧址即位于此。村中大宅屋里的标语，落款为红三军团，书写年代为1933年前后。一栋名为"悟轩"的古宅是红三军团的指挥部和高级将领的住处。

2018年3月，磁圭红三军团指挥部旧址被列为第六批江西省文物保护单位。

（64）康都会议旧址〔含毛泽东旧居、红一方面军电台旧址、红一方面军总医院旧址、康都苏维埃政府旧址、红一方面军总司令部旧址（宁家大屋）〕

康都是位于南丰、黎川、建宁三县交界处，历史上曾是重要的革命根据地。在第二次国内革命战争时期，红一方面军总司令部和总政治部曾在1931年6月移驻康都，并在那里召开"康都会议"。如今，康都仍保留着许多革命遗迹遗址，如康都会议旧址、中国工农红一方面总部旧址、毛泽东旧居等，这些地方都记录着当年工农红军的英勇事迹和感人故事。

2018年3月，康都会议旧址〔含毛泽东旧居、红一方面军电台旧址、红一方面军总医院旧址、康都苏维埃政府旧址、红一方面军总司令部旧址（宁家大屋）〕被列为第六批江西省文物保护单位。

（65）贯巢红一方面军前委旧址（含徐家上屋、徐家老屋、徐家新屋）

贯巢红一方面军前委旧址位于江西省抚州市南丰县市山镇贯巢村，是一幢平房，占地160平方米，坐西朝东，为二进的砖木结构。原已破旧不堪，1970年被修葺整理并陈列革命文物，正式开放。1976年又在旧居旁建起了陈列室和接待室。

2018年3月，贯巢红一方面军前委旧址（含徐家上屋、徐家老屋、徐家新屋）被列为第六批江西省文物保护单位。

（66）石邮红军总政治部旧址

石邮红军总政治部旧址位于江西省抚州市南丰县三溪乡石邮村。石邮村是个有着红色血脉的村庄，如今，还保留有石邮红军总政治部旧址、石邮苏维埃政府旧址、红军标语等丰富的红色印记。

2018年3月，石邮红军总政治部旧址被列为第六批江西省文物保护单位。

（67）古竹红三军团前线指挥部旧址

古竹红三军团前线指挥部旧址在刘梅居公祠，这座建筑始建于清朝嘉庆年间，是历史上最为人才辈出的地方之一。其中，刘绍锦被誉为嘉庆皇帝的启蒙老师，他正是在此祠堂内成长并受到尊敬的。这座祠堂内部陈列着诸多保存完好的会科匾、仕官匾及寿匾等，这些牌匾承载了刘氏家族深厚的历史文化底蕴。

此外，刘梅居公祠也是红三军团前线指挥部的旧址，村内保留的革命标语，直观、形象地反映了第二次国内革命战争时期我党我军的革命路线、方针和政策。这些革命标语，如同一面镜子，反映出那个时代我国革命者们的勇气、决心和力量。

2018年3月，古竹红三军团前线指挥部旧址被列为第六批江西省文物保护单位。

（68）东山红一方面军指挥部旧址

东山红一方面军指挥部旧址，位于抚州市崇仁县相山镇陈坊村委会东山村小组的一座山旁边。这座建筑具有深厚的历史底蕴，1933年"登仙桥"和"黄陂"战役胜利后，朱德总司令带领中央红军一、三、五军团在东山设立了作战指挥部。这座建筑不仅见证了红军的英勇，也是崇仁县革命历史的重要载体。在同年6月，中共崇仁县委由谷岗迁入东山，并在东山建立了崇仁县苏维埃政府，使东山成为崇仁革命的摇篮和领导全县革命斗争的中心。这座旧址不仅是历史的见证，也是红色旅游的重要景点之一，吸引着众多游客前来参观。

2018年3月，东山红一方面军指挥部旧址被列为第六批江西省文物保护单位。

（69）红一方面军大湖坪整编旧址

红一方面军大湖坪整编旧址原为国宝公祠，位于江西省抚州市乐安县湖坪乡境内，见证了红一方面军的重要军事整编。彭德怀等革命家曾在国宝公祠住宿，红一方面军在此成立了"东方军"，并举行了东征誓师大会。该祠为五进式，宽23米，纵深90米，总面积为2000余平方米。与总教节祠、子祥公祠并排相连，始建于乾隆六年（1741），后经过重修。祠前建立文献石牌坊与围柱石板十分壮观，但牌坊后来被毁。祠门左右有两座高大的石狮子，气派雄伟。前三进有中堂宝壁为前厅，厅上饰有藻井，石柱穿斗木梁架，雀替雕刻鳌鱼、凤凰以及各处花卉，千姿百态，栩栩如生。中间为四方形大天井。左右两旁长廊，廊门上雕饰各种花纹与几何形图案。四进为宽敞的拜堂，抬梁式五架梁（四椽栿），上面梁柱粗大，顶层附有卷棚膜，前有长廊分列两厅，两壁画着假山梁架，后幢两石柱露到垂立。

2006年12月，红一方面军大湖坪整编旧址被列为第五批江西省文物保护单位。

（70）善和红五军团指挥部旧址（含红五军团联络处旧址、红五军团六师团师团部旧址）

善和红五军团指挥部旧址（含红五军团联络处旧址、红五军团六师团师团部旧址）位于江西省抚州市乐安县湖坪乡善和村。

2018年3月，善和红五军团指挥部旧址（含红五军团联络处旧址、红五军团六师团师团部旧址）被列为第六批江西省文物保护单位。

（71）金竹毛泽东旧居

金竹毛泽东旧居位于江西省抚州市乐安县金竹畲族乡金竹村"上屋"，为两层砖木结构的小楼，坐西朝东，占地175平方米。1930年1月26日，毛泽东率领红四军第二纵队，从宁都东韶经水耐岭、石嵊上来到金竹村，住在此屋。毛泽东在此接见了乐安县党组织负责人张英、张方说等人，听取了他们的工作汇报，指示他们要把群众组织起来，武装起来，开展革命斗争建立苏维埃政权。次日，毛泽东率领部队离开金竹开往永丰县藤田。该宅保存完好，对研究毛泽东同志在乐安的革命活动提供了重要史料依据。

2018年3月，金竹毛泽东旧居被列为第六批江西省文物保护单位。

（72）罗陂农民协会旧址

罗陂农民协会旧址原为罗阳陈氏大宗祠，位于江西省抚州市乐安县罗陂乡。

2018年3月，罗陂农民协会旧址被列为第六批江西省文物保护单位。

（73）南山与彭家山战斗红三军团指挥部旧址

2018年3月，南山与彭家山战斗红三军团指挥部旧址被列为第六批江西省文物保护单位。

（74）大仙岭战斗红一军团前沿指挥所旧址

2018年3月，大仙岭战斗红一军团前沿指挥所旧址被列为第六批江西省文物保护单位。

（75）日峰红七军团指挥部、政治部旧址

日峰红七军团的指挥部、政治部旧址位于江西省抚州市黎川县日峰镇篁竹街的潘家大屋。中央红军总司令部于1932年10月迁至篁竹街。在潘家大屋前宽阔的李树坪上，中国工农红军历史上规模最大的阅兵誓师大会于1932年12月30日举行，红一、三、五军团及工农群众接受了中央军委的检阅。1933年7月5日，红七军团在潘家大屋宣告成立，萧劲光被任命为军团长兼政委。如今，大屋墙壁上仍留有"共产党十大政纲"等清晰可见的标语。而日峰镇的单家大屋则是红军第一方面军总司令部的旧址，当时一万多名指战员承担着守卫以黎川为中心的中央苏区北大门的责任，他们的重要工作和任务是鼓舞士气和发动苏区群众参与抗敌。

2018年3月，日峰红七军团指挥部、政治部旧址被列为第六批江西省文物保护单位。

（76）洲湖闽赣省财政部旧址

洲湖闽赣省财政部旧址位于抚州市黎川县华山垦殖场洲湖村西北部，由当地人称"高位厅"和"中位厅"的两栋相连的建筑组成，总占地面积约2960平方米。建筑布局分为神堂、上厅、中厅、下厅、廊厅等五个单元构架，建筑两边各有一排厨房和下人房，通过廊道与大厅相连接。第二次国内革命战争时期，为使闽赣苏区成为巩固的革命根据地，同时打通中央苏区与赣东北苏区的联系，中共中央决定成立闽赣省革命委员会、闽赣省苏维埃政府。1933年4月底5月初，邵式平、毛泽民等人来到洲湖村开始筹备成立事宜，毛泽民负责的闽赣省财政部机关就设在高位厅内，完成了闽赣省委、省苏维埃政府的前期准备工作。后因被敌军发现、派飞机轰炸扫射，以及地理位置原因，1933年5月10日，机关迁往湖坊，在湖坊按照中央指示正式成立闽赣省革命委员会、闽赣省苏维埃政府。

2018年3月，洲湖闽赣省财政部旧址被列为第六批江西省文物保护单位。

（77）日峰张恨水旧居

张恨水是现代著名报人和作家，被称为章回小说大家和通俗文学大师。1905年，10岁的他随父母在江西黎川生活了一年。张恨水旧居位于黎川县城老街的南津码头、新丰桥脚下，是一座具有江南民居建筑风格的两层小木楼，已有150年历史，占地面积约为300平方米。二楼有一处吊脚木楼，站在木楼上可远眺黎川景色。1905年11月，张恨水随父返安徽潜山老家，告别黎川。小楼曾作为官署办公之地，后一度改作纸行。

2018年3月，日峰张恨水旧居被列为第六批江西省文物保护单位。

（78）黎川商会旧址（含黎川商会旧址、龙岗会馆）

黎川商会成立于1913年，由各地商人建立，以规范商务运作，促进经济繁荣。商会由公信度高、口碑良好的儒商任会长，下设二十八类同业公会。商会宗旨为发展生产、繁荣经济、公私兼顾、劳资两利、城乡互助、内外交流。商会会馆位于商业中心南津街商会巷西侧，是黎川明清老街第一座欧式建筑。在抗战时期，黎川商会发挥了至关重要的作用，通过采取一系列措施，平抑物价、打击奸商、稳定民心，为维护社会秩序和民生福祉做出了重大贡献。1953年，中华工商联合会成立后，黎川商会继续以崭新的面貌开启新的征程。

2018年3月，黎川商会旧址（含黎川商会旧址、龙岗会馆）被列为第六批江西省文物保护单位。

（79）资溪事件革命烈士墓（含资溪事件革命烈士墓、纪念碑、纪念塔）

资溪事件的革命烈士墓位于平步山西侧，于1951年建立，纪念在1950年资溪事件剿匪战斗中牺牲的17名烈士，后新增16名为保卫国家和人民牺牲的烈士。墓园占地3600平方米，长120米、宽30米。烈士纪念碑位于墓园东侧，于1960年10月1日建立，碑高17米，用钢筋混凝土浇筑，外贴大理石，分为碑座和碑身两部分。1950年2月21日凌晨，资溪匪首曾皋九联合泰宁、广南城、光泽等县的匪首率领600多名土匪突袭资溪县城，对革命干部、解放军指战员和无辜群众进行残杀，并抢劫军械、粮食、财物，连县里的档案材料也被焚掠殆尽。这一事件不仅震惊了全省和中南局，也促使毛泽东主席开始部署在全国范围内进行大规模的剿匪斗争。

2018年3月，资溪事件革命烈士墓（含资溪事件革命烈士墓、纪念碑、纪念塔）被列为第六批江西省文物保护单位。

（80）下张党支部旧址

下张党支部旧址位于江西省抚州市资溪县马头山镇下张村，是闽赣第一个党支部成立的地方。该旧址紧邻贵溪市。1927年8月，中共赣北组织派遣龚相如和杨海庭在下张村的造纸工人中宣传革命道理，并秘密发展党员。他们吸收了龚普祥、赵阶雄、张生兴等人加入中国共产党组织。同年11月，闽赣第一个党支部在这里成立，并选举龚相如担任党支部书记。2005年，该旧址被列为资溪县红色教育基地。

2018年3月，下张党支部旧址被列为第六批江西省文物保护单位。

（81）嵩市红一、三军团指挥部旧址

嵩市红一、三军团指挥部旧址位于江西省抚州市资溪县嵩市镇高陂村，曾作为镇政府的所在地。这座旧址原本是天主教堂，由爱尔兰神父在民国初期筹集资金建造，是抚州市较大的天主教堂之一。在金资战役期间，红一、三军团将指挥部设在此处。这座指挥部旧址为两层建筑，长20米，宽16米，面积达462平方米。

2018年3月，嵩市红一、三军团指挥部旧址被列为第六批江西省文物保护单位。

（82）高阜红七军团指挥部旧址

高阜红七军团指挥部旧址位于江西省抚州市资溪县高阜镇高阜村曾氏宗祠内，面积156平方米。为1738年，曾巩后裔曾文定从南丰迁徙到此所建，原为曾巩分祠。1933年3月，资溪中心县委组织游击队配合红七军团下属闽北独立师一营在高阜会合，设指挥部于此。

2018年3月，高阜红七军团指挥部旧址被列为第六批江西省文物保护单位。

（83）东陂红一方面军总部旧址

徐氏宗祠位于东陂镇黄柏岭村，占地面积1000多平方米，分上下两个厅堂，其内保留下来的红军文物、红军遗迹众多。1933年3月，东陂战役红一方面军作战总指挥部设在此，召开了有高级干部参加的军事会议，朱德出席。宜黄县乡两级政府筹措10多万维修旧址，2006年基地被批准为爱国主义教育基地。

2018 年 3 月，东陂红一方面军总部旧址被列为第六批江西省文物保护单位。

（84）棠阴红一军团指挥部旧址（含红一军团指挥部旧址、三让遗风宅、吴家大院）

2018 年 3 月，棠阴红一军团指挥部旧址（含红一军团指挥部旧址、三让遗风宅、吴家大院）被列为第六批江西省文物保护单位。

（85）中港红五军团指挥部旧址（含州司马宅、曾家老屋、曹氏宗祠）

中港红五军团指挥部旧址位于江西省抚州市宜黄县中港乡牛角湾村曹氏宗祠。曹氏宗祠为六个排扇的木质结构，门前廊檐的中间四柱直抵屋顶，大门额上挂有"曹氏宗祠"匾。室内中间四个排扇也为圆形砖柱，下厅与上堂间有长条麻石铺就的天井，左右两侧为回廊。

2018 年 3 月，中港红五军团指挥部旧址（含州司马宅、曾家老屋、曹氏宗祠）被列为第六批江西省文物保护单位。

（86）潮音洞石龛窟

潮音洞石龛窟位于江西省抚州市南城县岳口乡伏牛村的潮音洞石龛窟，邻近盱江，是明代人工开凿的石龛窟，拥有超过 300 年的历史。洞内的石壁上雕刻着 20 尊罗汉佛像，形态各异，栩栩如生。此外，洞内还有一尊脚踏莲花、手持云帚的观音塑像。洞口的对联"神庙朝朝朝朝朝朝应，江水长长长长长长流"巧妙地运用了多音多义字，表达了朝拜者祈求神明保佑世代平安的美好愿望，就像江水一样长流。横批为"豁然开朗"，暗示着洞内有着别有洞天的神佛胜境，并寓意着游人解开此联之谜的心境。

1957 年 7 月，潮音洞石龛窟被列为第一批江西省文物保护单位。

（87）麻姑山石刻（含一勺之多、月泉、玉练双飞）

位于江西省抚州市南城县的麻姑山石刻，包括一勺之多、月泉、玉练双飞等明、清时期的石刻。原名仙都观邓真人墓及石刻造像等，现仅存石刻。麻姑山以烟云横飞、峰峦翠峭为秀，以洞石秘奥、"玉练双飞"为奇。从山下履步而上，途半有一亭，曰"半山亭"，瀑布垂于亭左，翘首望去，只见两道飞泉犹如两条白龙，飞流直下百余尺，削崖入潭，似白雪飘洒溅人，似烟雾喷粒飞腾。岩旁有石刻"玉练双飞"四字，为明代建昌府通判华仁夫所书，透过水帘幔帐，显得苍劲有力。在峭崖北侧，飞瀑下有"观瀑亭"。沿洞而上数百级就是"龙门桥"，是一座土庙式宋代建筑，在清代有过重修。桥上架设长亭，内如一房，石凳置于两旁，东西两门，南北各开一窗。游人凭栏远眺，只见山开石裂，苍松屹立，俯视桥下，有一"水廉洞"，洞门隐于水之中，像一钩半月倒挂在石壁之上，洞内明亮宽敞，能容百余人。水廉洞下是龙湫，深不可测，内通东海。中有一礁石突起，瀑击其上，一斗大、繁体的"礼"字清晰可辨。相传深潭里有龙，经常盘踞在这块石上，以朝天上斗牛。左右遍布奇形怪石，组成一个个小潭，有的形如星星，叫星潭，有的形如月亮，叫月潭，还有龟潭、伏狮潭等。

1957年7月，麻姑山石刻（含一勺之多、月泉、玉练双飞）被列为第一批江西省文物保护单位。

（88）曾巩读书岩（含读书岩、墨池题刻、曾文定公祠、曾文定公牌坊、思贤堂、仰风亭、长廊、石榻、摩崖石刻）

曾巩读书岩位于江西省抚州市南丰县琴城的南门，盱水河畔的半山腰。曾巩，这位唐宋八大家之一、杰出的文学家，早年曾在此读书研习。读书岩洞内宽敞明亮，犹如天然石室，内有石桌、石凳和小洞，为曾巩当时读书学习的主要场所。岩前有一块宽阔平坦的石台，石台之上建有亭阁，是曾巩休息和远眺的好地方。石柱陶瓦、油漆彩绘、檐牙高矗，具有浓厚的民族特色。在岩壁上镌刻有南宋理学家朱熹的手书"书岩"二字，池边石碑上刻有朱熹的"墨池"手迹。读书岩前盱水西来，风景如画，景色宜人。1983年，正值曾巩逝世900周年，人们在读书岩旁兴建了曾巩纪念馆，以缅怀这位文学巨匠。馆内以图片为主，配以文字介绍，详细展示了曾巩的生平、主要成就及深远影响。馆内还珍藏着从全国各地搜集的有关曾巩的拓片、报刊、评介、诗词、散文出版物或复印件等。为纪念这位文学大师，中国书法家、中国书法家协会主席舒同亲自书写了"读书岩"的金饰横匾，悬挂在岩洞正中，熠熠生辉。

2018年3月，曾巩读书岩（含读书岩、墨池题刻、曾文定公祠、曾文定公牌坊、思贤堂、仰风亭、长廊、石榻、摩崖石刻）被列为第六批江西省文物保护单位。

六、特色自然/文化景观

（一）自然景观

1. 大觉山

大觉山风景区位于江西省抚州市资溪县，占地 204 平方公里，与福建交界，东离福建武夷山 130 公里，西离福建泰宁大金湖 150 公里，北距江西龙虎山 70 公里。景区为国家 4A 级旅游景区，分为东、西两大片区。东区有 30 万亩原始森林，植物达 1498 种，有近 40 余种国家一、二级名贵保护动植物，被誉为"天然氧吧""动植物基因库"。西区以 1600 余年的宗教文化特色为主体，有瀑布观景台、古艺术亭阁、高山湖泊观光、大峡谷漂流、索道、九天、八地、百景观、大觉寺、太空步廊、大觉者等，是自然生态和神奇、神秘、神圣的佛教文化旅游景区。

2017 年 2 月 25 日，新晋为国家 5A 级旅游景区。

2. 麻姑山

位于江西省抚州市南城县的麻姑山，距离城邑十余里。此处的山景优美，草木茂盛，鸟语花香，物产丰富。该地不仅具有独特的双飞瀑布"玉练双飞"景观，还保存有流传千古的鲁公碑。著名的景点还包括半山亭、仙都观、神功泉、龙门桥以及丹霞洞。麻姑山的仙境风貌千百年来依然如故，因此，《名山志》上曾有评述："中国有三十六洞天，七十二福地，分布在九州四海，唯独麻姑山，既有洞天，又有福地，秀出东南。"

2017 年 12 月，被评为国家 4A 级旅游景区。

3. 灵谷峰

灵谷峰，又称"灵峰山谷"，位于江西省抚州市临川区东南郊，是抚州市离市区较近的休闲旅游景点之一。该山海拔 320.6 米，范围约 6 平方公里，距离市区约 12 公里。传说东晋大诗人谢灵运主政临川，辞官后曾于此建道观，因此山路两旁重建的景点如斗姥宫、驻云亭、棋盘石、古牛石等，都是与谢氏有关的道家景观。山上还有一座佛教庙宇是供奉观音的，这是一大当代奇闻。

4. 金竹飞瀑景区

金竹飞瀑景区位于江西省抚州市乐安县南部,曾获"江西百景"称号,2014年被评为国家3A级景区,距离县城72公里,占地面积60平方公里,平均海拔1000米以上,植被覆盖率达90%以上,有红豆杉、银杏、榧树等保护植物,还有华南虎、云豹、黑鹿、白颈长尾雉等国家一级保护动物和苏门羚、方鹿、金猫、白鹇等国家二级保护动物出没。夏季气候凉爽宜人,是避暑纳凉的理想之地,冬季大雪纷飞,是南方观赏雪景的极佳之地。还有浓厚的畲族风俗和完好的革命遗址。

5. 江西同胜九曲东黎景区

江西同胜九曲东黎景区位于江西省抚州市黎川县日峰镇燎原水库至竹山脚下的地理位置,该景区以原始生态为基础,以古建筑为载体,聚天地自然之灵气,融山水草木之生机,在这里,通过拥抱自然的方式,让旅行成为真正的疗愈之旅。

(二)文化景观

1. 玉隆万寿宫

玉隆万寿宫位于江西省抚州市临川区,始建于清光绪年间。抚州玉隆万寿宫的建筑结构独特,分为前、中、后三进。前进部分是一座戏台,后进部分则是二、三楼建筑。中进部分是大殿,大殿又分为左、中、右三个部分。从正门进入,左侧是火神庙,右侧是文兴庵,这两个地方都是人们祈求平安和人才昌盛的场所。2013年5月,抚州玉隆万寿宫被列为全国第七批重点文物保护单位。

2. 曾巩读书岩

南丰是曾巩故里。这里有曾巩和他弟弟曾牟、曾布读书之地——"读书岩"。读书岩是个岩洞,岩壁上刻有"书岩"二字,旁有"墨池"碑,均为朱熹手书。相传,幼年的曾巩常于此勤学苦读。曾巩一生成绩卓然,史书《战国策》《新序》《说苑》等,都由他校勘过。

3. 王羲之洗墨池

关于王羲之洗墨池的富有传奇色彩的故事源自中国民间,流传在江西省抚州市临川区。传说中,这里是东晋时期大书法家王羲之洗笔砚的地方。当时的曾巩，深深敬仰王羲之的盛名，于庆历八年（1048）九月，专程来到临川，亲自凭吊墨池遗迹。州学教授王盛请求他为"晋王右军墨池"作记，于是曾巩以王羲之的逸事为素材，创作了脍炙人口的散文《墨池记》。尽管名为《墨池记》，但曾巩的关注点并不在池本身，而在于阐述一个道理：成就并非天赐，而来源于刻苦学习。他以此勉励学者们勤奋学习。文章以议论为主线，以记叙为辅助，两者交错，相得益彰，这种新颖独特的写法使得文章见解独到，精警有力，无疑是难得的佳作。

4. 流坑古村

流坑古村，位于江西省抚州市乐安县牛田镇东南部，坐落在乌江之畔，占地面积达 3.61 平方千米。这个村落是董氏单姓聚族而居的血缘村落，有着悠久的历史，始建于五代南唐升元年间。流坑古村是一个典型的江右民系聚居的古村，现存各类建筑遗址多达 260 处，其中明代建筑就有 19 处。这些建筑包括高坪别墅、武当阁、环中公祠、状元楼、翰林楼、"理学名家"宅、文馆、三官殿等具有重要历史价值的建筑。此外，这里还保存了数目众多的匾额楹联和家藏文物，是研究中国古村落历史和建筑艺术的重要载体。2001 年 6 月，流坑村古建筑群被国务院列为全国第五批重点文物保护单位。2014 年 3 月，流坑古村景区被江西省旅游景区质量等级评定委员会评定为国家 3A 级旅游景区。

5. 黎川古城景区

黎川古城景区位于江西省抚州市黎川县老城区，从东边的磨市街口到西边的南门口，绵延 1.8 千米，居住着大约 2.3 万居民。古城中心区域面积 0.4 平方千米，总建筑面积达到 40 万平方米。黎川古城始建于南宋时期，繁盛于明清时期，已有近千年的历史，是明清厅堂与民国骑楼建筑汇聚的历史街区的典型代表。

黎川古城景区内现存的老街上有 600 余家骑楼式店铺，以及 100 余幢保存完好的明清古建筑。这些建筑之间通过新丰桥和横港桥两座古桥相连，形成了独特的古建筑群景观。在这里，你可以领略到传统骑楼建筑的魅力，感受到历史的厚重与生活的烟火气息。

黎川古城景区不仅拥有丰富的历史文化遗产，还是当地居民生活的重要场所。在这里，你可以看到当地居民在骑楼店铺间穿梭，购买生活用品、品尝美食、交流生活琐事。这些店铺的经营活动与当地居民的生活息息相关，展现了古城生活的独特风貌。

总的来说，黎川古城景区是一个融合了历史文化遗产和现代生活气息的地方。在这里，你可以领略到传统建筑的魅力，感受到历史的厚重与生活的烟火气息。同时，这里也是了解当地文化和生活的重要窗口。

2018年1月，黎川古城景区被江西省旅发委评为江西省4A级旅游景区。

6. 文昌里

文昌里位于抚州市老城区外，有多处国家级和市级文物保护单位，其中最有代表性的是抚州会馆、文昌桥、正觉寺、天主教堂、孝义桥等。文昌里具有江右传统特色的赣派建筑民居分布广泛。文昌里的名称源自唐代修建的文昌堰，北宋时附近区域被命名为"文昌里"，与"文昌"相关的地名应运而生。

2016年12月，文昌里入选第二批省级历史文化街区。2018年10月，文昌里被评选为国家4A级旅游景区。2019年9月，文昌里的千金陂入选世界灌溉工程遗产名录。

7. 文昌桥

文昌桥，位于江西省抚州市临川区大公路，横跨抚河两岸，始建于南宋乾道元年（1165），已有超过800年的历史，是抚河上的第一座桥梁。这座桥长255.4米，宽11米，高约13米，见证了临川的繁荣与变迁。

在历史上，文昌桥曾一度被改名为"行易桥"和"解放桥"，多次遭受兵变与战火的洗礼。然而，在清朝嘉庆八年（1803）至十八年（1813）重建时，桥的修建有了专志——《抚郡文昌桥志》，其建造技艺和规模成为清代各地建桥的蓝本。

中华人民共和国成立后，抚州人民政府对文昌桥进行了多次维修和扩建，不断保护和提升这座历史悠久的桥梁。2002年，政府再次投资进行大桥的修缮，为每个桥墩雕刻了十二生肖属相的装饰，并重新加固了大桥的基础设施。

现在的文昌桥，不仅是一座具有历史价值的桥梁，也是临川区的一个重要交通枢纽。它承载着抚河两岸的繁荣与交通重任，见证着临川的辉煌历史和不断发展的现代文明。

2018年3月，文昌桥被列为第六批江西省文物保护单位。

8. 竹桥古村

竹桥古村位于江西省抚州市金溪县双塘镇，北距龙虎山景区30千米、南接大觉山景区40千米，济南—广州高速公路、抚州—吉安高速公路和206、316国道穿境而过。竹桥古村面积约2.8平方千米，始建于元末明初。竹桥古村有明清赣派建筑风格的古建筑150余个，以及古祠堂100余座、明代牌坊8座、清代牌坊30余座、古民居1万余幢。

2010年，竹桥古村被评为中国历史文化名村，2018年1月3日，竹桥古村正式跨入4A级景区行列。

9. 广昌驿前镇

驿前古镇位于江西省抚州市广昌县南部，武夷山腹地，是抚州市的南大门。西汉时因梅树千棵得名梅村。南宋时建驿馆，为古代通往闽、粤必经之道，后圩镇建于驿站之前，从而得名驿前。现存明清古建筑56幢，其中9处古建筑为抚州市第一批市级文物保护单位，3处被列为江西省省级文物保护单位。2014年被评为"国家级历史文化名镇（村）"。

10. 宜黄棠阴镇

棠阴镇隶属江西省抚州市宜黄县，位于江西省中部偏东，宜黄东南部，为宜黄县重要城镇之一。该镇总面积179.5平方千米，下辖14个行政村，123个村民小组，以及1个社区。根据2018年的统计数据，该镇的户籍人口约为1.98万人。

交通方面，棠阴镇具有得天独厚的优势。S213省道贯穿全境，镇政府驻地距离县城仅有13千米，同时离昌厦公路仅有39千米。更值得一提的是，全镇硬质路通路率高达94%，这无疑为当地居民的出行提供了便捷和稳定的交通条件。

在文化历史方面，棠阴镇保存了大量完好的赣派建筑，这些建筑具有鲜明的代表性。例如吴家大院、八府君祠、迎恩塔、承恩坊、三让遗风、绣花楼等，这些古建筑为研究当地的历史文化提供了宝贵的实物资料。

11. 浒湾书铺街

书铺街位于江西省抚州市金溪县浒湾镇，是清代时期的古镇。在这里，木刻印书盛行，经、史、子、集类书籍都有刻版发行。随着印刷技术的兴起，书店、作坊、铺栈等建筑如春笋般出现，形成了具有独特文化品位的书铺街。这些建筑多为纵深式加厢楼、高瓴格式，方便藏书、印刷和销售。如今，这些建筑已成为历史文化遗产，被列为抚州市第一批市级文物保护单位，同时也是浒湾文化旅游产业园的核心景点之一，吸引着众多游客前来观光和了解历史。

12. 姚西村

姚西村是江西省抚州市广昌县驿前镇的"莲花第一村"，位于抚河源头，有着千年的白莲栽种传统。每年盛夏，莲花盛开的美景吸引众多游客。2016年，姚西村挑战"世界最大莲池"吉尼斯世界纪录。2018年，广昌中国莲花景区获评4A级旅游景区。2019年12月31日，姚西村入选第二批国家森林乡村名单。

13. 金柅园

金柅园内有多座建筑和池塘，风景优美，不少人喜欢来此游览。宋代晏殊和王安石都曾写诗赞美过金柅园。清初至清末，金柅园逐渐废弃，仅剩金柅亭一座。辛亥革命后，金柅亭成为学校一景。1926年，中共代表在金柅亭前合影，为金柅亭增添了光彩。

14. 万魁塔

万魁塔，位于抚州城西北约10公里的金石山，雄伟壮观，是临川地区保存下来的古塔。该塔始建于明万历年间，清乾隆己亥年（1779）塔顶倒塌后多处剥蚀，后于道光己亥年（1839）重修，这座古塔因此得以保存至今。万魁塔属抚州市第一批市级文物保护单位，亦是江西省省级文物保护单位。

15. 曹山寺

位于江西省宜黄县的曹山寺，始建于唐代咸通年间，由南岳青源法系弟子本寂禅师创立，是中国佛教禅宗五大派系之一——曹洞宗的祖庭。这座已有1200年历史的江南古寺，在三大古书《辞海》《中国旅游文化大辞典》《宗教辞典》中都有全面记载。

曹山寺的人文旅游资源丰厚，经过修复兴建后将成为江南一流的集佛学院、佛学研究、观光、谒拜为一体的场所，展现现代仿唐建筑的风貌。

2017年12月，曹山寺被评为国家4A级旅游景区，这无疑是对其历史、文化和旅游价值的肯定。无论是探索千年古刹的风采，还是体验禅宗文化的深厚底蕴，曹山宝积寺都是一个不可错过的地方。

16. 金山寺

位于江西省抚州市临川区云山镇海拔 265.9 米的金山岭上（又称金峰）的金山寺，东与东乡区毗邻，北与进贤县接壤。从 316 国道仰望，青山叠翠，金碧辉煌的寺庙建筑群矗立其中，雨天云雾缭绕，晴日云蒸霞蔚，如梦如幻。

从寺内俯瞰，下方数十里田野广袤无垠，村落密布，道路交错如织，抚河蜿蜒如带，湖泊如镜般倒映着天空，人间美景一览无余。

17. 疏山寺

疏山寺这座古老的寺庙位于抚河的右侧，距离江西省抚州市金溪县浒湾镇只有 4 公里。寺庙周围环绕着错落有致的五座山峰，风景优美，寺前有一片宽阔的平川，覆盖着 500 余亩的土地。青山的颜色深邃如黛，绿水长流，构成了一幅如诗如画的美丽画卷。疏山八景更是让人流连忘返，仿佛置身于人间仙境。

疏山寺始建于唐朝，后在明朝重建，并在 1981 年进行了大规模的修缮。这座古老的寺庙见证了历史的变迁，也见证了无数虔诚的香客前来祈福的身影。

何仙舟是一位后唐的官员，在大中元年（847）弃官后，迷恋上了疏山的景色，选择在这里筑庐结室，兴建了书堂，命名为"仙舟书堂"，从此隐居读书。这是抚州地区最早的书堂之一，也因此，疏山原本的名字是"书山"。直到唐中和二年（882），时任抚州刺史的危全讽持书上表，唐僖宗御笔亲书"敕建疏山寺"，疏山才由书山更名为疏山。这个古老的故事流传至今，为疏山寺增添了更多的神秘和历史色彩。

18. 黎川、南城、广昌的船形古屋

黎川船形古屋位于江西省抚州市黎川县东北 40 公里的华山垦殖场洲湖村，清代中期建筑，108 间房屋，错落有致，保存完好。从屋后北山南瞰，古屋犹如一艘逆水向北行驶的巨船，又称"洲湖船宅"，相传此宅为反清复明的洪门帮的秘密据点。洲湖也是第二次国内革命战争时期第三、四次反"围剿"主战场之一。船屋内外留下许多清晰的红军标语，其中一些字大如斗，十分醒目。

黎川船形古屋是省级文物保护单位，也是省爱国主义教育基地。

江西省抚州市南城县天井源乡尧坊村段上村小组的南城尧坊船形屋，是清代中晚期的建筑，方向朝东，由两栋大夫第组成，纵深87米，宽56米，占地约10亩。其平面结构布局为正厅三进一廊，配有与正厅相通的偏厢。有20多个天井和百余间房间，梁椽处有形态各异的浮雕。两栋大夫第的门额上雕刻有人物故事、花草石雕，造型生动，雕刻精细。整个建筑形状像船形，迎着水面向南行驶，在南城县非常罕见。

广昌船形古屋位于江西省抚州市广昌县驿前镇，相传为明代云南按察使赖巽的省亲别墅。古屋依水而建，坐北朝南，酷似一艘逆水而上的官船。古屋占地540平方米，穿斗式结构，仿古代官船建造，有大小厅堂厢房30余间。其门楣上刻有"清吸盱源"四字，檐板刻有流云花卉、人物图案，造型秀丽，远远望去酷似孤帆泊岸。

19. 抚州名人雕塑园

抚州名人雕塑园位于抚州市城南迎宾大道，是综合性开放式的城市大型主题公园，占地面积为838亩，是国家4A级景区。园内包括才子园、天圆地方广场、云岭等景观。园内有抚州历史名人的雕塑，以供游人了解和纪念。2013年，抚州名人雕塑园被评定为国家4A级旅游景区。

20. 佛岭国际公园景区

按照国家4A级景区标准打造的佛岭国际公园景区，位于江西省抚州市东乡区城东南2公里处的一片郁郁葱葱的山岭间，占地面积2万亩，规划面积为1.18万亩，其中水域面积为620亩。佛岭国际公园依托山水自然元素，深入挖掘历史、名人、佛禅等文化元素，并融入现代时尚元素，旨在打造成集佛禅文化、书法文化、名人文化、生态观光、休闲度假及总部经济于一体的高品质旅游综合体。

21. 三翁花园

三翁花园这一生态花卉公园，位于江西省抚州市的汤显祖大道以东，王安石大道以南，玉茗大道以西，与凤岗河生态廊道紧密相邻。其总面积达到了685.19亩，分布在凤岗河的东西两岸。在2018年，经过全国旅游景区质量等级评定委员会的严格评估，三翁花园成功跻身国家4A级旅游景区之列。

22. 源野山庄景区

源野山庄景区位于江西省抚州市崇仁县，是由江西硕丰投资控股有限公司及其下属企业投资兴建的现代新型乡村旅游项目。景区规划占地面积1505亩，总投资约6.8亿元。选址在崇仁、临川、宜黄三县区交界处，交通便利，辐射范围大，区位优势明显。景区以"生态+教育+旅游"为主题定位，尊崇理学文化精髓，建设生态源野、打造健康福地、创建休闲乐园、构筑户外实践教育平台。景区已形成集生态农业旅游、娱乐休闲、垂钓、农家乐、宾馆住宿、商务会议、园林种植、综合养殖于一体的立体娱乐型、健康环保型示范旅游胜地。

23. 抚州梦湖景区

抚州梦湖景区，位于江西省抚州市市区，是一座集休闲、娱乐、观光、游览于一体的综合性大型公园。自2008年建成以来，梦湖景区便成为市民和游客们喜爱的旅游目的地。

梦湖景区的命名寓意着它是一个充满梦想与希望的湖泊景区。为了提升公园的生态价值和旅游吸引力，市政府将其原名"人工湖"更改为"梦湖"。新名字不仅突显了景区的文化内涵和地域特色，还为景区的进一步发展注入了新的动力。

梦湖景区以湖泊为主体，结合山林、草地、建筑等多种元素，形成了独特的景点和景观。游客在这里可以欣赏到美丽的湖光山色、感受到浓郁的文化氛围、体验到丰富的娱乐项目。

近年来，梦湖景区不断提升和完善旅游设施和服务水平，先后获得了"国家4A级旅游景区""全国文明单位"等荣誉称号。未来，梦湖景区将继续致力于提升旅游品质和服务水平，为游客提供更加优质、舒适的旅游体验。

24. 南丰橘文化旅游产业集聚区

南丰橘文化旅游产业集聚区以南丰蜜橘为主题，连接多个"橘园游"板块，总面积超过20平方公里，核心板块超过5平方公里，包括橘都休闲、工业、文化、生活、度假、商贸等区域。游客服务中心是集聚区的核心，位于昌夏公路与傩乡大道交界处，不仅是管委会的办公场所，也是接待游客的重要场所。

此外，抚州现有5个中国历史文化名镇名村、31个中国传统村落、13个省级历史文化名镇名村和83个省级传统村落。

抚州古村落资源名录

申报项目	名单	备注
中国历史文化名镇名村（5个）	金溪县合市镇游垫村	
	金溪县合市镇全坊村	
	金溪县琅琚镇疏口村	
	金溪县陈坊积乡岐山村	
	乐安县湖坪乡湖坪村	
中国传统村落（31个）	广昌县驿前镇驿前村	第一批
	乐安县湖坪乡湖坪村	第一批
	乐安县牛田镇流坑村	第一批
	金溪县双塘镇竹桥村	第一批
	南城县天井源乡尧坊村	第二批
	宜黄县棠阴镇建设村	第三批
	宜黄县棠阴镇解放村	第三批
	宜黄县棠阴镇民主村	第三批
	金溪县合市镇东岗村	第三批
	金溪县合市镇全坊村	第三批
	金溪县琅琚镇疏口村	第三批
	金溪县琉璃乡东源曾家村	第三批
	金溪县琉璃乡印山村	第三批
	东乡区黎圩镇浯溪村	第三批
	南丰县洽湾镇洽湾村	第四批
	黎川县华山镇洲湖村	第四批
	金溪县浒湾镇浒湾村	第四批
	金溪县浒湾镇黄坊村	第四批
	金溪县合市镇龚家村	第四批

续表

申报项目	名单	备注
中国传统村落（31个）	金溪县合市镇大耿村	第四批
	金溪县合市镇游垫村	第四批
	金溪县合市镇戌源村	第四批
	金溪县合市镇乌墩塘村	第四批
	金溪县左坊镇后车村	第四批
	金溪县对桥镇旸田村	第四批
	金溪县陆坊乡下李村	第四批
	金溪县陈坊积乡岐山村	第四批
	金溪县琉璃乡蒲塘村	第四批
	金溪县琉璃乡北坑村	第四批
	金溪县琉璃乡谢坊村	第四批
	金溪县石门乡石门村	第四批
省级历史文化名镇名村（13个）	宜黄县棠阴镇	名镇
	乐安县牛田镇水南村	名村
	乐安县湖坪乡湖坪村	名村
	崇仁县相山镇浯漳村	名村
	黎川县华山场洲湖村	名村
	金溪县浒湾镇黄坊村	名村
	金溪县合市镇全坊村	名村
	金溪县合市镇东岗村	名村
	金溪县合市镇游垫村	名村
	金溪县陈坊积乡岐山村	名村
	金溪县琅琚镇疏口村	名村
	东乡区黎圩镇浯溪村	名村
	东乡区黎圩镇上池村	名村

续表

申报项目	名单	备注
省级传统村落（83个）	崇仁县相山镇浯樟村	崇仁县4个
	崇仁县河上镇段家车村	
	崇仁县白露乡华家村	
	崇仁县许坊乡谙源村	
	乐安县牛田镇连河村	乐安县7个
	乐安县牛田镇水南村	
	乐安县南村乡稠溪村	
	乐安县南村乡前团村	
	乐安县鳌溪镇东坑村	
	乐安县谷岗乡汤山村	
	乐安县谷岗乡珠溪村	
	南丰县琴城镇瑶浦村	南丰县6个
	南丰县付坊乡港下村	
	南丰县洽湾镇梅坑村	
	南丰县白舍镇上甘村	
	南丰县白舍镇古竹村	
	南丰县三溪乡石邮村	
	南城县株良镇磁圭村	南城县9个
	南城县新丰街镇新丰村	
	南城县株良镇云市村	
	南城县新丰街镇汾水村	
	南城县沙洲镇临坊村	
	南城县上唐镇上唐村	
	南城县上唐镇下崔村	
	南城县上唐镇源头村	
	南城县上唐镇上舍村	

续表

申报项目	名单	备注
省级传统村落（83个）	临川区湖南乡竹溪喻家村	临川区12个
	临川区湖南乡洪塘游家村	
	临川区荣山镇新街村	
	临川区东馆镇玉湖李家村	
	临川区腾桥镇腾桥村	
	临川区腾桥镇石池村	
	临川区龙溪镇梅溪张家村	
	临川区太阳镇门楼黎家村	
	临川区嵩湖乡田南傅家村	
	临川区鹏田乡陈坊村	
	临川区河埠乡河埠周家村	
	临川区嵩湖乡江家下丁村	
	东乡区黎圩镇枫山李家村	东乡区6个
	东乡区黎圩镇黎阳村	
	东乡区瑶圩乡万石塘村	
	东乡区瑶圩乡排头村	
	东乡区岗上积镇段溪艾家村	
	东乡区岗上积镇水南村	
	金溪县合市镇七坊村	金溪县31个
	金溪县合市镇仲岭村	
	金溪县合市镇邱家村	
	金溪县合市镇楼下村	
	金溪县合市镇崇麓村	
	金溪县合市镇后林村	
	金溪县合市镇坪上村	

续表

申报项目	名单	备注
省级传统村落（83个）	金溪县合市镇车门村	金溪县31个
	金溪县合市镇杭桥村	
	金溪县合市镇胡锡村	
	金溪县合市镇珊珂村	
	金溪县合市镇孙坊村	
	金溪县琉璃乡澳塘村	
	金溪县琉璃乡中宋村	
	金溪县琉璃乡波源村	
	金溪县陈坊积乡涂坊村	
	金溪县陈坊积乡城湖村	
	金溪县左坊镇彭家渡村	
	金溪县秀谷镇杨坊村	
	金溪县秀谷镇付家村	
	金溪县秀谷镇符竹村	
	金溪县左坊镇后龚村	
	金溪县陈坊积乡上张村	
	金溪县对桥镇大拓村	
	金溪县石门乡靖思村	
	金溪县黄通乡邓家村	
	金溪县琉璃乡古楼下村	
	金溪县琉璃乡常丰岭村	
	金溪县琉璃乡尚庄村	
	金溪县浒湾镇中洲村	
	金溪县何源镇孔坊村	

续表

申报项目	名单	备注
省级传统村落（83个）	黎川县樟溪乡中洲村	黎川县3个
	黎川县社苹乡社苹村	
	黎川县中田乡中田村	
	资溪县鹤城镇上傅村	资溪县5个
	资溪县乌石镇陈坊村	
	资溪县嵩市镇杜兰村	
	资溪县高阜镇莒洲村	
	资溪县马头山镇姚家岭村	

第九章 "文化+科技"赋能抚州文化品牌建设

随着科技的快速发展和迭代,新基建政策的推进加速了文化产业全链条的革新。在2020年,5G网络、人工智能、数据中心等网络、技术和算力基础设施建设的加快,推动了文化产业生产、流通和消费、管理与监测全链条的革新。

文化与科技的融合构建了一个复杂的系统,技术的经度和文化产业的纬度相互交织,形成了一个覆盖全要素、全过程、全周期的"经纬图"。未来,随着文化科技融合的持续深化,更多的技术门类、应用场景将以非线性的复杂形式加入到二者的耦合之中,产生更多元丰富的产品、服务乃至产业类别。

在文化科技融合的发展历程中,文化与科技的融合一直是文化扮演"IP库"的角色,科技扮演"工具"的角色。其融合是利用科技的手段向文化资源、文化创作寻求IP,并具象呈现为其他符号载体。但近年来,文化与科技融合呈现"超越单一的IP模式"趋势。

一方面,IP的迁移和开发不仅在文化产业内部,更加在文化产业外部找到极大的市场空间和变现可能。另一方面,"超越IP"意味着IP泛化为一切可以识别和定位,可以营销和授权,能够在不同场景进行迁移和转化的品牌、符号甚至人物或场所。

文化科技融合的场景特性撬动了众多以生活方式场景、消费方式场景、生产方式场景为内核的文化IP。其所涉及的范围已经显著超越了"文化产业"。

第九章 "文化+科技"赋能抚州文化品牌建设

第一节 抓住主要资源优势,开发系列文化产品

抚州文化旅游资源丰富,但是毕竟资金、人力、旅游业人才等是有限的,所以要抓住主要的资源,进行有针对性的开发。

一、宗教文化旅游产品开发

抚州拥有众多宗教场所,包括圣约瑟天主教堂、金山寺、疏山寺、曹山寺、石巩寺、定心禅、地藏寺、紫霄观、翠云寺等。这些宗教场所,部分可供游客参观,而大部分仅作为宗教信徒的祷告场地并未开发成旅游景点。为了吸引更多游客了解宗教文化,可以将天主教、道教、佛教等宗教的历史背景和文化内涵整合为天主教旅游产品、道教旅游产品、佛教旅游产品系列。同时,可以推出各种宗教文化活动,如祭祀、佛事、法会、文化交流等。但在开发过程中,必须避免将宗教文化旅游产品变质为封建迷信活动。在宗教文化旅游产品开发时,应突出游客的参与性和宗教的神秘性,构建强烈的宗教氛围。通过各种载体和外观景色展现宗教思想,让游客亲身感知并增强宗教体验。此外,还应重点展示宗教的活动特点、艺术特色、建筑物特征及空间布局。开发设计时要留足进行宗教活动的空间场所。同时,应将宗教文化旅游资源与优美的自然风光相融合,使旅游产品兼具历史文化底蕴和自然生态特色,并提升游客的观光游玩体验,以增强宗教文化旅游产品的吸引力。[1]可以围绕一个宗教主题,将抚州和别的区域宗教名胜古迹联合,形成专项的宗教旅游产品,从而丰富抚州宗教文化旅游产品。

二、生态旅游产品开发

抚州市拥有众多生态文化旅游资源,为确保在保护该市生态自然环境的前提下,可对生态文化旅游产品进行合理开发。抚州主要的生态文化旅游资源

---

[1] 熊文平.抚州文化旅游产品整合及开发研究[J].江西教育学院学报,2012,33(01):16-19.

包括：以大觉山（国家5A级风景区）、军峰山（国家森林公园）、麻姑山（省级风景区）为代表的名山景观；以临川温泉、法水温泉为代表的温泉资源；以吓通瀑布群、马头山林场瀑布群等为代表的瀑布群景观；以及以南丰傩湖、金溪白马湖、临川廖坊湖、南丰潭湖、广昌青桐湖等为代表的湖泊风光。

抚州市拥有令人陶醉的自然风光和优美的生态环境，具备森林观光、生态食品、温泉康体、生态度假等旅游产品的开发潜力。可进一步依托麻姑山、军峰山、大觉山、抚河风光带、盱江风光带、宜黄观音湖、南城醉仙湖、南丰军湖、金溪白马湖、临川廖坊湖、南丰潭湖、广昌青桐湖、南丰傩湖等资源，形成以观光休闲、水乡风情为主题的旅游产品。同时，可利用临川温泉、法水温泉、暖水温泉、清水湾温泉、汤溪温泉等资源打造以康体健身、养生度假为主题的旅游产品。

抚州市拥有丰富生态文化旅游资源，包括名山景观、温泉资源、瀑布群景观和湖泊风光，具备森林观光、生态食品、温泉康体、生态度假等旅游产品的开发潜力。为形成观光休闲和水乡风情为主题的旅游产品，可依托各大自然景观资源；同时利用温泉资源打造康体健身和养生度假为主题的旅游产品。[①]

三、名人才子文化旅游产品开发

抚州市人才济济，群星闪耀，其旅游文化背景丰富多元，人、事、物相互关联，使得旅游文化品位较高，并具有一定的独特性。[②] 我们要借助名人的影响力，搭建一个平台，推动旅游业的发展，并实现经济利益的最大化。通过发挥名人效应，我们可以吸引更多的游客来到这里，提升抚州旅游的知名度和美誉度，进一步促进经济的发展。抚州拥有许多历史名人，如王安石、汤显祖等，他们的纪念馆及留下的文物和遗迹等，都是发展名人才子文化旅游的重要支撑。我们应该着力开发名人才子文化旅游产品，将其打造成抚州文化旅游的品牌。在开发过程中，我们需要从多个方面入手，包括展现旅游资源的历史价

---

① 熊文平.临川文化旅游开发研究［D］.江西师范大学，2011.
② 郑耀星.打名人文化牌，加大两岸"五缘"旅游吸引力［J］.经济地理，2003，（01）：135-138.

值、科学价值、艺术价值、民族文化价值、美学价值和稀缺性价值等。我们还要充分展示和反映旅游资源所代表的历史时期政治、经济、文化、社会、文学艺术等发展水平及其历史意义，为游客提供具有特色和主题的优质文化旅游产品。[①] 设计名人才子文化旅游产品时，要确定好历史名人在历史文化背景下的整体风格和特点，并围绕其进行项目设计。文化景观应彰显整体风格和特点，保持一贯性和整体性。名人才子文化旅游不仅限于观光功能，还应考虑游客的参与体验性。

四、教育文化旅游产品开发

打造临川教育 IP，吸引国内外优秀学子在此地就读，形成"留学临川现象"。发挥资源优势，开展教育文化旅游。以临川一中、临川二中、抚州一中等学校为代表，以汤显祖纪念馆、王安石纪念馆等为依托，面向广大学生开展研学旅游活动。依托现有文化资源，恢复重建书院，丰富教育文化旅游产品。创新教育交流形式，宣传抚州教育文化和深厚的临川文化。

第二节 技术赋能抚州文化产业新场景

一、打造"中国戏都"文化 IP，把国潮推到新高度

抚州被誉为"才子之乡""中国戏曲之都"。2016 年举办了"汤显祖逝世 400 周年"纪念活动，2017 年、2018 年连续两年举办汤显祖戏剧节暨国际戏剧交流月活动，书写着一座城市以戏为媒，文化旅游、生态改善、经济建设融合发展的传奇。

汤显祖作为中国戏剧史上浓墨重彩的一个大文化 IP，根植于中国传统优秀文化，深受广大人民群众的喜爱，抚州推动汤显祖戏曲文化的传承、保护、发展工作，高标准举办汤显祖戏剧节暨国际戏剧交流月活动，复排盱河高腔

---

① 马耀峰，宋保平，赵振斌. 旅游资源开发 [M]. 北京：科学出版社，2005.

《临川四梦》，组织经典剧目赴海外交流演出，抓好汤显祖大剧院经典剧目演出、《寻梦牡丹亭》实景演出等特色演出项目，推动文化传承、演艺传播与旅游体验等融合发展。加快剧场建设，建立剧本创作基地、设置戏剧传承班、组建汤显祖艺术剧团、玉茗堂剧社、成立汤显祖基金会等，唤醒群众基因里面的汤显祖戏曲基因，努力把抚州打造成集学戏、写戏、看戏、演戏、评戏于一体的"中国戏都"。

二、推动跨越时空的"牡丹亭"走向世界

加强文化传播与交流。积极参与国家、省对外文化交流和多层次文明对话，深入融入江西"一带一路"文化交流合作行动计划，开展汤显祖国际戏剧节海外传播等重大活动，努力提高抚州在国内外的知名度和美誉度。鼓励和支持民间文化交流，支持优势文化企业在海外设立分支机构，大力发展对外文化贸易，推动抚州文化产品和服务走向世界。

曾经无法想象，《牡丹亭》在海外也会追捧，时间塑造了我们对文化新的想象。2018年，英国唐人街、莎士比亚故乡、阿联酋以及新西兰奥克兰市华人社区和公园4个地方获批建设"牡丹亭"。

对于经过市场检验的"寻梦牡丹亭"IP，可以进一步开发沉浸式光影互动装置，打造真正的VR影院。通过运用灯光、声音装置及动态视觉和复杂的国风插图，创造身临其境的牡丹亭沉浸式感官体验。此外，设计一面由1617个"牡丹花瓣"组成的互动墙。这些花瓣可以集体绽放，形成壮观的波浪，为游客打开一扇动态的窗口，让他们从墙内看到墙外的景象。游客经过展台时，目光会不由自主地被互动墙吸引，并上前拍照。其平滑有序的外表吸引着游客驻足，"花瓣"流畅的动态更是鼓励游客上前互动。该作品并非事先编辑好的影像，而是通过计算机程序即时生成的。因此，整体不会重复以前的状态，而是持续变化；在当前的瞬间所看到的画面，不会再次出现。

三、利用 AR、VR、MR 等技术积极推进抚州文化遗产活化

以往的文化历史传承，受限于记录和存储的方式，资料往往容易受到破坏乃至丢失。充分利用当下的数字化技术手段，可以对文化资料进行记录整理和复原再现，使后代也能够直观地看到文化遗产的面貌。数字化技术应用，可以让文化穿越时空留存，是文化遗产永久保存、永续利用的重要手段。

对"船形屋""曹山寺"和"万魁塔"进行虚拟工程建设，包括虚拟现实、增强现实和交互现实三个部分，使这些宝贵文化遗产得以数字化呈现，打破时间和空间的限制。加强文化遗存资源保护和利用，深入开展抚州历史文化专题研究，推进特色文化传承创新发展，积极创建国家级抚州戏曲文化生态保护试验区。高标准推动文物修复和保护工作，推动馆藏文物预防性保护和数字化保护利用。弘扬壮大传统中医药文化，通过虚拟互动展示"盱江医学"传统中医和"建昌帮"中药炮制技术等非物质文化遗产，推动中医药文化的传承发展。

四、将区块链技术应用于抚州文创确权，拓展新技术应用场景

数据要素在推动数字文化产业升级发展中起到了关键作用。为了充分发挥抚州文化数据要素的重要作用，抚州应加强数据赋能与数字内容跨界协同、促进数据驱动文化产业融合，并建立数据追溯机制以构建信任与监管体系。

积极争取在抚州市设立世界互联网大会的分会场，以此向世界展示抚州市的数字经济产业跨越式发展模式。通过举办世界性的区块链产业大会，向全球同行业介绍抚州市的数字经济产业特点，并提升抚州市的数字经济产业在世界范围内的知名度。

为了有效保护抚州本地文创产品，应将文创产品设计作品登记证书与区块链存证相结合。当遭遇侵权时，通过国家认可的作品登记证书可以快速确权，而区块链存证则可以迅速将存证作品信息与侵权作品进行比较，并提交相关机构作出侵权判断。

五、3D 打印技术开启抚州数字印刷产业园新业态

举办戏曲场景增材制造全球创新应用大赛，鼓励使用本地戏曲 IP 作为大赛命题，通过特邀国内外顶尖设计师（建筑师、室内设计师、产品设计师等）和艺术家进行设计，以及竞赛征集的方式，致敬戏曲，对话戏曲，共同为戏曲。进行以戏曲场景、文创衍生品等为题材的衍生品设计，并通过 3D 打印工艺技术制造成型，让戏曲所代表的文化和精神真正走入我们的日常生活，展现数字化时代当代中国设计与三维科技的前沿力量。

通过 3D 打印这种新技术，可以将创作进行可视化、实体化、反复推敲和验证。当将这种新技术应用到传统戏曲 IP 时，一方面，可以吸收传统戏曲的精髓，以此为桥梁，深入理解戏曲的造型特点以及空间关系，从而激发新的创意。另一方面，我们可以通过新的工艺推动新设计、新造型的出现，为那些带有神话色彩的剧目在舞台上打开广阔空间，让这些剧目与古老戏曲场景穿越历史长河进行交汇，形成新的对话。

通过这种方式，可以加快文化制造业的发展，建设抚州数字印刷产业园，并促进与珠三角印刷出版产业的对接。在这个过程中，我们将打造国家数字印刷出版基地，并将文化制造业培育成经济发展新的增长点。

六、全息影像技术在云戏曲演艺领域的应用

全息投影技术已经成为沉浸式演出中的重要元素，尤其在表现传统文化主题方面，如全息沉浸式实景演出《游园今梦》等。通过将全息投影技术应用于沉浸式戏剧表演，结合数字化机械舞台、数字多媒体中控系统等先进技术，我们能够创造出全新的舞台设计语汇和艺术意境空间。全息投影技术已经逐渐成熟，它不仅在技术层面上为沉浸式戏剧表演提供了支持，更是在深层结构上重新塑造了舞台艺术。

在抚州，我们可以根据精品剧目、剧本主题、体裁、内容和主创的艺术风格等，量身定制全息投影技术在沉浸式演出中的应用。全息投影技术与声场音效、舞美道具、服装化妆以及每一位演员的高水平表演相互配合，共同演绎

故事，传递情感，展现人类通过艺术来认识和把握世界的独特精神活动过程。例如，《寻梦·刘三姐》借助全息投影技术，让电影中的刘三姐与现代刘三姐穿越时空相逢，以山歌互诉衷肠。这种将熔铸于山水情中的歌舞与不同时空的人物串联起来的方式，形成了一种交相辉映的历史回响效果。

七、现代声光技术谱写县域美学经济

县域发展已成为推动新型城镇化与城乡一体化建设的关键领域。为了实现县域经济发展的目标，各地需结合自身的资源优势进行创新发展。对于那些工业和制造业基础薄弱，但拥有明显的传统文化与农业优势的县域，可通过山水美学、党建美学、音乐戏曲美学等美学项目的集群，推动抚州县域美学的发展，引领县域美学经济的发展。此外，美学经济对生态环境有很高的要求。随着生态文明建设的推进，县域美学经济将获得更广阔的发展基础。它还将与现代农业、智慧乡村、乡村旅游、大康养等领域进一步融合，实现绿色发展。

为了打造抚州县域的地标性标识，可以设置大型交互式装置，提供超越物理空间的体验。例如，当人们进入地面LED互动区域时，他们的行进轨迹将生成水墨笔迹，与参与者实时互动。随着5G时代的到来和AR/VR技术的迭代，运用科技、艺术和人文手段打造融合视觉、听觉、嗅觉、味觉和触觉五感的沉浸式体验是不可阻挡的趋势。这种多线条发展的模式将使抚州本地县域购物中心更加有趣和互动性更强。商业与科技的结合不仅保持了城市的温度，还丰富了商业社交空间。

八、人工智能在图形识别、联想和修复中应用

可利用智能图形识别与解析技术，降低图像、视频等内容的修复及再创作的难度和成本。借助于先进的人工智能技术，对图像、视频和其他文本进行深度学习，并通过神经网络让机器具备感知图像的能力，实现智能修复。例如，英伟达公司开发的智能修复技术，通过AI对"损坏数据"或两张以上的损坏照片进行分析，AI能够识别图片的缺损部分，运用神经网络计算替代像

素填充，AI 能够修复出较为清晰的照片。这种技术提高了图像修复的效率，极大降低了人工成本。

九、布局音乐游戏产业，始于 IP 自身，实现游戏与音乐的"双向翻译"

随着数字娱乐在人们生活中越来越深入，游戏音乐作为游戏的重要组成部分，为游戏带来了巨大的效益和潜在价值。优质的游戏音乐可以帮助玩家更好地融入游戏世界架构，渲染游戏氛围，提供全新的游戏体验，同时也能促进玩家与游戏之间的情感联系。而要触动人心，游戏音乐必须要有契合的歌者和走心的制作。

通过将音乐与游戏相结合，游戏用户可以通过歌曲意境更加深入地与游戏角色共鸣，从而更加立体地感知游戏角色形象，增强游戏代入感。为了实现这一目标，可以利用 AR、VR 等技术营造一个舞台版的游戏世界，细致地还原国潮动漫的经典区域与场景，从舞台机械、道具配置到特效包装，都经过精心的设计和制作。同时，通过视觉呈现与音乐的深度融合，为玩家提供强沉浸式的体验。

第十章 保障措施

第一节 顶层设计层面,加强IP战略实施的组织协调

当前,我们正处在一个知识经济和信息爆炸的时代。城市间的竞争已经不仅仅局限于经济实力和产业规模,更多地体现在文化软实力和品牌形象上。城市IP作为城市文化、历史和自然景观的综合体现,已经成为提升城市竞争力和影响力的重要手段。抚州作为一座拥有丰富文化资源和自然景观的城市,加强城市IP战略对于推动抚州经济社会发展具有重要意义。

抚州拥有丰富的文化资源和自然景观,如著名的古村落、传统手工艺、地方戏曲等。这些资源为抚州发展文化产业和旅游业提供了得天独厚的优势。然而,目前抚州的IP资源开发还存在一些问题,如缺乏统一规划和管理、创新能力不足、品牌影响力有限等。因此,从顶层设计的角度加强城市IP战略应重点关注以下内容。

一是制定城市IP战略规划。制定城市IP战略规划是加强抚州城市IP战略的首要任务。该规划应明确城市IP发展的总体方向、目标和路径,将抚州的文化资源和自然景观转化为具有竞争力的IP资源。具体而言,规划应包括以下几个方面:(1)明确城市IP的定位和特色,打造具有抚州特色的文化品牌;(2)制定城市IP产业的发展规划和政策措施,推动文化产业和旅游业的融合发展;(3)加强城市IP资源的保护和传承,确保历史文化资源得到妥善利用和传承。

二是强化政策支持和引导。政府应该出台相关政策和措施,为城市IP产业的发展提供支持和保障。例如,设立专项基金用于支持IP创意产业的发展

和创新;优化营商环境,吸引优秀的 IP 企业和人才落户抚州;鼓励和支持文化产业创新等。通过政策的支持和引导,促进城市 IP 战略的实施和发展。

三是建立城市 IP 管理机构。在抚州市委、市政府的领导下,成立城市 IP 推进领导小组全力推动抚州城市 IP 战略实现突破性发展。领导小组下设管理办公室或促进中心,负责城市 IP 资源的统一管理和运营。该机构应具备跨部门协调能力,能够整合城市内部各个部门和机构的资源,形成合力推进城市 IP 战略。

第二节 价值建构层面,深化文化 IP 的认知共识

建设抚州特色文化品牌,实施城市 IP 战略,核心在于向世界传递一种价值理念。城市 IP 融合了城市发展进程中的文化元素、知识元素和自然元素,通过城市 IP 价值的推广,可以提升人们对城市的认同感及满意度。这种价值理念可以高度凝结城市的核心文化素养,对城市的对外推广具有较强的实践意义。

一是实施城市 IP 战略,这是抚州城市发展的重要一环,其能够提升城市知名度和美誉度。一个好的城市 IP 可以触动人们的心灵,引发共鸣和认同。当人们通过城市 IP 感受到城市的温暖、美丽和独特之处时,他们会对这个城市产生好感,进而对城市产生更深的情感连接。这种情感连接可以增强人们对城市的归属感。抚州拥有丰富的文化资源,如王安石、汤显祖等历史名人,独特的临川文化,以及众多的自然景观。通过对这些文化资源进行深度挖掘和整合,可以形成具有抚州特色的文化品牌,向世界展示抚州的历史底蕴和文化魅力。这既需要抚州在自身内部加强文化体制机制的创新,更需要政府在政策制定、平台搭建、环境营造等层面,有意识地把 IP 战略传递到社会各个层面。

二是城市 IP 可以作为城市人文精神的升华,能够表达城市的个性和精神,以及城市居民的价值追求和生活方式。这种价值理念具有生命力和穿透力,可以成为讲好城市故事的有力抓手。通过城市 IP 战略,抚州可以打造具有代表性和影响力的文化品牌。例如,可以围绕王安石、汤显祖等历史名人,打造相关的文化项目、文化产品和文化活动,形成具有抚州特色的文化品牌。同时,

还可以充分利用报纸、电视、网络等各类媒体，采取多种形式面向社会、面向群众宣传规划相关内容，增强社会公众特别是产业投资者、管理者、从业者和研究者对"临川文化"的认识和了解，形成全社会支持文化 IP 打造发展的氛围。

三是强化与长三角地区、全国其他地区的文化交流。抚州位于江西省东部，地处长三角、珠三角和闽东南三角区的腹地，是离省会南昌最近的设区市。这种地理位置使得抚州与长三角地区在地域上具有相对接近的优势，并且在文旅资源方面具有较强的互补性。长三角地区是中国经济发展最为活跃的地区之一，抚州可以通过打造城市 IP 与长三角地区的文化经济合作，加强产业协作、资源共享和市场开拓，如展览互动、文艺演出、文化产业合作等，可以增进两地人民对彼此文化的了解和认识，促进文化的传承和创新。

第三节　创新发展层面，用好国家政策强力支撑 IP 战略

国家"十四五"规划明确提出，要在 2035 年建成文化强国。抚州可以努力在公共文化服务体系示范区、文化产业示范基地、数字创意产业集聚示范区、生态文明建设示范区、智慧城市、知识产权示范城市、体育消费试点城市、文化和旅游消费试点城市名单等国家级城市认定等层面，把 IP 战略与之充分对接，发挥国家在地方产业发展中的政策红利，制定完善有利于抚州特色文化品牌建设发展的专项规划。

一是文化产业发展政策。国家对文化产业的发展给予了高度重视和支持，出台了一系列政策文件，如《关于推动数字文化产业高质量发展的意见》《关于推动国家级文化产业园区高质量发展的意见》等，鼓励文化产业创新发展，提升文化产业竞争力。抚州城市 IP 战略可以通过与文化产业的结合，得到相关政策的支持，推动抚州文化产业及其园区的快速发展。尤其要通过与科技创新、设计服务等领域的融合，打造具有创新性和市场竞争力的文化产品和文化服务，提升抚州文化产业的创新能力，为城市 IP 的打造提供持续的动力。

二是文化遗产保护政策。国家对文化遗产保护非常重视，出台了《中华人民共和国文物保护法》《非物质文化遗产法》等法律法规，同时为了加强对

文化遗产的保护和传承，国家出台《关于推动文化文物单位文化创意产品开发若干意见》《关于加强文物科技创新的意见》等。抚州拥有众多的历史文物和非物质文化遗产，可以通过与文化遗产保护政策的结合，加强对抚州文化遗产的保护和利用，打造具有抚州特色的文化 IP。要对抚州的文化资源进行深入的挖掘和整理。这包括历史遗迹、传统手工艺、民间艺术、非物质文化遗产等。通过对这些资源的整合和包装，可以形成具有抚州特色的文化品牌，为城市 IP 的打造提供丰富的素材。

三是旅游业发展政策。旅游业是国家重点发展的产业之一，政府出台了一系列政策，如《国务院关于促进旅游业改革发展的若干意见》等，推动旅游业转型升级和高质量发展。抚州拥有丰富的自然和人文景观，可以通过与旅游业的结合，得到相关政策的支持，打造具有抚州特色的文化旅游品牌。

第四节　提升影响层面，用足优势资源促进带动 IP 战略

经过 40 多年的改革开放，抚州的文化产业已成为支撑社会经济发展的有生力量。"十三五"期间，抚州文化产业主营业务总收入突破 1600 亿元，年均增长 10% 以上；文化产业单位 2358 家，年均增长 15%，连续 3 年入选中国文化竞争力十佳城市。在文化建设领域，涌现出一批知名 IP，如汤显祖戏剧节暨国际戏剧交流月活动策划的《当汤显祖遇见莎士比亚》被国家列为"讲好中国故事"新时代中国公共外交的典型案例向全国推广，且承办了一系列国际高端文化会展项目，城市 IP 战略已初见成效。

一是建设抚州特色文化品牌。实施 IP 强市战略，必须依托优势企业和高端活动，把这些企业和活动的影响力转为促进带动城市文化发展的驱动力。优势企业通常在相关行业中具有丰富的经验和专业能力，可以为城市 IP 的开发和推广提供有力支持。高端活动则汇聚了优秀的创意、人才和资源，通过与这些活动的合作，抚州可以充分利用这些资源和专业能力，提升城市 IP 的质量和影响力。近年来，抚州市依托深厚的历史文化底蕴和丰厚的红色文化资源，实施"文化抚州、梦想之舟"品牌打造战略，促进文化与城市、工业、科技、旅游等融合发展，让文化成为抚州这座城市的最鲜明的标识。

二是强化企业、活动与城市发展的互动关系，推动多种形式源自企业创新精神的转化。优势企业和高端活动往往具有广泛的市场和合作网络，可以为抚州城市 IP 的发展提供更多的机会和合作伙伴。通过与这些企业和活动的合作，抚州可以拓展市场渠道，寻找更多的合作伙伴和资源，推动城市 IP 在国内外市场的传播和发展。从 2016 年开始，江西抚州已举办 5 届汤显祖国际交流活动。汤显祖戏剧节暨国际戏剧交流月活动期间，先后有国内多个地方剧团和国外剧团来抚州开展巡演。通过与这些剧团合作和举办活动，能够增强城市文化的软实力和吸引力。

三是因时制宜、因地制宜，整合政策、整合资源配置，探索优势资源在文化科技场景、版权、特色活动、特许经营权等领域对国际文化高地建设的促进作用，并以相关 IP 为核心培育以文化科技融合为主的新兴文化生态。在促进文化科技融合方面，抚州结合数字科技，将传统戏剧文化与现代数字科技融合，推出了《新临川四梦》沉浸式展演。文化与科技的融合，创新的文化业态，把文化资源优势转变成经济发展的新动能，能够有力推动抚州数字经济与文化和旅游产业高质量发展。